José Ignacio Armentia Vizuete
José María Caminos Marcet

Redacción informativa en prensa

Ariel Comunicación

1.ª edición: septiembre de 2009

© 2009: José Ignacio Armentia Vizuete y José María Caminos Marcet

Derechos exclusivos de edición en español
reservados para todo el mundo:
© 2009: Editorial Ariel, S. A.
Avda. Diagonal, 662-664 - 08034 Barcelona

ISBN: 978-84-344-1312-2

Depósito legal: B. 29.039 - 2009

Impreso en España por.
Book Print Digital
Botànica, 176-178
08901 L'Hospitalet

El papel utilizado para la impresión de este libro
es cien por cien libre de cloro
y está calificado como **papel ecológico.**

Índice

Capítulo 1

La actividad periodística: contexto legal y empresarial

Competencias
  a) Adquirir unos conocimientos básicos sobre el contexto legal y laboral en el que
     se desarrolla la actividad periodística: legislación, secreto profesional, códigos
     deontológicos.
  b) Familiarizarse con las empresas periodísticas más importantes: implantación,
     difusión, cambios más relevantes, etc.

1. Introducción

España ha pasado en un cuarto de siglo de contar con unos medios de comunicación obsoletos dentro del contexto de falta de libertades (entre ellas la de
expresión e información) que caracterizó la dictadura de Franco, a integrarse en
el sistema mediático europeo. Desde 1975, año de la muerte del que en su día fue
conocido como «El Caudillo», se producen una serie de cambios en el mundo de
la información a una velocidad vertiginosa.

Por un lado, la Constitución de 1978 reconoce entre sus derechos fundamentales las libertades de expresión e información, poniendo fin a cuatro décadas de férreo control estatal –censura previa incluida– sobre cuanto se publicaba
en España. Por otro lado, tras la muerte de Franco se produce una eclosión de
nuevas cabeceras, lo que supuso un auténtica corriente de aire fresco en el ador-
mecido panorama de la prensa. Los diarios que sobreviven al franquismo se ven
obligados a adaptarse a los nuevos tiempos o a desaparecer.

Con la llegada del PSOE al poder en 1982 se elimina definitivamente uno
de los principales símbolos informativos del anterior régimen: la Cadena del
Movimiento, rebautizada durante la Transición como Cadena de Medios de
Comunicación Social del Estado. Se trataba del grupo en el que se integraban los
diarios de titularidad pública.

En los 80 se producen otras importantes reformas en el contexto comunicativo. Por un lado surgen una serie de cadenas privadas de radio. Durante el fran-

quismo, tan sólo la SER y las emisoras de la Iglesia mantuvieron una ligera autonomía respecto al conglomerado estatal conocido como «el Movimiento». El nuevo marco político permite la total privatización de la SER (meses antes de la muerte de Franco el Estado había pasado a controlar el 25 % del capital de la emisora) y la aparición de nuevas cadenas como Antena 3 Radio u Onda Cero.

A partir de 1983 con la puesta en marcha de las televisiones autonómicas se pone fin al largo monopolio de Televisión Española en el terreno de la información audiovisual. La oferta televisiva se incrementa notablemente con la llegada de las cadenas privadas, una vez que la ley de 1988 posibilitase su nacimiento.

Si los 80 asistieron a la consolidación de los primeros grupos de prensa de la Democracia, durante los 90 se fueron forjando diversos conglomerados multimedia con presencia en los principales soportes informativos. Prisa, Vocento, Telefónica en su momento, Planeta o Zeta han sido alguno de estos grandes grupos.

El siglo se cerraba con la consolidación de un nuevo soporte: Internet. Para el año 2000 la inmensa mayoría de los diarios españoles disponían de una edición para la red. La irrupción del periodismo digital o ciberperiodismo ha traído la llegada de nuevas variantes informativas y de fórmulas en la relación con los lectores, como ocurre con el denominado «periodismo ciudadano».

También el fin de siglo fue testigo del desembarco en España de las dos grandes multinacionales de la prensa gratuita. En 2000 aparecían en Madrid *20 Minutos* y *Metro,* que en los años posteriores lanzarían ediciones para las principales ciudades del Estado. El fenómeno de los diarios gratuitos se reforzaría con el nacimiento de nuevas iniciativas como *Qué* o *ADN.*

Sin embargo, todos estos cambios producidos en el panorama mediático español durante el último cuarto del siglo XX no han conllevado un incremento significativo en el consumo del que durante muchas décadas ha sido considerado el producto informativo por excelencia: el diario impreso. El consumo de prensa en España se mantiene en los mismos niveles de hace 30 años. En 1975 se vendían 98 diarios por cada 1.000 habitantes, exactamente el mismo número que en 2005. La recuperación de la libertad de Prensa, la aparición de nuevos diarios, la llegada del color, etc., no han sido suficientes para atraer nuevos lectores al quiosco. Además, la crisis de los medios impresos que afecta a todo el ámbito occidental también comienza a dejarse sentir en nuestra zona. En la década comprendida entre 1995 y 2005 la Unión Europea sufrió un descenso en las ventas de diarios de aproximadamente 10 millones de copias diarias. Por otro lado, la crisis económica que, especialmente a partir de 2008, ha afectado a la mayor parte de los países desarrollados también se ha dejado sentir en la prensa. En febrero de 2009 desaparecía el gratuito *Metro.* Por otro lado, grupos como Vocento o Zeta anunciaban expedientes de regulación de empleo para hacer frente a la crisis. Según datos de la Asociación de la Prensa de Madrid, sólo en el último trimestre de 2008 un millar de periodistas había perdido su empleo, estando en peligro el puesto de trabajo de otros 5.000.

En el siglo XXI en el que nos encontramos quizá podríamos asistir a la definitiva decadencia del papel como principal soporte informativo. Pantallas más o menos portátiles parecen estar llamadas a acoger no sólo vídeo, sino también texto. Como adelantaba Negroponte, los bits sustituyen a los átomos. Esta progresiva digitalización de la información no sólo afecta a la prensa. La televisión afronta en 2010 el denominado «apagón analógico», que supondrá el fin definitivo de las emisiones tal y como las hemos conocido desde la aparición de este medio. La denominada Televisión Digital Terrestre (TDT) posibilita una mayor calidad en la recepción, un número más elevado de canales y la posibilidad de interactividad.

El siguiente reto en la digitalización deberá de ser afrontado por la radio. España ha optado por el sistema DAB (Digital Audio Broadcasting), que posibilita ofrecer una emisión con calidad de CD, amén de permitir el incremento de la oferta frente a los problemas de saturación que hoy en día presenta el dial. Sin embargo, el todavía escasísimo parque de receptores hace que esta tecnología se esté desarrollando a un ritmo menor del esperado.

2. La libertad de información y sus límites

2.1. La Constitución de 1978 y sus antecedentes

La Constitución de 1978 puso fin a un largo periodo de absoluta falta de libertades en España, entre ellas las relacionadas con la labor de los periodistas. El Título I de la Carta Magna se refiere a los «Derechos y Deberes fundamentales». En la Sección I del Capítulo II de dicho Título se habla «De los Derechos Fundamentales y de las Libertades Públicas». Es aquí donde se ubica la libertad de información, concretamente en su artículo 20.

Este artículo de la Constitución reconoce y protege el derecho «a expresar y difundir libremente los pensamientos, ideas y opiniones mediante la palabra, el escrito o cualquier otro medio de reproducción» (20.1.a) y «a comunicar o recibir libremente información veraz por cualquier medio de difusión (20.1.d). Este último apartado especifica también que «La Ley regulará el derecho a la cláusula de conciencia y al secreto profesional en el ejercicio de estas libertades».

Como puede verse, este artículo consagra tanto el derecho activo como el pasivo a la información (… comunicar o recibir libremente información veraz…). Es decir, la libertad de información se le reconoce tanto a los emisores como a los receptores. Además, a priori, estos derechos se plantean con un ánimo de universalidad. Cualquiera puede ejercerlos. Esto plantea una gran diferencia con el Franquismo, periodo en el que para ejercer ciertas tareas informativas, por ejemplo dirigir una publicación, era imprescindible estar inscrito en el Registro Oficial de Periodistas. Además, al contrario de lo que ocurre en otros ámbitos laborales (abogacía, medicina, arquitectura, etc.) en los que existe un Colegio Oficial que regula e impone una serie de requisitos para el acceso al ejercicio de la profesión; en principio, parece que cualquiera puede ejercer el periodismo sin que la colegiación o la asociación profesional pueda plantearse como un requisito. Esta discutible filosofía del «cualquiera puede ser periodista» se ha visto reforzada con experiencias como la del «Periodismo participativo o ciudadano».

El artículo 20.2 de la Constitución señala que «El ejercicio de estos derechos no puede restringirse mediante ningún tipo de censura previa». El 20.3 especifica que «La Ley regulará la organización y el control parlamentario de los medios de comunicación social dependientes del Estado o de cualquier ente público y garantizará el acceso a dichos medios de los grupos sociales y políticos significativos, respetando el pluralismo de la sociedad y de las diversas lenguas de España». Mientras que el 20.5. subraya que «sólo podrá acordarse el secuestro de publicaciones, grabaciones y otros medios de información en virtud de resolución judicial».

En cuanto a los posibles límites en el ejercicio de la libertad de información, el artículo 20.4. aclara que «Estas libertades tienen su límite en el respeto a los derechos reconocidos en este Título, en los preceptos de las Leyes que lo desarrollan y, especialmente, en el derecho al honor, a la intimidad, a la propia imagen y a la protección de la juventud y de la infancia».

Tras el largo paréntesis de cuatro décadas de falta de libertades que supuso el régimen de Franco, había que retroceder hasta la Constitución republicana de 1931 para encontrar un reconocimiento a la libertad de prensa en España. En efecto, el artículo 34 de la Carta Magna de nuestra II República señalaba que «Toda persona tiene derecho a emitir libremente sus ideas y opiniones, valiéndose de cualquier medio de difusión, sin sujetarse a la previa censura. En ningún caso podrá recogerse la edición de libros y periódicos sino en virtud de mandamiento de juez competente. No podrá decretarse la suspensión de ningún periódico sino por sentencia firme». De todas formas, y en contradicción con el contenido de esta última frase, cabe recordar que la denominada «Ley de Defensa de la República», aprobada en octubre de 1931, permitió (hasta su derogación en 1933) sanciones para los autores e incluso suspensiones a publicaciones por «la difusión de noticias que puedan quebrantar el crédito o perturbar la paz o el orden público».

La derrota del Gobierno de la República en la Guerra Civil (1936-1939) frente a la sublevación militar encabezada por el general Franco supone el fin de la libertad de prensa hasta la muerte del dictador. El nuevo régimen autoritario aprueba la Ley de Prensa de 1938 que contempla medidas tales como la censura previa o el sistema de consignas (los diarios estaban obligados a publicar determinadas informaciones, consideradas importantes por el Estado). Además, es el propio Gobierno quien nombra –y en su caso destituye– a los directores de los diferentes periódicos.

La Ley 14/1966, de 18 de marzo, de prensa e imprenta, conocida como «Ley Fraga» iba a aliviar en cierta medida algunas de las restricciones de la Ley de 1938. El impulsor de la nueva norma fue, como ya se ha apuntado, Manuel Fraga Iribarne, a la sazón ministro de Información y Turismo en el gobierno presidido por Franco. Como novedad más llamativa, la Ley de 1966 elimina la censura previa como procedimiento normal, si bien los periódicos siguen estando obligados a publicar las notas «de interés general» que les fuesen remitidas desde la Dirección General de Prensa. Por otro lado, se reconoce a las empresas periodísticas el derecho a nombrar a su propio director. Éste debía ser español, tener el título de periodista y estar inscrito en el Registro Oficial. La nueva ley, no obstante, contempla tanto el secuestro de la publicación como sanciones para la misma incluido su cierre definitivo, en el caso de «infracciones graves» a la legalidad vigente.

Con anterioridad a la aprobación de la Constitución de 1978, el Real Decreto-ley 24/1977, de 1 de abril, sobre Libertad de Expresión proclamaba en su artículo 1.º que «la libertad de expresión y el derecho a la difusión de informaciones por medio de impresos gráficos o sonoros, no tendrá más limitaciones que las establecidas en el ordenamiento jurídico con carácter general. El decreto derogaba el artículo segundo de la Ley de 1966 (condicionaba el derecho de expresión a los Principios Fundamentales del anterior régimen) y eliminaba –salvo en casos excepcionales– la posibilidad del secuestro de publicaciones. Este decreto-ley fue aprobado por el Gobierno de Adolfo Suárez, al rebufo de la Ley para la Reforma Política (Ley 1/1977 de 4 de enero), que posibilitó la celebración de elecciones en junio de 1977. El Congreso y el Senado surgido de dichos comicios procedió a elaborar y aprobar la Constitución actualmente vigente.

2.2. LA PROTECCIÓN CIVIL DEL DERECHO AL HONOR, A LA INTIMIDAD PERSONAL Y FAMILIAR Y A LA PROPIA IMAGEN

Un viejo debate en el ámbito del periodismo es si la libertad de prensa debe tener límites y en caso afirmativo cuáles deben ser éstos. El artículo 20 de la Constitución arroja algunas pistas al respecto, al especificar en su apartado 4 que las libertades recogidas en el mismo «tienen su límite en el respeto a los derechos reconocidos en este Título (los Derechos y Deberes fundamentales), en los preceptos de las Leyes que lo desarrollan y, especialmente, en el derecho al honor, a la intimidad, a la propia imagen y a la protección de la juventud y de la infancia». Quiere esto decir que la libertad de información no es infinita y que no se puede informar sobre cualquier cuestión, especialmente las relacionadas con la esfera privada del ciudadano.

Para tratar de establecer hasta dónde llega dicha esfera privada, las Cortes aprobaron la Ley Orgánica 1/1982, de 5 de mayo, de Protección Civil del Derecho al Honor, a la Intimidad Personal y Familiar y a la Propia Imagen. El artículo séptimo de esta norma considera intromisiones ilegítimas en los ámbitos protegidos por la misma las siguientes actuaciones:

1.   El emplazamiento en cualquier lugar de aparatos de escucha, de filmación, de dispositivos ópticos o de cualquier otro medio apto para grabar o reproducir la vida íntima de las personas.

2.   La utilización de aparatos de escucha, dispositivos ópticos, o de cualquier otro medio para el conocimiento de la vida íntima de las personas o de manifestaciones o cartas privadas no destinadas a quien haga uso de tales medios, así como su grabación, registro o reproducción.

3.   La divulgación de hechos relativos a la vida privada de una persona o familia que afecten a su reputación y buen nombre, así como la revelación o publicación del contenido de cartas, memorias u otros escritos personales de carácter íntimo.

4.   La revelación de datos privados de una persona o familia conocidos a través de la actividad profesional u oficial de quien los revela.

5.   La captación, reproducción o publicación por fotografía, filme, o cualquier otro procedimiento, de la imagen de una persona en lugares o momentos de su vida privada o fuera de ellos, salvo los casos previstos en el artículo octavo, dos.

6.   La utilización del nombre, de la voz o de la imagen de una persona para fines publicitarios, comerciales o de naturaleza análoga.

7.   La divulgación de expresiones o hechos concernientes a una persona cuando la difame o la haga desmerecer en la consideración ajena.

El artículo octavo de la Ley especifica que el derecho a la propia imagen no impedirá:

a) Su captación, reproducción o publicación por cualquier medio cuando se trate de personas que ejerzan un cargo público o una profesión de notoriedad o proyección pública y la imagen se obtenga durante un acto público o en lugares abiertos al público.

b) La utilización de la caricatura de dichas personas, de acuerdo con el uso social.

c) La información gráfica sobre un suceso o acaecimiento público cuando la imagen de una persona determinada aparezca como meramente accesoria.

La tutela judicial a los perjudicados comprende (artículo 9.2.) «la adopción de todas las medidas necesarias para poner fin a la intromisión ilegítima de que se trate y restablecer al perjudicado en el pleno disfrute de sus derechos, así como para prevenir o impedir intromisiones ulteriores. Entre dichas medidas podrán incluirse las cautelares encaminadas al cese inmediato de la intromisión ilegítima, así como el reconocimiento del derecho a replicar, la difusión de la sentencia y la condena a indemnizar los perjuicios causados». En la fijación de esta indemnización el juez atenderá (artículo 9.3) «a las circunstancias del caso y a la gravedad de la lesión efectivamente producida, para lo que se tendrá en cuenta en su caso, la difusión o audiencia del medio a través del que se haya producido. También se valorará el beneficio que haya obtenido el causante de la lesión como consecuencia de la misma».

En la historia reciente de España distintas personalidades públicas se han acogido a esta ley para reclamar ser indemnizadas por diferentes medios o periodistas. Las sentencias de los tribunales no siempre han ido en la misma dirección, lo que ha provocado recursos que en alguna ocasión han llegado incluso al Tribunal Europeo de Derechos Humanos de Estrasburgo, como ocurrió con el denominado caso «Preysler-*Lecturas*». Este contencioso ilustra perfectamente los diferentes puntos de vista con los que la Justicia puede llegar a interpretar los límites del derecho de informar y del derecho a la intimidad.

El Tribunal de Estrasburgo rechazó en mayo de 2003 una demanda de *Lecturas* contra la decisión del Tribunal Constitucional español de imponer a dicha revista una indemnización de diez millones de las antiguas pesetas (unos 60.000 euros) a favor de Isabel Preysler como compensación por la publicación de una serie de revelaciones de su vida privada facilitadas por una antigua empleada doméstica suya.

La decisión de la Corte de Estrasburgo puso fin a un larguísimo proceso que se inicio en 1989 cuando *Lecturas* publicó unos reportajes bajo el título de «La cara oculta de Isabel Preysler», en los que una ex niñera de su casa aportaba detalles íntimos de la popular dama así como relativos a sus relaciones con sus distintos maridos.

La protagonista de estos reportajes demandó a *Lecturas* (así como al director del semanario, al autor del texto y a su antigua empleada) por una vulneración de su derecho a la intimidad personal y familiar. Un Juzgado de Primera Instancia de Barcelona condenó solidariamente en mayo de 1991 a los demandados a pagar a Isabel Preysler una indemnización de 5 millones de las antiguas pesetas (unos 30.000 euros). La Audiencia de Barcelona incrementó esta cantidad hasta los 10 millones de pesetas en 1993. Sin embargo, una sentencia del Tribunal Supremo absolvía en 1996 al semanario al considerar que el contenido del reportaje no atentaba gravemente contra el derecho a la intimidad de dicho personaje.

Isabel Preysler recurrió en amparo al Constitucional y este Tribunal anuló la sentencia del Supremo, al considerar que la información publicada carecía de interés público. En 2001 una nueva sentencia del Supremo fijaba en 150 euros la cantidad a percibir por la perjudicada. Tras un nuevo recurso al Constitucional, éste fijó la cuantía en 60.101,2 euros. Finalmente, como se ha señalado, el

Tribunal Europeo de Derechos Humanos ratificaba en mayo de 2003 la decisión del Constitucional, dando definitivamente la razón a Isabel Preysler y poniendo fin a un contencioso de 14 años.

2.3. LOS LÍMITES A LA INFORMACIÓN EN EL ÁMBITO PENAL

El Código Penal de 1995 recoge una serie de delitos relacionados con la actividad de los medios de comunicación. Así, en el Título XI se recogen los «Delitos contra el Honor», entre los que figuran la calumnia y la injuria. Es calumnia (art. 205) «la imputación de un delito hecha con conocimiento de su falsedad o temerario desprecio hacia la verdad». La calumnia será castigada (art. 206) con la pena de prisión de seis meses a dos años o multa de doce a 24 meses, si se propagara con publicidad y, en otro caso, con multa de seis a 12 meses.

Mucho más subjetiva en su interpretación resulta la consideración de la injuria, definida por el Código Penal (art. 208) como «la acción o expresión que lesiona la dignidad de otra persona, menoscabando su fama o atentando contra su propia estimación. Solamente serán constitutivas de delito las injurias que, por su naturaleza, efectos y circunstancias, sean tenidas en el concepto público por graves. Las injurias que consistan en la imputación de hechos no se considerarán graves, salvo cuando se hayan llevado a cabo con conocimiento de su falsedad o temerario desprecio hacia la verdad». Las injurias graves (art. 209) hechas con publicidad se castigarán con la pena de multa de seis a catorce meses y, en otro caso, con la de tres a siete meses.

Aunque en los últimos años ha habido diversas condenas por injurias, una de las que más ríos de tinta ha hecho correr, habida cuenta de la personalidad de los protagonistas, fue la impuesta en junio de 2008 por el Juzgado N.º 6 de lo Penal de Madrid contra el conocido locutor de la COPE Federico Jiménez Losantos. El citado tribunal condenó al periodista a una multa de 36.000 euros por un delito continuado de injurias graves con publicidad contra el alcalde de Madrid, Alberto Ruiz Gallardón, en virtud de varias expresiones vertidas en el programa *La mañana*. El locutor manifestó su intención de recurrir esta sentencia.

El Título X del Código Penal habla de «Delitos contra la intimidad, el derecho a la propia imagen y la inviolabilidad del domicilio». El Capítulo I de este título se refiere al descubrimiento y revelación de secretos. Así, el artículo 197.1 señala que «el que, para descubrir los secretos o vulnerar la intimidad de otro, sin su consentimiento, se apodere de sus papeles, cartas, mensajes de correo electrónico o cualesquiera otros documentos o efectos personales o intercepte sus telecomunicaciones o utilice artificios técnicos de escucha, transmisión, grabación o reproducción del sonido o de la imagen, o de cualquier otra señal de comunicación, será castigado con las penas de prisión de uno a cuatro años y multa de doce a veinticuatro meses».

Idénticas penas se contemplan para quien «sin estar autorizado, se apodere, utilice o modifique, en perjuicio de tercero, datos reservados de carácter personal o familiar de otro que se hallen registrados en ficheros o soportes informáticos, electrónicos o telemáticos, o en cualquier otro tipo de archivo o registro público o privado» (artículo 197.2). Asimismo, el artículo 197.3 estipula que «se impondrá la pena de prisión de dos a cinco años si se difunden, revelan o ceden a terceros los datos o hechos descubiertos o las imágenes captadas a que se refieren los números anteriores.

»Será castigado con las penas de prisión de uno a tres años y multa de doce a veinticuatro meses, el que, con conocimiento de su origen ilícito y sin haber tomado parte en su descubrimiento, realizare la conducta descrita en el párrafo anterior».

El Título XII del Código Penal se refiere a los delitos relativos a los derechos de autor, publicidad engañosa y de difusión de noticias falsas para alterar los precios. En concreto, el artículo 284 recoge que «se impondrá la pena de prisión de seis meses a dos años, o multa de seis a dieciocho meses, a los que, difundiendo noticias falsas, empleando violencia, amenaza o engaño, o utilizando información privilegiada, intentaren alterar los precios que habrían de resultar de la libre concurrencia de productos, mercancías, títulos valores, servicios o cualesquiera otras cosas muebles o inmuebles que sean objeto de contratación, sin perjuicio de la pena que pudiera corresponderles por otros delitos cometidos».

Por último, el Título XXI describe los delitos contra el honor y la imagen en relación a algún miembro de la familia real española, y contra el honor de las instituciones del Estado. Así, el artículo 490.3 tipifica que «el que calumniare o injuriare al Rey o a cualquiera de sus ascendientes o descendientes, a la Reina consorte o al consorte de la Reina, al Regente o a algún miembro de la Regencia, o al Príncipe heredero de la Corona, en el ejercicio de sus funciones o con motivo u ocasión de éstas, será castigado con la pena de prisión de seis meses a dos años si la calumnia o injuria fueran graves, y con la de multa de seis a doce meses si no lo son».

En relación con este apartado, cabe recordar que en noviembre de 2007 dos dibujantes del semanario satírico *El Jueves* fueron condenados a sendas multas de 3.000 euros, como responsables de un delito de «injurias al Príncipe», como autores de una viñeta aparecida en la portada de la revista. La publicación de dicha viñeta provocó incluso el secuestro de los ejemplares de *El Jueves*.

A la hora de determinar las responsabilidades de los posibles delitos que se cometan utilizando los medios de comunicación, el artículo 30 del Código Penal explicita que los autores responderán de forma escalonada, excluyente y subsidiaria de acuerdo con el siguiente orden:

1.º Los que realmente hayan redactado el texto o producido el signo de que se trate, y quienes los hayan inducido a realizarlo.

2.º Los directores de la publicación o programa en que se difunda.

3.º Los directores de la empresa editora, emisora o difusora.

4.º Los directores de la empresa grabadora, reproductora o impresora.

Cuando por cualquier motivo distinto de la extinción de la responsabilidad penal, incluso de la declaración de rebeldía o la residencia fuera de España, no pueda perseguirse a ninguna de las personas comprendidas en alguno de los números del apartado anterior, se dirigirá el procedimiento contra las mencionadas en el número inmediatamente posterior.

2.4. EL SECRETO PROFESIONAL

El secreto profesional es el derecho que tienen los periodistas a no revelar las fuentes de su información y mantener en secreto las notas personales, cintas magnetofónicas y demás material informativo empleado por ellos. Se trata, en definitiva, de un derecho de los profesionales de la comunicación a no declarar ante los jueces cuando se trate de investigaciones sobre hechos por ellos relatados o desvelados.

Se considera que este derecho es fundamental para que el periodista pueda desarrollar su labor con plenas garantías. De hecho, como ya se ha señalado, el artículo 20.1.d. de la Constitución anticipaba que la ley regularía el secreto profesional en el ejercicio de la libertad de información.

Curiosamente, treinta años después de ser aprobada la Constitución, el secreto profesional del periodista sigue sin estar regulado por ley. Las distintas iniciativas que han existido al respecto no han llegado a cuajar un texto legal aprobado por el Parlamento.

Ana Azurmendi (2001: 188) explica los aspectos en los que han insistido las distintas proposiciones de ley que han tratado de regular este derecho:

1.   El secreto profesional se inscribe en el derecho a la información recogido en el art. 20.1.d. de la Constitución de 1978.

2.   Es un derecho que tiene como titular al periodista, y que éste puede ejercer frente a la empresa, frente a los poderes públicos o frente a terceras personas.

3.   El secreto se extiende a la identidad de la fuente y al material relativo a la información elaborada y difundida, que no puede ni registrarse ni incautarse.

Según estas proposiciones de ley, los límites del secreto profesional serían:

a)   El requerimiento en calidad de testigo en un proceso penal por un delito de los presentes en el Título I del Libro II del Código Penal (Del homicidio y sus formas).

b)   Las materias calificadas como secretas.

Como se ve, la esencia básica del secreto profesional debe sustentarse en la posibilidad que debe tener el profesional de la información para no revelar la identidad de la fuente de información e incluso poder mantener en secreto aspectos colaterales relacionados con las formas empleadas para obtener los datos que revela y que indirectamente podrían conducir a identificar a su fuente.

Es importante esta matización ya que hay que tener en cuenta que no se publica toda la información que se recibe, no solamente a consecuencia del espacio, sino porque a través de determinados datos se puede identificar indirectamente a la fuente de información.

Por ello, si la revelación de la totalidad de los datos que posee el periodista puede poner al descubierto a la fuente informante, el secreto profesional debería amparar también la reserva de esos datos, para evitar así que se frustre el fin que persigue la institución del secreto profesional.

Guillermo Escobar, por su parte, entiende que «sólo límites concretos (aplicables en un proceso determinado y no en otros) podrían servir como contrapeso al ejercicio del derecho al secreto» (Escobar, 2002: 216).

Una de las últimas proposiciones de ley en las que se planteaba regular el secreto profesional fue la presentada por Izquierda Unida en abril de 2004, dentro del proyecto de Estatuto del Periodista Profesional. Dicho proyecto, que no llegó a superar los trámites parlamentarios y que fue duramente contestado desde la FAPE (Federación de Asociaciones de la Prensa de España) y desde diversos sectores de la profesión, se refería en su artículo 14 al Secreto Profesional. En su redacción dicho artículo señalaba que «el periodista citado a declarar en una causa criminal podrá excusar las respuestas que pudieran revelar la identidad de la fuente reservada». Es decir, se le reconoce al periodista respecto de su fuente un derecho de confidencialidad similar al que se les supone a los abogados con relación a sus clientes.

En cualquier caso, los posibles límites del secreto profesional (en el caso de que deba tenerlos) es una de las cuestiones que más polémica genera en el mundo del periodismo. En relación con este tema, fue especialmente controvertido en el ámbito internacional el denominado «caso Plame», así llamado por la publicación en algunos medios norteamericanos en 2003 de la identidad de una agente encubierta de la CIA, llamada Valerie Plame. En Estados Unidos, la divulgación de la identidad de un espía supone un delito federal. En la investigación sobre el origen de la filtración, un juez decretó en 2004 prisión, por desacato, para dos periodistas de *The New York Times* y *Time*, por negarse a revelar sus fuentes en relación con este caso. Como en otras ocasiones, se producía un conflicto entre el derecho de los periodistas a mantener el secreto sobre sus fuentes y la investigación por la comisión de su supuesto delito.

En el caso de España, los Estatutos de Redacción y Libros de Estilo de los diferentes medios consideran el Secreto Profesional como un derecho básico de los periodistas. El *Estatuto de la Redacción* de *El País* señala en su artículo 8 que «la protección de las fuentes informativas constituye una garantía del derecho de los lectores a recibir una información libre, y una salvaguarda del trabajo profesional». El artículo 10 estipula que «la sociedad editora ampara con todos los medios a su alcance el ejercicio del secreto profesional ante los tribunales de justicia o cualesquiera organismos o autoridades». En similares términos se expresa el *Estatuto de la redacción de El Mundo*, que subraya el hecho de que «los miembros de la Redacción están obligados, asimismo, a amparar el secreto profesional de sus compañeros». El Estatuto de Redacción de *La Vanguardia,* por su parte, matiza (art. 5) que «todo miembro de la Redacción tiene el derecho y el deber de no revelar las fuentes de sus informaciones ni las de sus compañeros, excepto a requerimiento de la Dirección y como garantía de su publicación».

2.5. LA CLÁUSULA DE CONCIENCIA

Al igual que el secreto profesional, también la cláusula de conciencia aparece recogida en el artículo 20.1.d de la Constitución, si bien en este caso sí ha existido un desarrollo legal de esta figura: la Ley Orgánica 2/1997, de 19 de junio, de Cláusula de Conciencia de los Profesionales de la Información.

El contenido de los tres artículos de esta ley es el siguiente:

art. 1. La cláusula de conciencia es un derecho constitucional de los profesionales de la información que tiene por objeto garantizar la independencia en el desempeño de su función profesional.

art. 2.1. En virtud de la cláusula de conciencia los profesionales de la información tienen derecho a solicitar la rescisión de su relación jurídica con la empresa de comunicación en que trabajen:

> *a)* Cuando en el medio de comunicación con el que estén vinculados laboralmente se produzca un cambio sustancial de orientación informativa o línea ideológica.
>
> *b)* Cuando la empresa los traslade a otro medio del mismo grupo que por su género o línea suponga una ruptura patente con la orientación profesional del informador.

art. 2.2. El ejercicio de este derecho dará lugar a una indemnización, que no será inferior a la pactada contractualmente o, en su defecto, a la establecida por la Ley para el despido improcedente.

art. 3. Los profesionales de la información podrán negarse, motivadamente, a participar en la elaboración de las informaciones contrarias a los principios éticos de la comunicación sin que ello pueda suponer sanción o perjuicio.

Dado que entre la aprobación de la Constitución en 1978 y de la citada Ley Orgánica en 1997 pasaron casi 19 años, diversos medios de comunicación recogieron en sus Estatutos de Redacción su propia interpretación de la naturaleza de la cláusula de conciencia. Así, el *Estatuto de la redacción de El País* de 1980, recogido en *El Libro de Estilo* (1980:519), recoge en su artículo 6 una interpretación de la cláusula de conciencia no contemplada en la referida Ley de 1997: «Ningún miembro de la Redacción estará obligado a firmar aquellos trabajos que, habiéndole sido encomendados o que, realizados por propia iniciativa, hayan sufrido alteraciones de fondo que no sean resultado de un acuerdo previo. Las normas de estilo no podrán ser fundamento para invocar la cláusula de conciencia».

Otros Estatutos de redacción aprobados con anterioridad a la promulgación de la citada Ley Orgánica (el de *La Vanguardia* de 1991) recogían una concepción muy similar de la cláusula de conciencia: «Ningún miembro de la redacción está obligado a firmar un trabajo, hecho por encargo o por propia iniciativa, si considera que las posteriores modificaciones alteran sustancialmente el contenido de ese trabajo y no son resultado de un acuerdo previo». Tanto el Estatuto Marco de Redacción del Colegio de Periodistas de Cataluña (1991) como el de la Radiotelevisión Valenciana (1997) contemplaban también esta visión ampliada de la cláusula de conciencia.

Por lo tanto, podríamos concluir que junto a los dos supuestos de aplicación de la cláusula de conciencia recogidos en la Ley Orgánica 2/1997, de 19 de junio –a saber, la posibilidad que tiene el periodista de abandonar un medio, percibiendo una indemnización nunca inferior a la establecida para el despido improcedente, si se produce un cambio en la orientación informativa del mismo; así como el derecho a no participar en la elaboración de informaciones contrarias a los principios éticos de la comunicación–, ha existido una tercera interpretación de esta cláusula de conciencia no contemplada por la ley, pero incluida explícitamente en diversos Estatutos de Redacción: la libertad que tiene el profesional a no firmar un trabajo por él realizado si el mismo hubiese sufrido alteraciones de fondo por parte de la dirección de la empresa. En los últimos años, algunos textos, por ejemplo el ya mencionado proyecto de Estatuto del Periodista Profesional, se refieren a esta prerrogativa como «derecho de firma».

2.6. LOS CÓDIGOS DEONTOLÓGICOS

El periodista es un intérprete de la realidad y eso exige un alto grado de responsabilidad en el ejercicio de su profesión. Una responsabilidad vinculada al cumplimiento de unas normas que configuran lo que podemos denominar códigos deontológicos, entendidos como unas reglas que definen la buena práctica profesional, así como aquellas conductas a evitar –por ser contrarias a la ética de la información– por parte de los periodistas.

Hay que dejar claro que los códigos deontológicos no son leyes, por lo que, en principio su cumplimiento podía ser entendido como discrecional por parte de los periodistas. En determinadas profesiones, sobre todo en aquellas en las que su ejercicio viene regulado por un Colegio profesional (el caso de los médicos o los abogados, por ejemplo), el incumplimiento de las normas deontológicas del colectivo puede dar lugar a sanciones para los colegiados. Dado que en el caso de los periodistas, el ejercicio profesional no está regulado por un Colegio Oficial, el incumplimiento de un determinado código deontológico sólo será sancionable en el caso de que el mismo haya sido explícitamente asumido por el medio en el que trabaje el informador.

El planteamiento de partida de los códigos deontológicos aplicados al periodismo es que, tanto en la permanente toma de decisiones, en la presentación de los contenidos, como en la relación con las fuentes de información, el periodista debe cumplir unas estrictas normas de comportamiento. Unas normas que ponen de manifiesto qué es lo «periodísticamente correcto» en diversas situaciones.

Diariamente, la inmensa mayoría de los informadores actúa éticamente y sin que su deontología profesional sufra el menor menoscabo. Desgraciadamente, no faltan ejemplos en los que dicha deontología ha brillado por su ausencia. En el ámbito internacional, quizá uno de los casos sobre los que más se ha escrito fue el protagonizado por la periodista Janet Cooke, quien el 29 de septiembre de 1980 publicó un reportaje en *The Washington Post* sobre la triste vida de Jimmy, un niño negro de 8 años de edad que supuestamente había sido introducido en el mundo de la heroína por el novio de su madre. La conmovedora historia mereció para su autora el prestigioso premio Pulitzer en abril de 1981. Sin embargo, el reportaje había creado desde su aparición dudas sobre su veracidad. Algunos lectores solicitaron que se diera a conocer la verdadera identidad de Jimmy, a fin de que pudiera recibir ayuda para superar su drogadicción. Finalmente, la autora tuvo que reconocer que se trataba de un relato inventado, lo que provocó que el *Post* devolviese el galardón.

Los distintos códigos deontológicos podemos dividirlos en tres grandes grupos. En primer lugar estarían los de ámbito internacional, promovidos por organismos como la Unesco o asociaciones de periodistas de ámbito supranacional. En un segundo nivel nos encontraríamos los códigos elaborados por los colegios, sindicatos o asociaciones de periodistas o de la prensa de los diferentes estados; en general, estos códigos tratan de ser menos abstractos que los anteriores. En un tercer nivel podríamos situar los códigos que los diferentes medios recogen en sus Estatutos de redacción o en sus libros de estilo y que van dirigidos fundamentalmente a los profesionales que trabajan en dicha empresa periodística.

2.6.1. *Federación Internacional de Periodistas (FIJ-IFJ):*
Declaración de principios sobre la conducta de los periodistas
(aprobada en 1954, enmendada en 1986)

1. Respetar la verdad y el derecho que tiene el público a conocerla constituye el deber primordial del periodista.

2. De acuerdo con este deber, el periodista defenderá, en toda ocasión, el doble principio de la libertad de investigar y de publicar con honestidad la información, la libertad del comentario y de la crítica, así como el derecho a comentar equitativamente y a criticar con lealtad.

3. El periodista no informará sino sobre hechos de los cuales él/ella conoce el origen, no suprimirá informaciones esenciales y no falsificará documentos.

4. El periodista no recurrirá sino a medios equitativos para conseguir informaciones, fotografías y documentos.

5. El periodista se esforzará –con todos los medios– por rectificar cualquier información publicada y revelada inexacta y perjudicial.

6. El periodista guardará el secreto profesional acerca de la fuente de las informaciones obtenidas confidencialmente.

7. El periodista se cuidará de los riesgos de una discriminación propagada por los medios de comunicación y hará lo posible para evitar que se facilite tal discriminación, fundamentada especialmente en la raza, el sexo, la moral sexual, la lengua, la religión, las opiniones políticas y demás, así como el origen nacional o social.

8. El periodista considerará como faltas profesionales graves: el plagio, la distorsión mal intencionada, la calumnia, la maledicencia, la difamación, las acusaciones sin fundamento, la aceptación de alguna gratificación a consecuencia de la publicación de una información o de su supresión.

9. Todo periodista digno de llamarse tal se impone el deber de cumplir estrictamente con los principios enunciados arriba. En el marco del derecho vigente en cada país, el periodista sólo aceptará, en materia profesional, la jurisdicción de sus iguales, excluyendo cualquier injerencia gubernamental o de otro tipo.

2.6.2. *Unesco: Principios internacionales de ética profesional del periodismo*
(aprobados en 1983)

Este código deontológico, aprobado en la 4.ª Reunión Consultiva de Periodistas, auspiciada por la Unesco, el 20 de noviembre de 1983, se fija en los siguientes aspectos:

1. El derecho del pueblo a una información verdadera.
2. Adhesión del periodista a la realidad objetiva.
3. La responsabilidad social del periodista.

4. La integridad profesional del periodista.
5. Acceso y participación del público.
6. Respeto a la vida privada y a la dignidad del hombre.
7. Respeto del interés público.
8. Respeto a los valores universales y a la diversidad de culturas.
9. La eliminación de la guerra y otras grandes plagas a las que la humanidad está confrontada.
10. Promoción de un nuevo orden mundial de la información y comunicación.

2.6.3. *Código Deontológico del Colegio de Periodistas de Cataluña (aprobado el 22 de octubre de 1992)*

1. Observar siempre una clara distinción entre los hechos y las opiniones o interpretaciones, evitando toda confusión o distorsión deliberada de ambas cosas, así como la difusión de rumores.
2. Difundir únicamente informaciones fundamentales, evitando en todo caso afirmaciones o datos imprecisos y sin base suficiente que puedan lesionar o menospreciar la dignidad de las personas y provocar daño o descrédito injustificado a instituciones y entidades públicas y privadas, y evitando también la utilización de expresiones o calificativos rigurosos.
3. Rectificar con diligencia y con el tratamiento adecuado a la circunstancia las informaciones –y las opiniones que se deriven– que hayan demostrado ser falsas y que, por tal motivo, resulten perjudiciales para los derechos o intereses legítimos de las personas y/u organismos afectados, sin eludir, si hiciese falta, la disculpa, con independencia de lo que las leyes dispongan sobre la cuestión.
4. Utilizar métodos dignos para obtener información o imágenes, sin recurrir a procedimientos ilícitos.
5. Respetar el *off the record* cuando haya sido invocado expresamente, de acuerdo con la práctica usual de esta norma en una sociedad libre.
6. Reconocer a las personas individuales y/o jurídicas el derecho a no proporcionar información ni responder preguntas, sin perjuicio del deber de los periodistas a atender el derecho de los ciudadanos a la información. Por lo que afecta a las administraciones públicas, el derecho fundamental a la información ha de prevalecer siempre, por encima de cualquier restricción que vulnere injustificadamente el principio de la transparencia informativa a que están obligadas.
7. No aceptar nunca retribuciones o gratificaciones de terceros por promover, orientar, influir o haber publicado informaciones u opiniones. En todo caso, no se ha de alterar el ejercicio de la actividad periodística con otras actividades incompatibles con la deontología de la información, como la publicidad, las relaciones públicas y las asesorías de imagen, tanto si es en el ámbito de las instituciones u organismos públicos como en entidades privadas.

8. Respetar el derecho de las personas a su propia intimidad e imagen, especialmente en casos o acontecimientos que generen situaciones de aflicción o dolor, evitando la intromisión gratuita y las especulaciones innecesarias sobre sus sentimientos y circunstancias, especialmente cuando las personas afectadas lo expliciten.

9. Observar escrupulosamente el principio de presunción de inocencia en las informaciones y opiniones relativas a causas o procedimientos penales en curso.

10. Tratar con especial cuidado toda la información que afecte a menores, evitando difundir su identificación cuando aparecen como víctimas (excepto en el supuesto de homicidio), testimonios o inculpados en causas criminales, sobre todo en asuntos de especial trascendencia social, como es el caso de los delitos sexuales. También se evitará identificar contra su voluntad a las personas próximas o familiares inocentes de acusados o convictos en procedimientos penales.

11. Actuar con especial responsabilidad y rigor en el caso de informaciones u opiniones con contenidos que puedan suscitar discriminaciones por razones de sexo, raza, creencias o extracción social y cultural, o incitar al uso de la violencia, evitando expresiones o testimonios vejatorios o lesivos para la condición personal de los individuos y su integridad física y moral.

2.6.4. *Código Deontológico de la FAPE* *(aprobado el 27 de noviembre de 1993)*

El Código Deontológico de la Federación de Asociaciones de Prensa de España apareció después de haberse ya redactado el código de los periodistas catalanes. De hecho, a lo largo de sus artículos, se observa claramente la influencia que el código catalán ejerció en el momento de su redacción. Sin embargo, se trata de un código más exhaustivo que el catalán; más completo y ambicioso.

Los contenidos esenciales de este código, que desde su aparición intentó convertirse en la referencia básica para todos los periodistas españoles, son los siguientes:

1. Los periodistas actuarán siempre conforme a los principios de profesionalidad y ética de su Código, cuya aceptación expresa es imprescindible para acceder al Registro Profesional.

2. Su primer compromiso es el respeto a la verdad.

3. El periodista defiende el derecho de libre investigación, al tiempo que se respetará el derecho a la intimidad de las personas, si bien sólo el interés público justifica las intromisiones en aquélla. Se evitará la intromisión gratuita o la especulación. Se prestará especial cuidado en el manejo de informaciones que afecten a la infancia.

4. El periodista debe asumir el principio de presunción de inocencia. Se cuidará especialmente la información relativa a procesos judiciales, evitando la involucración de familiares de personas implicadas en aquéllos. Se extremará la prudencia en el caso relativo a las víctimas de delitos.

5. Se extremará asimismo el celo en el cuidado de todas las informaciones relacionadas con menores de edad.

6. El mismo tratamiento recibirán aquellas informaciones relativas a los más débiles y desprotegidos, o aquellos contenidos que puedan incitar a la violencia o el racismo. Se evitará toda expresión vejatoria para las personas o su integridad física o moral.

7. Para garantizar su independencia y equidad, el periodista deberá reclamar: a) unas condiciones dignas de trabajo, tanto en su retribución como en las circunstancias en que debe desempeñar su tarea; b) el deber y el derecho de oponerse a cualquier intento de monopolio y oligopolio informativo que impida el pluralismo social y político; c) el derecho de participación en la empresa; d) el derecho a la cláusula de conciencia, y e) el derecho a una formación profesional actualizada y completa.

8. El periodista tiene derecho a ser amparado frente a cualquier intento de presión.

9. El periodista tiene derecho al secreto profesional, que además protege la confidencialidad de sus fuentes.

10. El periodista vigilará escrupulosamente que la Administración cumpla su obligación de transparencia informativa.

11. El periodista respetará siempre el derecho de autor.

12. El compromiso con la verdad obliga a informar solamente sobre aquellos hechos cuyo origen sea conocido. Las informaciones difundidas: a) deben ser fundamentadas y las fuentes han de ser contrastadas siempre, ofreciendo a las personas afectadas la posibilidad de ofrecer su versión; b) advertido de cualquier error, debe subsanarse de inmediato, con el mismo tratamiento que la información que lo contenga, y c) la posibilidad de réplica debe ser ofrecida siempre de manera espontánea, sin que sea necesario recurrir a la vía judicial.

13. El periodista utilizará siempre métodos dignos para obtener su información.

14. El periodista respetará el derecho de las personas físicas y jurídicas a no proporcionar información.

15. El periodista respetará siempre el *off the record*, cuando haya sido expresamente invocado.

16. El periodista establecerá siempre una clara e inequívoca distinción entre hechos u opiniones.

17. El periodista realizará siempre una distinción formal y rigurosa entre la información y la publicidad. El ejercicio de ambas actividades simultáneamente es incompatible.

18. El periodista no aceptará retribuciones ni gratificaciones de terceros por influir en los contenidos de sus informaciones.

19. El periodista no utilizará nunca en beneficio propio las informaciones privilegiadas de las que haya tenido conocimiento. No podrá utilizar en su propio beneficio datos financieros ni escribir sobre temas en los que tengan interés personal tanto él como personas de su círculo familiar. No podrá negociar ningún tipo de acciones o valores sobre los que tenga intención de escribir en el futuro.

2.7. Los Estatutos de Redacción y los Libros de Estilo

Los Libros de Estilo y, en su caso, Los Estatutos de Redacción de los diferentes medios constituyen la regulación profesional más cercana al periodista, ya que en los mismos se recogen sus derechos, deberes y límites de su actividad en el ámbito de la empresa para la que trabaja. Se trata en muchos casos de un conjunto de «buenas prácticas periodísticas» exigibles a los profesionales del medio.

Los libros de estilo son auténticos manuales de periodismo para consumo interno de los trabajadores de una determinada redacción. En estas obras se recogen desde cuestiones estrictamente técnicas (qué géneros hay que utilizar, qué tratamiento dar a la fotografía, normas gramaticales, cómo escribir distintos términos, etc.), a indicaciones en el ámbito de la deontología profesional. Es habitual en el caso de aquellos medios que dispongan de un Estatuto de la Redacción, que este documento también esté recogido en su libro de estilo. Estos estatutos son una especie de «reglas de juego» entre los responsables del medio y los periodistas del mismo, y en ellos se establecen cuestiones tales como la línea editorial de la publicación, la cláusula de conciencia, el secreto profesional o los canales de comunicación entre la redacción y la dirección.

Como ejemplo de los contenidos de estos libros de estilo, en lo que a las recomendaciones de buenas prácticas profesionales se refiere, se puede citar que el de *El País* recuerda que «en los casos conflictivos hay que escuchar o acudir siempre a las dos partes en litigio. Aquellos dudosos, de cierta trascendencia o especialmente delicados han de ser contrastados por al menos dos fuentes, independientes entre sí» (epígrafe 1.6). Asimismo explica que «el periodista transmite a los lectores noticias comprobadas, y se abstiene de incluir en ellas sus opiniones personales» (1.24). Por otro lado, especifica que «está prohibido firmar una noticia en un lugar en el que no se encuentre el autor» (1.28).

El *Libro de Estilo de El Mundo*, por su parte, en su capítulo 8, dedicado a la Deontología profesional, establece una serie de «Límites en la obtención de informaciones», referidas a «personalidades fingidas y disfraces», «robos de imágenes y palabras», «invasión de intimidad», «protección de la infancia», «conflictos de interés», «favores de las fuentes», «problemas de buen gusto» y «expresiones racistas o de supremacía étnica, social o religiosa». En este último apartado se subraya que «las expresiones despectivas sobre etnias, religiones o grupos determinadas están prohibidas, y deben vigilarse de cerca aquellos casos en los que aparentemente una mención no es racista, pero en el contexto resulta serlo: por ejemplo, la mención de detenidos "gitanos" o "marroquíes" en sucesos en los que el origen de los implicados es tan irrelevante como si fuesen aragoneses, rubios o adventistas. Naturalmente, deben evitarse absolutamente las expresiones despectivas como "le engañaron como a un chino", "una merienda de negros" o "fue una judiada"».

Otros libros de estilo como, entre otros, los de *La Vanguardia*, *El Periódico de Catalunya*, el Grupo Vocento o *Berria* también se hacen eco de los principios periodísticos básicos que deben regir la actividad del profesional de la información.

2.8. EL DEFENSOR DEL LECTOR

El Defensor del Lector, conocido también como Ombudsman, es una figura que en los últimos años ha comenzado a ser habitual en un buen número de medios de comunicación. Su función consiste en defender los intereses de los lectores ante posibles incorrecciones publicadas por el diario: informaciones falsas, equivocaciones, desviación de los principios editoriales del periódico, etc.

La publicación mexicana *El Economista* explica de esta forma tan sucinta como clara cuál es la labor del Defensor del Lector:

> Por iniciativa propia revisa el periódico directamente, buscando posibles omisiones o faltas a los derechos de los lectores o normas de *El Economista*.
>
> Atiende las llamadas telefónicas de los lectores y toma nota de sus peticiones.
>
> De inmediato debe evaluar el reporte del lector o su propia observación y decidir si debe o no ser investigada.
>
> En el primer caso, cuando se trate sólo de evaluar el reporte, bastará con responder a la duda del lector directamente y comunicarle la observación y decidir si debe o no ser investigada.
>
> En el segundo caso, cuando se considere necesario iniciar una investigación. Ésta consiste en determinar con el reportero y el editor por qué motivos se manejó la información en la forma en que se hizo y, posteriormente, evaluar si tal procedimiento se ajusta a los derechos de los lectores o a las normas del periódico.
>
> Hecha la evaluación, corresponde al Defensor del Lector elaborar un reporte en el que presenta la solicitud del lector o la propia observación, y los argumentos de redactores y editores, para finalmente pronunciarse sobre el caso.

El Ombudsman suele ser nombrado por el director del periódico entre periodistas de reconocido prestigio, credibilidad y solvencia profesionales e interviene a instancias de cualquier lector o por iniciativa propia. Se trata de un profesional que, generalmente, no trabaja dentro de la redacción de un medio de comunicación, sino que sirve de puente entre los redactores y el público, de ahí el nombre, que podría traducirse por el de «defensor del público».

Cuando algún lector considera que en alguna información publicada por su periódico han tenido lugar errores importantes o bien se ha producido un tratamiento contrario a los principios editoriales del medio, puede dirigirse al Defensor del Lector, quien preguntará al periodista responsable de la información e investigará por su cuenta si el profesional ha seguido procedimientos absolutamente éticos. El resultado de su investigación y sus apreciaciones suelen aparecer esporádicamente publicadas en las páginas del mismo medio de comunicación.

El periódico *El Nacional* de Venezuela considera que la figura del Defensor del Lector debe reunir las siguientes características:

> El defensor del lector puede ser una persona del medio periodístico, como puede provenir de cualquier otra área que no sea comunicacional.
>
> El defensor del lector generalmente es nombrado por la junta directiva del periódico.
>
> El defensor tiene una labor tanto interna como externa. La labor interna la cumple con la elaboración de un memorando acerca de lo que él observa del análisis del periódico como producto informativo final y de las comunicaciones recibidas de los lectores. La labor externa la cumple con la publicación de una columna generalmente semanal en las páginas del periódico, en la cual comenta ampliamente las quejas del lector o cualquier otro tema ético que considere importante.
>
> El defensor del lector es una persona totalmente independiente. Generalmente, su punto de vista es discutido con el editor, con el jefe de redacción o con la persona de más alto cargo del periódico; sin embargo, esto no debe incidir en que las decisiones del defensor sean o no favorables al medio en el cual trabaja.

El concepto de Ombudsman, aplicado al defensor del pueblo, nace en Escandinavia en la primera década del siglo XIX. La palabra sueca «Ombud» se refiere a una persona que actúa como vocero o representante de otra. Suecia, en 1809, fue el primer país en adoptar esta figura en el marco de una constitución donde se pretendía restringir poderes a la monarquía. A principios del siglo XX, países como Finlandia, Nueva Zelanda y Australia adoptaron también esta institución. Tras la Segunda Guerra Mundial diversos Estados europeos adoptan esta figura (en España viene recogida en la Constitución de 1978), como una forma de protección del ciudadano ante los posibles abusos de la Administración.

Este concepto de «defensor del público» ha sido trasladado al ámbito de los medios de comunicación. Se considera que el lector de un periódico tiene una serie de derechos frente al mismo y que alguien –con el suficiente nivel de independencia respecto a los propietarios de la empresa– debe velar por los mismos.

Hay que tener en cuenta que en algunos países es habitual encontrar una figura similar en el ámbito de la salud, las universidades y otras corporaciones.

El primer Ombudsman de prensa en los Estados Unidos fue nombrado en junio de 1967 en Louisville, Kentucky, al servicio de los lectores de las publicaciones *The Courier Journal* y *The Louisville Times*. El primer diario canadiense en contar con esta figura fue *The Toronto Star*, en 1972. En Japón, el *Sahi Shimbun* de Tokio estableció un comité en 1922 para recibir e investigar las quejas de los lectores. Otro periódico de circulación masiva en Tokio, el *Yomiuri Shimbun*, estableció un comité de redacción en 1938 a fin de supervisar la calidad del periódico. En 1951, este grupo se convirtió en un comité de ombudsman que actualmente atiende las quejas de los lectores con respecto al periódico y se reúne diariamente con los editores. En España, *El País* fue el primer diario en contar con un defensor del lector, a partir de 1985. Otros diarios como *La Vanguardia, La Voz de Galicia, El Correo Gallego* o *El Punt Diari* se han dotado posteriormente de esta figura.

En la actualidad, el denominado ombudsman de noticias constituye una figura habitual en un gran número de diarios de Norteamérica, Sudamérica y Europa, siendo su presencia más puntual en Oriente Medio y Asia.

3. El ecosistema mediático en España

3.1. La aparición de los grupos multimedia

Como ya se ha expuesto en la Introducción, la tardía llegada de la democracia provocó que los procesos de concentración empresarial en el mundo mediático que venían desarrollándose en otros países de Occidente llegasen con retraso a España. Ya se ha explicado que mientras duró el régimen de Franco (1939-1975), el Estado mantuvo un cuasi monopolio informativo. Era el mayor propietario de periódicos gracias a la Cadena de Prensa del Movimiento. Asimismo, salvo la excepción de las emisoras de la Iglesia, el Estado, directamente o a través de las distintas Cadenas del Movimiento (Radio Juventud, Radio Requeté…), controlaba la radiodifusión. Además, todas las emisoras tenían que conectar obligatoriamente con el informativo de Radio Nacional de España. Por último, la única televisión era también la estatal. En esta coyuntura hablar de pluralidad informativa era imposible.

Tras la muerte de Franco y la Transición hacia la Democracia comienza a ocurrir una serie de hechos que terminarán potenciando la aparición de distintos grupos mediáticos. En el ámbito de la prensa, hay que destacar la privatización entre 1983 y 1984 de los diarios de la antigua Cadena del Movimiento (tras la muerte del dictador pasaría a denominarse, en 1977, Cadena de Medios de Comunicación Social del Estado), lo que propició la expansión de grupos como

Prensa Ibérica, Zeta o Comecosa (posteriormente pasaría a denominarse Vocento). Hay que tener en cuenta que entre las 17 cabeceras privatizadas (otras ya habían sido cerradas) existían publicaciones de la importancia de *Marca, La Nueva España, Sur, Información* o *Levante*, entre otros.

En la radio, habría que subrayar también algunos cambios significativos. Por un lado, el Estado vende en 1982 su participación en la SER a Prisa (editora del diario *El País),* lo que convierte al grupo en accionista mayoritario de la cadena. Por otro lado, comienzan a surgir nuevas cadenas privadas de radio. Algunas como Antena 3 Radio, fundada en 1982 y activa hasta 1994, llegaron a disputar con la SER los primeros lugares de la audiencia.

Por último, la Ley 10/1988, de 3 de mayo, de Regulación de la Televisión Privada suponía el pistoletazo de salida para la puesta en marcha en España de este tipo de televisión. Esto hace que hasta finales de la década de los 90 sea difícil hablar propiamente de grupos multimedia en España, ya que hasta entonces el ámbito televisivo estaba reservado al sector público.

En la génesis de los grupos multimedia en España se puede hablar de varios momentos. En cada uno de ellos algunos actores se mantienen, mientras que otros desaparecen.

a) *La década de los 80*

Aparecen una serie de grupos de prensa, alguno de los cuales va a tener también presencia en la radio. Prisa, editor de *El País,* adquiere en 1982 la participación del Estado en la SER, cadena de la que adquiere el control total en 1985. La privatización de los diarios de la antigua Cadena del Movimiento propicia que determinadas compañías incrementen el número de sus cabeceras. Es el caso de Zeta, que junto con *El Periódico* y *Sport* se hace, entre otros, con *Córdoba* y *Mediterráneo.* Prensa Ibérica, por su parte, incorpora a su red *Información, La Nueva España* y *Levante.*

Por otro lado, la venta de los antiguas cabeceras de Edica (Editorial Católica) en 1988 permite que el Grupo Correo, embrión de Vocento, que ya poseía *El Correo Español* y *El Diario Vasco,* se haga con una red de periódicos provinciales (*La Verdad* de Murcia, *Hoy* de Badajoz, *Ideal* de Granada). Algunos de los grupos citados comienzan a tener una importante presencia en las nuevas cadenas de radio que se van creando. Así, en Antena 3 Radio participaban *La Vanguardia,* el Grupo Zeta y *Abc.*

b) *Primera mitad de los 90*

El cambio de década vino caracterizado por la aparición, por primera vez en España, de televisiones privadas. La Ley 10/1988, de 3 de mayo, de Televisión Privada posibilitó el nacimiento de este tipo de empresas. Tras la convocatoria de un concurso para la concesión de licencias, éstas fueron a parar en 1989 a Gestevisión Telecinco, Antena 3 de Televisión y Sogecable (Canal Plus). Con la llegada de estas cadenas, algunos grupos empresariales tienen por primera vez presencia en los tres soportes tradicionales de la comunicación: prensa, radio y televisión.

Así, Prisa se convierte rápidamente en uno de estos grupos multimedia, al ser accionista referencial de *El País*, la SER y Canal Plus. Otro grupo emergente fue la ONCE (Organización Nacional de Ciegos de España), que disponía del 25 % del accionariado inicial de Tele 5 y que además era propietaria de Onda Cero, la cadena surgida en 1990 de la fusión de Radio Amanecer y la Cadena Rato. También el Grupo Godó fue uno de los conglomerados importantes de la época, al contar con una importante participación en Antena 3 Radio y en Antena 3 Televisión, además de poseer los diarios *La Vanguardia* y *Mundo Deportivo*.

En 1993, el Grupo Zeta, que ya poseía una importante cadena de diarios (*El Periódico, Sport* y otros) y revistas (*Interviú, Man, Primera Línea…*), se hace con el principal paquete de acciones de Antena 3 TV. Casi al mismo tiempo, Prisa desembarca en Antena 3 Radio, lo que a la postre desembocaría en la desaparición de la cadena.

c) *Segunda mitad de los 90*

Junto a Prisa, grupo ya consolidado en el ámbito multimedia desde el momento de la aparición de la televisión privada, los otros dos grupos que se consolidan con fuerza durante la segunda mitad de los 90 fueron Telefónica y el Grupo Correo. Paralelamente, la ONCE, grupo referencial del quinquenio anterior, desaparece del panorama mediático tras desprenderse, primero, de su participación en Tele 5 y, posteriormente, vender Onda Cero.

Telefónica inicia su desembarco mediático en 1997 con la compra del 47 % del accionariado de Antena 3 TV. Ese mismo año, la operadora de telefonía encabeza una de las dos ofertas de televisión digital por satélite que se ponen en marcha en España: Vía Digital. A comienzos de 1998 se produce la llegada de Telefónica al ámbito de la prensa escrita. A principios de dicho año, suscribe un acuerdo con Recoletos (editora en aquel entonces del diario deportivo *Marca* y del económico *Expansión)* para adquirir un 20 % de la compañía. Ese mismo año Telefónica vendía su partición de la editora y compraba un 5 % del grupo británico Pearson, que en aquella época poseía el 78 % de Recoletos. El tercer gran desembarco de Telefónica se produce en el mundo de la radio, al hacerse en 1999 con Onda Cero. Tampoco internet fue ajena al interés de Telefónica. En 1999 puso en marcha su portal Terra y en 2000 incorporó a la compañía el proveedor norteamericano de acceso a la red Lycos.

Por su parte, el grupo Correo se configuró durante los 90 como la principal cadena de prensa regional y provincial. A su vez, en 1996 dicha empresa adquiría un 25 % del accionariado de Tele 5.

3.2. LOS GRUPOS MULTIMEDIA EN EL SIGLO XXI

El nuevo siglo se ha caracterizado por la desaparición de algunos grupos multimedia de la década anterior y por la aparición de otros nuevos. Entre los primeros habría que referirse a Telefónica, que tras la salida de Juan Villalonga de la presidencia de la empresa y su sustitución por César Alierta inicia una paulatina retirada de inversiones en el ámbito de los medios de comunicación, que culmina con la venta en 2003 de su participación en Antena 3 TV (propietaria a su vez de Onda Cero Radio) al grupo Planeta.

Éstos son los principales actores del panorama mediático español en la primera década del siglo XXI.

3.2.1. *Prisa*

Se puede considerar la salida de *El País* en mayo de 1976 como el primer paso para la constitución de uno de los grupos multimedia más importantes de España. No obstante, quien fue hasta su muerte en 2007 presidente del grupo, Jesús de Polanco, ya había creado en 1958 la editorial Santillana, especializada en libros de texto. A partir de 1972, este empresario cántabro crea, entre otras empresas, el Grupo editorial Timón, la cadena de librerías Crisol, la empresa de sondeos Demoscopia y la distribuidora Itaca.

Como se ha señalado, la aparición de *El País*, que en poco tiempo pasaría a convertirse en el diario más vendido de España, supuso la primera incursión del grupo Prisa en el mundo de la información. Además, el grupo Prisa es el editor del diario económico *Cinco Días* y del deportivo *As*.

En 1982, Prisa se hace con un paquete de acciones de la principal cadena radiofónica del Estado, la SER (Sociedad Española de Radiodifusión), cadena que pasa a controlar en 1985. La posterior entrada del grupo en Antena 3 Radio y su fusión con la SER dio lugar a Unión Radio, de la que Prisa controlaba el 80 % del accionariado y Godó el 20 % restante. En 2008 el fondo de inversión británico 3i se hizo con un 16 % de la sociedad. A través de Unión Radio, Prisa dispone de la mayor cadena de emisoras de radio de España, en la que hay que incluir la SER, Cadena Dial, Radiolé, los 40 Principales, M-80 y Sinfo Radio.

La ya citada Ley 10/1998, de 3 de mayo, de Regulación de la Televisión Privada va a permitir el desembarco de Prisa en el ámbito televisivo, a través de Sogecable. Su cadena Canal Plus, de cuyo accionariado Prisa disponía de un 25 %, consigue una de las tres licencias de televisión privada otorgadas por el gobierno de Felipe González. Canal Plus fue, además, la primera televisión terrestre de pago que comienza a operar en España. En 2005, Canal Plus pasó a emitirse exclusivamente a través del satélite y su espacio en la televisión analógica fue ocupado por Cuatro, perteneciente a la misma empresa.

Tras la Ley 37/1995, de 12 diciembre, que regula las Telecomunicaciones por Satélite, Prisa entra en el mundo de la televisión digital a través de la plataforma Canal Satélite Digital, que comienza a emitir en 1997. Dicha plataforma se fusionó con su rival Vía Digital (Telefónica) en 2003, dando lugar al nacimiento de Digital+. A lo largo de 2008 informaciones aparecidas en distintos medios apuntaban a la intención de Prisa de vender esta plataforma. Sogecable cuenta asimismo con la productora Sogecine y la distribuidora Sogepac.

PRISA	
Periódicos	– Máxima FM
– *El País* (Madrid)	1.200 emisoras (entre propias y asociadas)
– *As* (diario deportivo)	en España, Estados Unidos e Iberoamérica
– *Cinco Días* (diario económico)	**Televisión:** Sogecable
Revistas: *Progresa*	– Cuatro TV
– *Cinemanía, Rolling Stone, Gentleman, Car* y otras	– Canal Plus y canales temáticos
	– Digital + (en venta)
Radio: Unión Radio	**Editoriales**
– Cadena SER	– Grupo Santillana (Ed. Santillana, Aguilar, Alfaguara, Taurus, Salamandra…)
– 40 principales	
– Cadena Dial	**Cine**
– Radiolé	– Sogecine
– M 80	– Sogepaq

Prisa también dispuso de un centenar de emisoras de televisión local, agrupadas en Localia. Sin embargo, la empresa anunció en 2008 el cierre de dicha cadena.

En el mundo de la radio, Prisa dispone de la mayor cadena de emisoras de radio de España, la SER, en la que hay que incluir la Cadena Dial, Radiolé, los 40 Principales, M-80 y Sinfo Radio.

En el ámbito de la edición de libros se encuentran en la órbita de Prisa editoriales como la ya mencionada Santillana, Alfaguara, Aguilar o Taurus, entre otras.

3.2.2.   *Vocento*

El grupo Vocento como tal se constituye en 2001 tras la fusión del Grupo Correo (editor, entre otros de *El Correo*, de Bilbao) y Prensa Española (propietario de *Abc*). Las publicaciones que están en el origen del grupo son centenarias, ya que *El Correo* nació en 1910 bajo el nombre de *El Pueblo Vasco*, mientras que *Abc* vio la luz en 1903 (aunque hasta 1905 no tuvo una periodicidad diaria).

Se trata de un grupo muy asentado en el ámbito de la prensa diaria con 14 cabeceras tanto nacionales –*Abc* y el gratuito *Qué*– como regionales o provinciales (*El Correo, El Diario Vasco, El Diario Montañés, La Verdad, Ideal, Diario Hoy, Diario Sur, La Rioja, El Norte de Castilla, El Comercio, Las Provincias* y *La Voz de Cádiz*), con una difusión conjunta aproximada en 2008 de 728.000 ejemplares. Por medio de Taller de Editores, la empresa publica los suplementos *XLSemanal, TVMás, Mujer Hoy* y *MH Corazón*.

VOCENTO	
Periódicos	– *Qué* (gratuito)
– *Abc* (Madrid)	**Suplementos:** Taller de Editores
– *El Correo Español* (Bilbao)	– *XLSemanal, TVMás, Mujer Hoy* y *MH*
– *El Diario Vasco* (San Sebastián)	*Corazón*
– *El Diario Montañés* (Santander)	**Radio**
– *La Verdad* (Murcia)	– Punto Radio
– *La Rioja* (Logroño)	**Televisión**
– *Ideal* (Granada)	– Tele 5 (5 %)
– *Hoy* (Badajoz)	– Net TV (Intereconomía TV y Disney
– *Sur* (Málaga)	Channel)
– *El Norte de Castilla* (Valladolid)	– Emisoras regionales (Onda6 TV) y
– *El Comercio* (Gijón)	locales
– *Las Provincias* (Valencia)	**Internet**
– *La Voz de Cádiz*	– Sarenet
	– Portales temáticos

En el ámbito televisivo, el Grupo Correo junto a Prensa Española se hicieron en 1996 con una participación del 25 % de Tele 5. En 2008, el grupo redujo su participación en la cadena al 5 % para no incurrir en incompatibilidades legales (atenuadas por el Gobierno del PSOE en febrero de 2009), ya que Vocento es concesionario de una licencia de TDT, Net TV, a través de la cual se emite Intereconomía TV y Disney Channel. Asimismo, Vocento dispone de licencias digitales regionales en Madrid –Onda 6 TV–, Valencia, la Rioja, Andalucía y Murcia. Además, cuenta con una licencia municipal en Barcelona –Urbe TV–. Por otro lado, cuenta con una decena de televisiones locales.

En 2004 Vocento (65 %), en colaboración con un grupo de emisoras de Luis del Olmo (25 %) y otras del grupo Televisión Castilla y León (10 %), ponía en marcha Punto Radio, una cadena de ámbito estatal.

En el entorno de internet, el grupo participa en la empresa de servicios Sarenet. Asimismo dispone de los canales temáticos finanzas.com, hoymujer.com, hoymotor16.com, hoytecnologia.com, hoycinema.com y laguiaTV.com.

3.2.3. *Planeta*

Planeta es uno de los grandes grupos editoriales de España. La editorial que da nombre al grupo fue fundada en 1949 en Barcelona por José Manuel Lara. A la misma empresa pertenecen otras editoriales como Ariel, Espasa, Destino, Seix Barral o Temas de Hoy. Planeta inició su desembarco en el mundo de los medios a finales del siglo pasado al hacerse con un 50,6 % de *La Razón*, el diario madrileño nacido en 1998. En 2004 Planeta entraba a formar parte (40 %) del accionariado del diario en catalán *Avui*, junto al Grupo Godó y el Institut Català de Finances. En 2006, la empresa lanzó el gratuito de ámbito estatal *ADN*.

PLANETA	
Prensa:	**Editoriales:**
– *La Razón*	– Planeta, Espasa, Destino, Seix Barral,
– *Avui* (40 %)	Emecé, Minotauro, Ariel, Paidós,
– *ADN* (gratuito)	Temas de Hoy, etc.
Radio:	**Internet:**
– Onda Cero	– MuchoViaje.com, Lanetro.com,
– Europa FM	Ociotour.com, etc.
Televisión:	**Otros:**
– Antenta 3 TV	– CEAC, Home English, Casa del
– Ver-T	Libro…

Entre 1997 y 2001 Planeta llegó a poseer un 10 % de Tele 5 y un 4,5 % de la COPE. Sin embargo, la operación que aupó a Planeta a la categoría de uno de los grandes grupos multimedia españoles tuvo lugar en 2003 al adquirir a Telefónica, en asociación con la empresa italiana De Agostini, un paquete (25 %) accionarial de Antena 3 TV y convertirse en accionista de referencia de la cadena. En la misma operación, la empresa catalana se hacía con el control de Onda Cero Radio. Posteriormente, la participación de Planeta-De Agostini en Antena 3 TV se incrementaría hasta el 44,5 %.

Además de los tres canales de TDT para todo el Estado, Antena 3 Ver-T dispone también de una televisión digital terrestre de ámbito local que emite para Madrid capital y alrededores.

3.2.4. *Zeta*

El Grupo Zeta ha estado muy ligado a la figura de su fundador, Antonio Asensio, cuyo fallecimiento en 2001 marcó el inicio del declive de una empresa que en 2007 se puso en venta. El inicio del grupo lo marca la salida de la revista *Interviú* en 1976, que supuso un hito en el dinámico panorama editorial de la Transición. En 1978 salía *El Periódico de Catalunya*, primero de los diarios con los que contó el grupo.

Zeta siempre ha asentado gran parte de su expansión en el mundo de las revistas y de los periódicos. Entre las primeras, junto a la ya citada *Interviú*, cabe citar *Tiempo, Cuore, Woman, Viajar, Man* o *Primera Línea*, entre otras. Entre los diarios, además del ya citado *El Periódico de Catalunya*, el grupo publica *La Voz de Asturias, El Periódico de Extremadura, El Periódico de Aragón, Mediterráneo, Córdoba, Ciudad de Alcoy, El Periódico d'Ontinyent, La Crónica de Badajoz* y los deportivos *Sport* y *Equipo*.

ZETA	
Prensa:	– *Cuore*
– *El Periódico de Catalunya*	– *Woman*
– *El Periódico de Aragón*	– *Viajar*
– *El Periódico del Mediterráneo*	– *Man*
– *Mediterráneo*	– *Primera Línea*
– *Córdoba*	– Otras (*Autohebdo Sport, Playstation,*
– *El Periòdic de Andorra*	*Digital Camera, Windows Vista*)
– *Ciudad de Alcoy*	**Editoriales:**
– *El Periòdic d'Ontinyent*	– Ediciones B
– *La Crónica de Badajoz*	**Otras:**
– *Sport*	– On TV (Productora audiovisual)
– *Equipo*	– OnPictures (Productora y distribuidora
Revistas:	de cine)
– *Interviú*	– Gráficas de prensa diaria (impresión)
– *Tiempo*	– Emoziona (comunicación exterior)
	– Canal Motor (Internet)Woman

Tras optar infructuosamente a una de tres licencias de televisión privada concedidas por el Gobierno del PSOE en 1989, el grupo Zeta se convierte en 1992 en accionista referencial de Antena 3 TV, lo que aúpa a Antonio Asensio a la presidencia de la cadena. Sin embargo, en 1997 Zeta vendía su participación en la televisión a Telefónica.

En 2007 se anunció la puesta en venta del grupo. Sin embargo, en julio de 2008 no fructificó el intento de adquisición por parte del grupo industrial del empresario extremeño Alfonso Gallardo. En febrero de 2009 la dirección de Zeta llegaba a un acuerdo con los representantes de los trabajadores para reducir la plantilla en 442 puestos.

3.2.5. Unidad Editorial

Se trata de un grupo constituido en torno al diario *El Mundo del Siglo XXI*, nacido en 1989. En 2007 los activos de la empresa se vieron notablemente incrementados con la adquisición del grupo Recoletos, editor de los diarios deportivo y económico más vendidos del país, *Marca* y *Expansión*, respectivamente. El accionista mayoritario de Unidad Editorial es el grupo italiano RCS MediaGroup.

Junto a los tres diarios mencionados, Unidad Editorial publica también las revistas *Actualidad Económica, Telva, Yo Dona, ARTE, La Aventura de la Historia, MarcaMotor, Golf Digest* y *La Revista oficial de la NBA*. En el apartado de prensa especializada, se podría citar *Diario Médico, Revista EME* y *Gaceta Universitaria*. Por otro lado, el grupo posee las editoriales La Esfera de los Libros y Siete Leguas.

UNIDAD EDITORIAL	
Prensa:	– Otras: *La aventura de la Historia, MarcaMotor, Golf Digest* y *La Revista oficial de la NBA*
– *El Mundo del Siglo XXI*	
– *Marca*	**Televisión:**
– *Expansión*	– Veo TV (3 canales estatales de TDT)
Prensa especializada:	– EM2 (Televisión Digital de ámbito local)
– *Diario Médico*	– El Mundo TV (productora de contenidos televisivos)
– *Revista EME*	
– *Gaceta Universitaria*	**Radio:**
Revistas:	– Radio Marca
– *Telva*	– Unidad Liberal Radio (junto a Libertad Digital)
– *Actualidad Económica*	**Editoriales:**
– *Yo Dona*	– La Esfera de los Libros
– *Arte*	– Siete Leguas

En el apartado televisivo, Unidad Editorial es propietaria de la licencia de TDT para todo el territorio estatal Veo Televisión, gracias a la cual emite los canales Veo TV, Set en Veo (a través del cual se ofrece Sony TV) y Tienda en Veo. El grupo ha creado la empresa EM2 para la gestión de sus licencias de TDT de carácter local. Asimismo, dispone de la productora El Mundo TV para la creación de contenidos audiovisuales.

Dentro del panorama radiofónico, Unidad Editorial explota Radio Marca y es copropietaria (55 %) junto a Libertad Digital de Unidad Liberal Radio, cuyo objetivo es constituir una cadena de ámbito estatal.

3.2.6. *Otros grupos*

Existen otros grupos mediáticos en España que, sin haber llegado a alcanzar el nivel de expansión de los anteriores, también tienen su importancia. Algunos de ellos se centran principalmente en un determinado ámbito geográfico.

a) *Godó*

El Grupo Godó, perteneciente a la familia del mismo nombre y presidido por Javier de Godó, se articula en torno a los diarios barceloneses *La Vanguardia* y *Mundo Deportivo*. Asimismo posee una participación (40 %) en *Avui*. En el mundo de las revistas, Godó edita publicaciones tales como el suplemento *Magazine*, *Interiores, Interiores práctica, Mujer vital, Historia y vida* o *La Revista dels Súpers* y participa en la edición española de *Playboy*.

En el ámbito audiovisual, en cambio, el grupo ha perdido una parte importante de la influencia que llegó a tener hasta los primeros años de la década de los 90. Cabe recordar que Javier Godó presidió Antena 3 TV entre 1988 y 1992, momento en que fue sustituido por Antonio Asensio. En la actualidad, el grupo posee el canal 8tv para el ámbito catalán y la productora audiovisual GDA Pro.

En cuanto a la radio, Javier de Godó también presidió Antena 3 Radio, emisora creada en los primeros años de los 80 y que llegó a convertirse en la segunda cadena privada de radio del Estado. Sin embargo, a principio de los 90 se produjo una crisis entre los distintos accionistas de la emisora, que concluyó en 1992 con el desembarco de Prisa en la misma. En enero de 1994 Antena 3 Radio y la Cadena SER constituyen Unión Radio, una empresa en la que participa Prisa con un 80 % y en la que Javier Godó (20 %) pasó a ocupar la vicepresidencia. El Grupo Godó, no obstante, posee emisoras en Catalunya, como RAC 1 y RAC 105.

b) *Grupo Prensa Ibérica*

El origen del grupo hay que situarlo en 1978 a raíz de la adquisición de Editorial Prensa Canaria. Es en 1984 cuando se constituye Prensa Ibérica tras la adquisición de varios diarios regionales de la antigua Cadena del Movimiento. Este grupo, presidido por Javier Moll, posee los periódicos *Faro de Vigo, La Opinión* de A Coruña, *La Nueva España* de Oviedo, *La Opinión/El Correo* de Zamora, *Regió7; Diari de Girona, Diario de Mallorca, Diario de Ibiza, Levante-EMV* de Valencia, *La Información* de Alicante; *La Opinión* de Murcia, *La Opinión* de Granada, *La Opinión* de Málaga, *La Provincia* de la Palmas, *La Opinión de Tenerife, Superdeporte* de Valencia y *Estadio Deportivo* de Sevilla. La difusión global en 2008 superaba los 300.000 ejemplares. Prensa Ibérica participa al 50 % con el grupo Godó en la propiedad del suplemento dominical *Magazine* y edita los semanarios *Empordà*, para la comarca catalana del mismo nombre, y *El Boletín* para la Comunidad Valenciana.

En el medio radiofónico el grupo explota las emisoras Radio Diario-Ibiza, Radio Diario-Mallorca, Radio Canarias o InterValencia. Dentro del ámbito local y autonómico, Prensa Ibérica dispone de los siguientes canales de televisión: Levante TV (Valencia), Información TV (Alicante), Canal 21 Televisión (Granada), Málaga TV, La opinión TV (Murcia) y Televisión de Manresa.

En el mundo de la edición de libros, el grupo dispone de los sellos Editorial Prensa Ibérica y Allison & Busby. Prensa Ibérica también está presente en el mundo de la impresión, con plantas en Canarias, Baleares, Valencia, Vigo, Málaga, Barcelona y Alicante.

c) *Mediapro-La Sexta-Público*

Más que de un grupo propiamente dicho, cabría hablar en este caso de una serie de empresas con accionistas comunes. Mediapro es una productora fundada en 1994 en Barcelona que se dedica tanto a la producción cinematográfica o televisiva, como a la gestión de derechos de emisión. En 2005 se asoció con otras productoras españolas y con el grupo mexicano Televisa para optar a la concesión por parte del Gobierno de una cuarta cadena de televisión analógica –La Sexta–, lo que finalmente conseguiría (las emisiones se iniciaron en 2006).

Un 33 % de Mediapro pertenece al empresario Jaume Roures, que, junto a Tatxo Benet, fue el promotor y accionista de referencia del diario de ámbito nacional *Público*, nacido el 26 de septiembre de 2007.

d) *Corporación Voz de Galicia*

La Corporación Voz de Galicia, también conocida como Grupo Voz, gira, como su nombre indica, en torno a *La Voz de Galicia*, uno de los principales diarios regionales del Estado. Su difusión en 2008 fue de 103.828 ejemplares.

El grupo dispone de una cadena de ocho emisoras de radio, Radio Voz, nacida en 1994 y que está presente en las cuatro provincias gallegas. En el terreno de la televisión digital, Voz de Galicia dispone de una licencia de explotación autonómica para Galicia.

A la misma corporación pertenece Canal Voz, nacida en 1999 y especializada en la creación de contenidos digitales. Para la producción de contenidos televisivos, el grupo dispone de la productora Voz Audiovisual. Asimismo, dicha corporación dispone de la empresa de sondeos e investigaciones de mercados Sondaxe.

e)   *Grupo Joly*

Al igual que el anterior, tiene un carácter regional, en este caso centrado en Andalucía. Su medio más emblemático es el veterano *Diario de Cádiz*, fundado en 1867 por Federico Joly Velasco. El grupo edita además los siguientes periódicos: *Diario de Jerez, Europa Sur* (Algeciras), *Diario de Sevilla, El Día de Córdoba, Huelva Información, Granada Hoy, Málaga Hoy* y *Almería Actualidad*, con una difusión conjunta aproximada de 80.000 ejemplares.

Inversiones Radiofónicas Río San Pedro es la sociedad a través de la que el Grupo Joly está presente en el mercado radiofónico. El grupo dispone de licencias de emisión en Sevilla, Linares, Valencia, Madrid, Barcelona, Cádiz y Ubrique. Asimismo, el grupo ha conseguido una licencia autonómica de TDT para Andalucía.

f)   *Promecal*

Promecal (Promotora de Medios de Castilla y León) es un grupo de empresas especializadas en medios de comunicación de carácter regional. Entre los diarios del grupo figuran *Diario de Burgos, Diario de Ávila, Diario Palentino, El Adelantado de Segovia, El Día de Valladolid, La Tribuna de Albacete, La Tribuna de Ciudad Real, La Tribuna de Cuenca, La Tribuna de Guadalajara* y *La Tribuna de Toledo*. El grupo cuenta con un importante centro de impresión en Burgos –DB Taller de Impresión– donde se imprimen las ediciones para el norte de España de distintos diarios de ámbito nacional.

En el ámbito televisivo, el grupo ha venido explotando distintas estaciones de radio local, fundamentalmente en la zona de Castilla y León, agrupadas en el Canal 4 Castilla y León. Para Castilla-La Mancha la red de emisoras se denomina La Tribuna Televisión. Además, el grupo ha conseguido una licencia autonómica de TDT para Navarra, Canal 6 Navarra. La Sociedad Radio Televisión de Castilla y León (en la que junto a Promecal se integra el grupo de emisoras denominado Televisión de Castilla y León) es la adjudicataria de los dos canales autonómicos de TDT –CyL7 y CyL8– para dicha comunidad.

El grupo cuenta asimismo con diversas frecuencias de radio para el ámbito castellano-leonés, bajo la marca de Radio Duero, que tiene un acuerdo de explotación con Onda Cero.

g)   *Otros grupos regionales*

En este apartado habría que incluir al Grupo Serra en las islas Baleares, editor de las publicaciones *Última Hora, Diari de Balears* y *Majorca Daily Bulletin*. El grupo participa en Última Hora Punto Radio y Radio Flaixbac; así como en el Canal 37 Sa Televisió de Palma.

En el ámbito de Galicia se podrían citar el Grupo El Progreso (*El Progreso de Lugo, Diario de Pontevedra*) y el Grupo La Región (*La Región* de Ourense, *Atlántico Diario* de Vigo).

3.3. LA PRENSA EN ESPAÑA

La prensa española cierra la primera década de este siglo sumida en una profunda crisis. A lo largo de 2008 la inversión publicitaria en diarios descendió un 20,8 %, fruto de la recesión que afecta a la economía mundial. Los principales grupos editores anunciaban a principios de 2009 diversas medidas de ajuste, entre las que figuraban los recortes en las plantillas.

La caída de la publicidad viene a sumarse al problema del descenso de la difusión que viene afectando a la prensa de los países occidentales desde la última década del siglo pasado. En la década comprendida entre 1997 y 2007, los periódicos de la Europa de los 15 (en 2004 y en 2007 la Unión Europea afrontó dos ampliaciones para llegar a los 27 miembros actuales) vieron sus ventas reducidas en casi 12 millones de ejemplares.

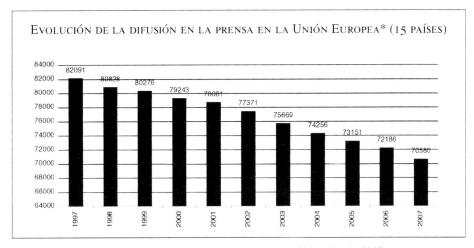

EVOLUCIÓN DE LA DIFUSIÓN EN LA PRENSA EN LA UNIÓN EUROPEA* (15 PAÍSES)

* En esta gráfica no se ha tenido en cuenta la ampliación de 2004 ni la de 2007.
FUENTE: *Libro Blanco de la Prensa Diaria 2009.*

Este descenso en la difusión ha sido especialmente preocupante en el caso de España, cuyo índice de difusión a duras penas conseguía superar la barrera de las 100 copias vendidas por cada 1.000 habitantes, muy lejos de los 423 de Finlandia o de los 180 que marcaba la media de la Unión Europea.

España registró en 2007 un consumo de 93 copias por cada 1.000 habitantes, cinco menos que en 1975, año de la muerte de Franco. Esta cifra la situaba en la penúltima posición de la UE, tan sólo por delante de Portugal.

Ni la llegada de la democracia ni la erradicación del analfabetismo ni los procesos de modernización afrontados por la prensa española en los últimos años han conseguido incrementar significativamente la difusión de los diarios, que alcanzó su punto culminante en 1995 (107 copias/1.000 habitantes). Desde entonces se ha producido un lento pero sostenido descenso del consumo hasta situarse siete puntos por debajo de la centena, nivel de referencia utilizado por la UNESCO para considerar a un país desarrollado en lo que a lectura de prensa se refiere. Si tomásemos en consideración únicamente las publicaciones sometidas al control de OJD, las ventas de diarios se situarían en 2008 en 89 exiguos ejemplares/1.000 habitantes.

Dentro del Estado hay que destacar los importantes desequilibrios que se producen, en lo que al consumo de prensa se refiere, entre unas autonomías y otras. Así, mientras que regiones del norte peninsular como Navarra (161), País Vasco (139) o Asturias (131) superan los 130 ejemplares/1.000 habitantes, situándose en niveles de países como Bélgica (130), Castilla-La Mancha (47), Murcia (55) o Extremadura (58) se encontrarían con unas cifras inferiores a las de la India (70), Filipinas (78) o Panamá (65).

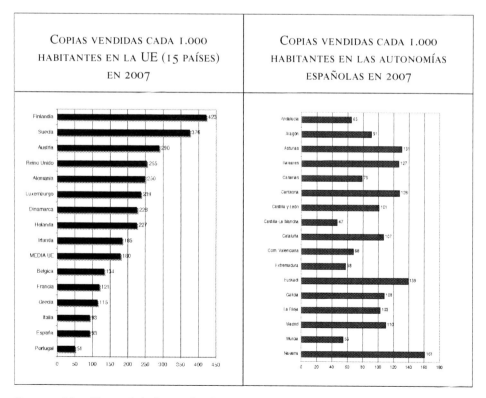

FUENTE: *Libro Blanco de la Prensa Diaria 2009.*

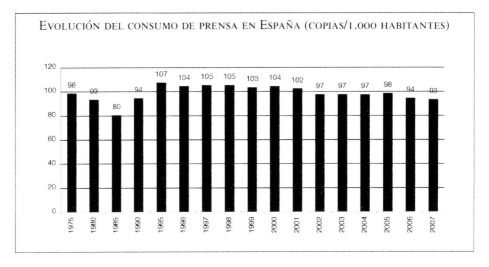

EVOLUCIÓN DEL CONSUMO DE PRENSA EN ESPAÑA (COPIAS/1.000 HABITANTES)

FUENTE: *Libro Blanco de la Prensa Diaria 2009,* OJD y *Noticias de la Comunicación.*

Respecto a las características de los diarios españoles, llama la atención el elevado número de cabeceras. Según datos de AEDE, en 2007 tan sólo Alemania (359) superaba a España (140) en el número de diarios existentes. La consecuencia lógica de esta oferta tan abundante es que la talla media de un periódico en España es de 29.971 ejemplares, frente a la media europea de 64.752. Así, mientras que en Francia, en 2008, 23 rotativos superaban los 100.000 ejemplares de difusión, en España sólo 11 publicaciones superaron dicha cifra.

España cuenta, junto con Italia, con la prensa deportiva más importante de Europa. La difusión conjunta de los diarios deportivos españoles alcanzó en 2008 los 778.000 ejemplares. Es decir, casi uno de cada cinco periódicos vendidos (19 %) pertenecen a dicho grupo.

Por otro lado, desde un punto de vista geográfico, cabe subrayar la importancia de los diarios de ámbito estatal, editados en Madrid. Los cinco diarios de información general englobados en dicha categoría (*El País, El Mundo, Abc, La Razón* y *Público*) se encuentran entre las veinte cabeceras más vendidas. Barcelona actúa como un segundo polo de influencia, con dos títulos –*La Vanguardia* y *El Periódico*– situados entre los diez con mayor difusión. La prensa regional y provincial, con la excepción de *El Correo* y *La Voz de Galicia* como únicas publicaciones que superan los 100.000 ejemplares, mantiene un nivel de difusión más moderado. Tan sólo seis rotativos alcanzan los 50.000 ejemplares de circulación. Sin embargo, en términos generales la difusión global de la prensa editada en Madrid –incluida la deportiva y la económica– supone el 47% del total, lo que indica el importante grado de penetración que la prensa regional y provincial tiene en España.

LOS 20 DIARIOS MÁS VENDIDOS EN 2008		
Diario	Ciudad	Difusión
El País	Madrid	444.290
El Mundo del Siglo XXI	Madrid	333.384
Marca (deportivo)	Madrid	315.833
Abc	Madrid	238.914
As (deportivo)	Madrid	240.365
La Vanguardia	Barcelona	205.504
EL Periódico de Catalunya	Barcelona	164.414
La Razón	Madrid	156.033
El Correo Español	Bilbao	117.373
La Voz de Galicia	A Coruña	103.828
Mundo Deportivo	Barcelona	101.597
Sport (deportivo)	Barcelona	97.218
El Diario Vasco	San Sebastián	82.584
Público	Madrid	72.853
La Nueva España	Oviedo	59.259
Diario de Navarra	Pamplona	55.702
Heraldo de Aragón	Zaragoza	53.652
Expansión (económico)	Madrid	51.175
Levante	Valencia	41.371
Faro de Vigo	Vigo	40.978

FUENTE: OJD.

Un fenómeno digno de mención en la primera década de este siglo es el de la prensa gratuita de ámbito nacional. Aunque ya existían periódicos de este tipo con una distribución local, el desembarco de las multinacionales de la prensa gratuita supuso la consolidación de este segmento mediático. En febrero de 2000 veía la luz *Madrid y M@s*; meses más tarde este último creó una edición para Barcelona. En 2001, el grupo de origen noruego Schibsted se hacía con la propiedad de la publicación que comienza a lanzar ediciones para las principales ciudades españolas. En 2008, según datos del Estudio General de Medios, *20 minutos* era la publicación diaria más difundida de España. También en 2001 salía a la calle *Metro*, perteneciente a la multinacional de origen sueco Metro International, e iniciaba una política de expansión similar a la de su competidor. Sin embargo, a finales de enero de 2009 el diario dejaba de publicarse ante el descenso de sus ingresos publicitarios.

En 2005 el Grupo Recoletos comenzó a editar el tercer diario gratuito de ámbito nacional: *Qué*. Sin embargo, tras la adquisición de dicho grupo por parte de Unidad Editorial en 2007, el diario fue vendido a Vocento. Por último, en 2006 el grupo Planeta junto a distintos grupos de prensa regional lanzaba *ADN*.

AUDIENCIA DE LA PRENSA ESPAÑOLA EN 2008 (EN MILES DE EJEMPLARES)		
Diario	*Tipo*	*Audiencia*
20 Minutos	Gratuito	2.889
Marca	Deportivo	2.597
Qué	Gratuito	2.255
El País	Información general	2.218
*Metro Directo**	Gratuito	1.823
ADN	Gratuito	1.787
El Mundo	Información general	1.348
As	Deportivo	1.266
El Periódico	Información general	808
Abc	Información general	701
La Vanguardia	Información general	695
La Voz de Galicia	Información general	602
Mundo Deportivo	Deportivo	588
Sport	Deportivo	564
El Correo	Información general	520
La Razón	Información general	412
La Nueva España	Información general	355
Diario Vasco	Información general	352
Levante	Información general	316
Heraldo de Aragón	Información general	286

FUENTE: EGM.
Metro Directo dejó de publicarse en febrero de 2009.

PRINCIPALES GRUPOS DE PRENSA EN ESPAÑA Y SU DIFUSIÓN (2008)		
VOCENTO		
ABC	Madrid	238.914
El Correo	Bilbao	117.373
El Diario Vasco	San Sebastián	82.584
Ideal	Granada	31.239
Hoy	Badajoz	22.372
La Verdad	Murcia	38.155
El Diario Montañés	Santander	38.078
El Comercio	Gijón	26.353
El Norte de Castilla	Valladolid	36.134
Las Provincias	Valencia	38.876
La Rioja	Logroño	16.616
Diario Sur	Málaga	31.921
La Voz de Cádiz	Cádiz	10.350
Qué (gratuito)		
DIFUSIÓN TOTAL VOCENTO		728.965
PRISA		
El País	Madrid	444.290
As (deportivo)	Madrid	240.365
Cinco Días (económico)	Madrid	40.908
DIFUSIÓN TOTAL PRISA		725.563
UNIDAD EDITORIAL		
Marca (deportivo)	Madrid	315.833
Expansión (económico)	Madrid	51.175
El Mundo del Siglo XXI	Madrid	333.384
DIFUSIÓN TOTAL UNIDAD EDITORIAL		700.392
GODÓ		
La Vanguardia	Barcelona	205.504
Mundo Deportivo	Barcelona	101.597
Avui (40 % Godó, 40 % Planeta)	Barcelona	29.252
DIFUSIÓN TOTAL GODÓ		336.353
GRUPO ZETA		
El Periódico de Catalunya	Barcelona	164.414
Sport	Barcelona	97.218
Equipo	Zaragoza	2.945
El Periódico de Aragón	Zaragoza	12.253
El Periódico-La Voz de Asturias	Oviedo	8.803
El Periódico Mediterráneo	Castellón	10.657
Córdoba	Córdoba	14.688
Alcoy Ciudad	Alcoy	

PRINCIPALES GRUPOS DE PRENSA EN ESPAÑA Y SU DIFUSIÓN (2008) *Continuación*

El Periòdic d'Ontinyent	Ontinyent	
La Crónica de Badajoz	Badajoz	
DIFUSIÓN TOTAL ZETA		310.978

PRENSA IBÉRICA

Diari de Girona	Girona	8.253
Diario de Ibiza	Ibiza	7.436
Diario de Mallorca	Palma de Mallorca	23.218
Información	Alicante	31.239
La Nueva España	Oviedo	59.259
La Provincia-Diario de Las Palmas	Las Palmas de Gran Canaria	29.504
Levante-El Mercantil Valenciano	Valencia	41.371
Faro de Vigo	Vigo	40.978
La Opinión de A Coruña	A Coruña	6.168
La Opinión de Granada	Granada	3.852
La Opinión de Málaga	Málaga	7.536
La Opinión de Murcia	Murcia	9.260
La Opinión de Tenerife	Santa Cruz de Tenerife	6.334
La Opinión-El Correo de Zamora	Zamora	6.895
Super Deporte (deportivo)	Valencia	10.825
Estadio Deportivo	Sevilla	9.707
Regio 7	Manresa	8.351
DIFUSIÓN TOTAL PRENSA IBÉRICA		310.186

GRUPO PLANETA

La Razón	Madrid	156.033
DIFUSIÓN TOTAL PLANETA		156.033

GRUPO VOZ

La Voz de Galicia	A Coruña	103.828
DIFUSIÓN TOTAL GRUPO VOZ		103.828

GRUPO JOLY

Diario de Cádiz	Cádiz	23.823
Diario de Jerez	Seres	7.973
Diario de Sevilla	Sevilla	21.060
El Día de Córdoba	Córdoba	3.443
Huelva Información	Huelva	6.908
Málaga Hoy	Málaga	5.411
Granada Hoy	Granada	4.674
Europa Sur	Algeciras	4.388
DIFUSIÓN TOTAL JOLY		77.680

PRINCIPALES GRUPOS DE PRENSA EN ESPAÑA Y SU DIFUSIÓN (2008) *Continuación*

SERRA		
Última Hora	Palma de Mallorca	36.650
Diari de Balears	Palma de Mallorca	
Majorca Daily Bulletin	Palma de Mallorca	4.037
DIFUSIÓN TOTAL SERRA		40.687
PROMECAL		
El Adelantado	Segovia	3.816
Diario de Burgos	Burgos	13.914
Diario Palentino	Palencia	3.969
Diario de Ávila	Ávila	4.022
La Tribuna de Ciudad Real	Ciudad Real	3.970
El Día de Valladolid	Valladolid	
La Tribuna de Albacete	Albacete	3.748
La Tribuna de Toledo	Toledo	1.309
La Tribuna de Talavera	Talavera	
La Tribuna de Guadalajara	Guadalajara	
La Tribuna de Cuenca	Cuenca	1.066
DIFUSIÓN TOTAL PROMECAL		35.814

FUENTE: OJD.

Como ya se ha señalado en el apartado anterior, en España la concentración de cabeceras en una serie de grupos se acentuó en la década de los 80. A ello contribuyó, entre otros factores, la privatización de la antigua Cadena de Prensa del Movimiento y la venta de los periódicos de Edica (Editorial Católica). Si atendemos a su difusión global, en 2009 nos encontrábamos con tres grandes grupos que superan los 700.000 ejemplares: Vocento, Prisa y Unidad Editorial. El primero de ellos se sustenta fundamentalmente en diversos rotativos regionales y provinciales, si bien también posee el nacional *Abc*. Prisa y Unidad Editorial, en cambio, basan su circulación en publicaciones de ámbito estatal, aunque también disponen de ediciones zonales.

En su segundo escalón, con una circulación ligeramente superior a los 300.000 ejemplares, se situarían los grupos Godó, Zeta y Prensa Ibérica. Los dos primeros tienen su sede central en Barcelona. Prensa Ibérica, en cambio, constituye una cadena de diarios provinciales. De cualquier forma, existe un nada desdeñable 13,9 % de difusión al margen de los grupos señalados.

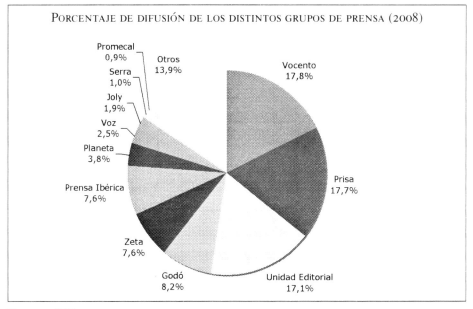

PORCENTAJE DE DIFUSIÓN DE LOS DISTINTOS GRUPOS DE PRENSA (2008)

Promecal 0,9%
Serra 1,0%
Joly 1,9%
Voz 2,5%
Planeta 3,8%
Prensa Ibérica 7,6%
Zeta 7,6%
Godó 8,2%
Otros 13,9%
Vocento 17,8%
Prisa 17,7%
Unidad Editorial 17,1%

FUENTE: OJD.

3.4. TELEVISIÓN

El año 2010 supone para España el final de una era en la televisión. El Plan Técnico Nacional de la Televisión Digital Terrestre, aprobado por el Gobierno en julio de 2005, contemplaba que a partir de abril de 2010 sólo se pueda emitir la señal televisiva utilizando la tecnología digital. La TDT permite una mejora de la recepción y un incremento de la oferta televisiva. Además, la banda del espectro radioeléctrico que dejan libres las televisiones analógicas podrá ser destinada a otros usos: es lo que se conoce como «dividendo digital».

La TDT prevé la presencia de emisoras de ámbito estatal, autonómico y local. En el momento de producirse el apagón analógico, España cuenta con 23 canales de cobertura estatal, pertenecientes a los siguientes operadores:

– Radio Televisión Española: La 1, La 2, Canal 24 Horas, Clan TVE, Teledeporte.
– Grupo Antena 3: Antena 3, Antena.Neox, Antena.Nova.
– Sogecable: Cuatro, CNN+, 40 Latino, Promo.
– Gestevisión Telecinco: Telecinco, Telecinco 2, FDF Telecinco, Cincoshop.
– Unidad Editorial: Veo Televisión, Sony en Veo, Tienda en Veo.
– Net TV: Intereconomía TV y Disney Channel.
– La Sexta: La Sexta y Hogar 10.

Además, cada autonomía podrá otorgar las licencias de explotación de TDT que le correspondan para su territorio, tanto en lo que respecta al ámbito autonómico como al local. La primera experiencia de TDT en España vino de la mano de Quiero TV, la plataforma de pago liderada por Retevisión. Quiero inició sus emisiones en el año 2000 y ante la falta de rentabilidad, las cesó en 2002.

El nacimiento de la Televisión Digital Terrestre viene caracterizado en España desde su nacimiento por la variedad de canales, justo lo contrario de lo que sucedió con el inicio de la televisión digital. La primeras emisiones televisivas tuvieron lugar en España en 1956, por parte de la única cadena estatal TVE, que en 1966 inauguraba su segundo canal.

Televisión Española mantuvo su monopolio televisivo hasta 1983, año en que tanto la televisión autonómica vasca (ETB) como la catalana (TV3) comienzan sus emisiones. Para su nacimiento, ETB se amparaba en el artículo 19 del Estatuto de Autonomía (aprobado en 1979), que señala que «el País Vasco podrá regular, crear y mantener su propia televisión (…)». El resto de las Autonomías que han puesto en marcha sus televisiones se han amparado en la Ley 46/1983, de 26 de diciembre, reguladora del Tercer Canal de Televisión. En su artículo 1 dicha norma recoge que «se autoriza al Gobierno para que tome las medidas necesarias para la puesta en funcionamiento de un tercer canal de televisión de titularidad estatal y para otorgarlo, en régimen de concesión, en el ámbito territorial de cada Comunidad Autónoma, previa solicitud de los Órganos de Gobierno de estas, y en los términos previstos en los respectivos Estatutos de Autonomía, en el Estatuto de la Radio y la Televisión, en sus disposiciones complementarias de orden técnico y en la presente Ley».

En el momento de la desaparición de las emisiones analógicas tan sólo 4 comunidades no disponían de un ente público autonómico de radiotelevisión: Cantabria, Castilla y León, La Rioja y Navarra, además de la ciudad autónoma de Melilla. Los organismos existentes en dicho momento eran los siguientes:

- Euskal Irrati Telebista
- Corporació Catalana de Mitjans Audiovisuals
- Compañía de Radio-Televisión de Galicia
- Radiotelevisió Valenciana
- Radio y Televisión de Andalucía
- Ente Público Radio Televisión Madrid
- Radio Televisión Canaria
- Radiotelevisión de Castilla-La Mancha
- Ens Públic de Radiotelevisió de les Illes Balears
- Corporación Aragonesa de Radio y Televisión
- Radiotelevisión del Principado de Asturias

- Radiotelevisión de la Región de Murcia
- Corporación Extremeña de Medios Audiovisuales
- Radio Televisión de Ceuta

Estos organismos (con la excepción de los de Extremadura y Ceuta) están agrupados en la FORTA (Federación de Organismos o Entidades de Radio y Televisión Autonómicos), que gestiona de forma conjunta la adquisición de programas o derechos de emisión para los asociados.

En España, la televisión privada no llegó hasta finales de la década de los 80 del pasado siglo, gracias a la aprobación de la Ley 10/1988, de 3 de mayo de Regulación de la Televisión Privada. El Gobierno optó en aquel momento por la existencia de tres canales que tendrían una licencia de emisión de 10 años renovables. El 25 de agosto de 1989 se otorgaron las concesiones de frecuencia y ese mismo año se iniciaron las emisores. Los tres proyectos agraciados fueron Tele 5, Antena 3 y Canal Plus. En 2005, el Gobierno concedió una cuarta licencia de explotación analógica, que fue a parar a la Sexta. Ese mismo año nace Cuatro, que pasa a emitir en abierto a través de la frecuencia que venía ocupando Canal +, cuya programación era codificada.

En un primer momento, la Ley de la Televisión Privada era bastante restrictiva respecto a la propiedad de las cadenas, de forma que nadie podía tener más de un 25 % del accionariado. Estas restricciones se han ido suavizando con el paso de los años. Ya en 1998 se elevó dicho tope al 49 %. Dicho tope fue suprimido en 2002. En febrero de 2009, el Gobierno aprobaba un decreto de medidas urgentes en materia de telecomunicaciones que eliminaba el tope del 5 % que el accionista de una determinada cadena podía tener en el accionariado de otra de la competencia.

El decreto establece que una misma persona o entidad podrá tener participaciones cruzadas superiores al 5 % en más de una compañía, siempre que la audiencia media acumulada de los operadores en los que está presente no supere el 27 % de la audiencia total. También se permitirá la fusión de dos operadores del sector de la televisión si no superan el citado límite del 27 % de la audiencia y siempre que se garantice la existencia como mínimo de tres operadores privados de ámbito estatal con dirección editorial distinta.

Por otro lado, la Ley 37/1995, de 12 de diciembre, de Telecomunicaciones por Satélite posibilitó la puesta en marcha en España de plataformas de televisión vía satélite. Dos fueron las plataformas que surgieron en 1996 al amparo de esta ley: Vía Digital, impulsada por Telefónica, y Canal Satélite Digital, propiciada por Sogecable (Prisa). Ambas plataformas terminarían fusionándose en 2003 bajo el nombre de Digital +.

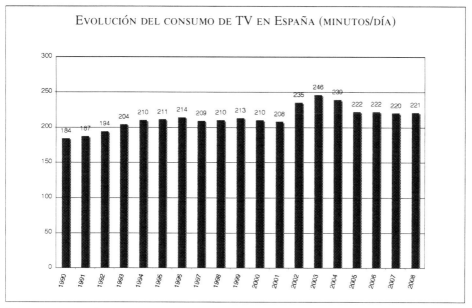

EVOLUCIÓN DEL CONSUMO DE TV EN ESPAÑA (MINUTOS/DÍA)

FUENTE: Estudio General de Medios.

En 2008, según el Estudio General de Medios el consumo medio de televisión en España se situó en 221 minutos/día. Tras un notable incremento del consumo en la primera mitad de los 90 a raíz de la llegada de las televisiones privadas, en la segunda mitad de la primera década del nuevo siglo, el minutaje diario dedicado al televisor parece haberse estabilizado.

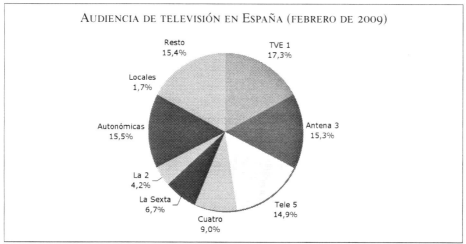

AUDIENCIA DE TELEVISIÓN EN ESPAÑA (FEBRERO DE 2009)

FUENTE: Sofres.

Por lo que respecta a las audiencias, quizá el dato más destacado lo constituye el importante *share* (15,4 % en febrero de 2009) de las televisiones agrupadas bajo la denominación de «Otras», en donde englobaríamos tanto a las temáticas que se ofrecen a través de los distintos operadores de satélite y cable, como a aquellos canales que se reciben exclusivamente a través de la TDT. Cabe recordar que en 2001 la audiencia alcanzada por estas televisiones se quedaba en el 7 %.

3.5. RADIO

El proceso de digitalización no avanza en la radio al mismo ritmo que en la televisión. El Real Decreto 1287/1999, de 23 de julio, por el que se aprobaba el Plan técnico nacional de la radiodifusión sonora digital terrenal, preveía una serie de plazos para la expansión de la radio digital en España. En principio, para el 31 de diciembre del 2011 el 80 % de la población debería recibir la señal de radio digital tanto en el ámbito estatal como en el autonómico. Sin embargo, la inexistencia de un parque de receptores y las dudas sobre el precio futuro de los mismos no permite ser excesivamente optimista respecto a un rápido desarrollo de la Radiodifusión de audio digital o DAB (*Digital Audio Broadcasting*). Es por ello por lo que la radio digital está llegando a los oyentes fundamentalmente a través de otros soportes como internet o la TDT.

Respecto a la radio analógica, tradicionalmente se ha clasificado en diferentes grupos en función de la tecnología de emisión utilizada, así como de los contenidos emitidos. En el primer caso, se distinguía entre las emisoras que utilizaban la AM (*Amplitude Modulation*), que permitía una amplia cobertura, pero una limitada calidad de recepción; y las de FM (*Frequency Modulation*), que permiten una buena calidad de sonido, aunque un alcance limitado. Ello hace que con el primer sistema se pueda alcanzar una buena cobertura con pocos postes emisores, aunque a costa de una calidad más bien baja. Por el contrario, la FM exige una gran cantidad de postes para cubrir un territorio amplio. Según explican López y Peñafiel (2000: 24), el Real Decreto 1.133/1979 de 8 de junio por el que se establece el Plan técnico transitorio del servicio público de radiodifusión sonora en ondas métricas con modulación de frecuencia abrió en España el camino para la eclosión de emisora de FM que tuvo lugar en la década de los 80.

En cuanto a la naturaleza de los contenidos, se suele diferenciar la radio convencional de la radio temática o radiofórmula. La primera dispone de una programación variada en la que se combinan los informativos con los magazines, la música, las tertulias, etc. La radiofórmula, en cambio, mantiene un modelo de programación prácticamente monotemático, generalmente basado en la música.

Al igual que veíamos en el caso de la televisión, España mantiene un modelo mixto de radio en el que conviven las emisoras de titularidad pública con las privadas. En el caso de la pública hay que distinguir tres niveles: estatal, autonómico y local.

En el ámbito estatal, las emisoras públicas se agrupan en Radio Nacional de España, cuya cobertura tanto en AM como en FM alcanza el 100 % del territorio nacional. RNE cuenta con varios canales con programaciones diferenciadas. Radio 1 responde al modelo de radio convencional (informativos, retransmisiones, entretenimiento…). Radio Clásica, como su nombre indica, está especializada en música clásica. Radio 3 ofrece música convencional. Radio 4 emite su programación en catalán. Radio 5 es una emisora especializada en noticias y Radio Exterior se dirige a la audiencia hispanohablante del extranjero.

Un segundo ámbito de la radio pública es el autonómico. Su desarrollo ha ido en paralelo al de la televisión al crearse los distintos organismos autonómicos de radiotelevisión. López y Peñafiel explican que «será el Estatuto de la Radio y de la Televisión de 1980 el que recoja el derecho de las diversas Comunidades Autónomas a crear sus propias radiotelevisiones (2000: 24)». También en este caso la radio autonómica vasca y la catalana fueron las pioneras, a partir de 1982 y 1983, en saltar a las ondas. Junto al País Vasco y Cataluña, Galicia (1984), Comunidad Valenciana (1988), Andalucía (1988), Madrid (1989), Murcia (1990), Canarias (1999), Castilla-La Mancha (2000), Extremadura (2000), Baleares (2005), Aragón (2005), Asturias (2005), han sido las autonomías que han creado sus entes de radiodifusión.

En el panorama local, la Ley 11/1991, de 8 de abril, de organización y control de las emisoras municipales de radiodifusión sonora, recoge la posibilidad de que los Ayuntamientos puedan disponer de la titularidad de una emisora de radio.

Por lo que respecta a la radio privada, atendiendo a su número de emisoras y su audiencia podríamos hablar de cuatro grandes cadenas en España:

– SER (Sociedad Española de Radiodifusión). Pertenece al grupo Unión Radio, cuyo principal accionista es Prisa. Su origen está en Radio Barcelona, creada en 1924. La SER cuenta con 481 emisoras, entre propias y asociadas. La empresa cuenta con un canal generalista –Cadena SER– y cinco musicales: 40 Principales, Cadena Dial, M-80, Radiolé y Máxima FM.
– COPE (Cadena de Ondas Populares Españolas). Es la cadena de la Iglesia Católica. Su origen está en las antiguas emisoras parroquiales, asociadas en 1960. Su principal propietaria es la Conferencia Episcopal Española (51,05 %), seguida por las diócesis (21,14 %). Entre los pequeños accionistas figuran órdenes como los jesuitas (2,62 %) y los dominicos (1,61 %). Dispone de 134 emisoras entre FM y AM. Dispone de dos canales temáticos: Cadena 100 (radiofórmula musical) y Rock & Gol (deportes y música).

– Onda Cero. Nace en 1990 tras la fusión de Radio Amanecer y Cadena Rato, a raíz de la compra de ambas emisoras por la ONCE. En 1999 fue adquirida por Telefónica, que la integró dentro del grupo de Antena 3 TV. En la actualidad su principal accionista es el grupo Planeta. Dispone de 220 emisoras. Sus canales musicales son Onda Melodía y Europa FM.

– Punto Radio. Fue la última cadena generalista de ámbito estatal en salir a las ondas, ya que nació en 2004. Fue creada por Vocento (65 %), en colaboración con un grupo de emisoras de Luis del Olmo (25 %) y otras del grupo Televisión Castilla y León (10 %).

Al margen de estas cuatro grandes cadenas existen otras con un ámbito temático o geográfico más restringido, como Kiss FM, Radio Intereconomía, Flaix FM, Ona Catalana, Radiocat XXI, etc.

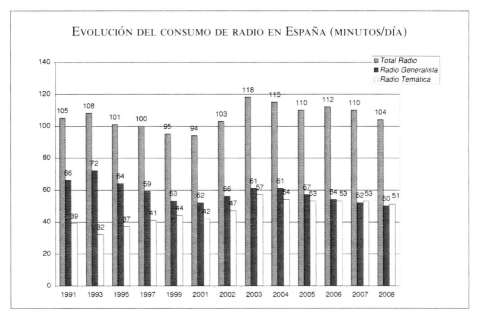

EVOLUCIÓN DEL CONSUMO DE RADIO EN ESPAÑA (MINUTOS/DÍA)

FUENTE: Estudio General de Medios.

En los últimos años, el consumo de radio en España ha sufrido un descenso, encontrándose en 2008 a unos niveles inferiores a los de 1991. En estas dos últimas décadas, el fenómeno más reseñable ha consistido en el progresivo incremento del consumo de radio temática en paralelo al descenso de la radio generalista. En 2007, por primera vez, el consumo de radio temática superó al de la radio generalista, tendencia que se repitió en 2008.

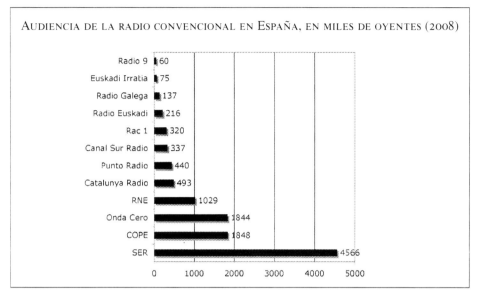

AUDIENCIA DE LA RADIO CONVENCIONAL EN ESPAÑA, EN MILES DE OYENTES (2008)

FUENTE: EGM.

Por lo que a las audiencias de radio convencional se refiere, la SER aparece en un lugar destacado, muy por delante de un grupo en el que se sitúan la COPE, Onda Cero y RNE. A distancia de este cuarteto se sitúan las emisoras autonómicas o la última privada de ámbito estatal en incorporarse a las ondas: Punto Radio.

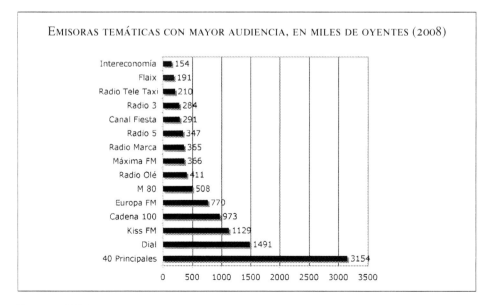

EMISORAS TEMÁTICAS CON MAYOR AUDIENCIA, EN MILES DE OYENTES (2008)

FUENTE: EGM.

También la audiencia de la radio temática aparece dominada por las emisoras de la Cadena SER, como es el caso de los 40 y Dial. Destaca el caso de Kiss FM, situada como la tercera emisora musical con mayor número de oyentes, por delante de la Cadena 100 (COPE) y Europa FM (Onda Cero).

3.6. Internet

A pesar de su juventud, internet puede ser ya considerado el cuarto gran soporte de la información junto a los tradicionales de prensa, televisión y radio. La historia de la prensa española en internet comienza en 1994 con la puesta en marcha de la edición digital de la revista valenciana *El Temps*. En 1995 los tres diarios de Barcelona estaban ya presentes en la web. En 1996 son los principales diarios madrileños los que dan el salto al nuevo medio. En 1999 eran ya 60 los diarios con una edición específica para la red. A principios del siglo XXI se puede decir que la totalidad de la prensa española estaba ya en internet. A partir de 2004 surge el concepto de Web 2.0, por lo que el denominado periodismo participativo conoce un gran impulso al que no van a ser ajenos los cibermedios: blogs para los lectores, secciones dedicadas al periodismo ciudadano, etc. Al margen de estas iniciativas, un fenómeno digno de ser destacado durante la segunda mitad de esta primera década del siglo XXI es el de las redes sociales, tipo Facebook, Myspace, Twitter o similares.

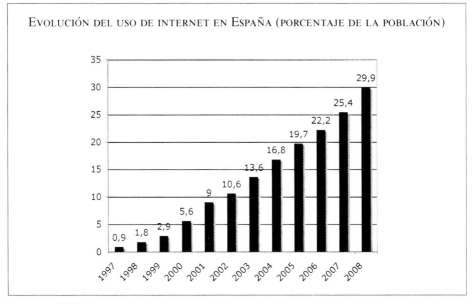

Evolución del uso de internet en España (porcentaje de la población)

Fuente: EGM.

El incremento del uso de internet durante la última década ha sido exponencial. Si al final del pasado siglo sólo un 5 % de la población accedía habitualmente a la red, en 2008 prácticamente un tercio de la población utiliza diariamente la red. De todas formas, los niveles de acceso de España se encuentran todavía lejos de los de los países europeos más desarrollados en este apartado.

PORCENTAJE DE LA POBLACIÓN EUROPEA QUE ACCEDE A INTERNET DESDE CASA							
	2002	*2003*	*2004*	*2005*	*2006*	*2007*	*2008*
Europa			32	40	41	47	53
Zona euro	26	33	34	40	42	48	53
Alemania	39	45	52	57	61	64	69
Austria	23	30	37	41	47	55	57
Bélgica				47	53	60	
Bulgaria			7		14	22	25
República Checa		17	20	20	31	37	49
Chipre			22	22	24	27	30
Dinamarca	49	63	68	72	77	77	80
Eslovaquia			22	20	24	34	49
Eslovenia			26	35	41	45	48
España	14	22	26	28	33	38	44
Estonia			32	40	46	53	57
Finlandia	41	45	49	56	65	70	75
Francia					35	46	59
Grecia	8	10	12	14	18	21	27
Holanda		56		74	77	82	84
Hungría			14	21	29	38	
Irlanda		21	22	26	36	44	
Islandia		69	65	77	80	84	
Italia	20	23	21	24	27	30	33
Letonia			11	21	31	43	50
Lituania		7	11	16	29	39	45
Luxemburgo	32	43	59	65	65	72	76
Macedonia			8		8		
Malta				30		42	45
Noruega		60	62	67	73	79	8
Polonia			15	20	26	33	40
Portugal	12	15	17	20	23	27	34
Reino Unido	44	50	51	55	55	62	69
Rumanía			5		11	16	22
Suecia	59	65	69	71	77	73	82
Turquía			4	4			

FUENTE: Eurostat.

Según el Eurostat, en 2008 el 44 % de la población española tenía acceso a internet desde su casa, ocho puntos menos que la media europea y notablemente por debajo de estados como Holanda (84 %), Suecia (82 %) o Dinamarca (80 %).

Los 10 sitios españoles más visitados en 2008 según EGM (en miles)		Las 10 webs más visitadas en noviembre de 2008 según OJD (usuarios únicos)	
Marca	2.519	Softonic.com	30.145.879
Terra	2.249	El Mundo.es	19.416.694
El País	1.911	EMagister	9.035.922
Páginas Amarillas	1.887	Marca.com	7.489.720
Telecinco.es	1.353	Wamba.com	6.723.614
Antena 3 TV	1.104	20Minutos.com	6.396.941
As	1.098	Páginas Amarillas	5.449.429
SER.com	923	Segundamano.es	5.152.464
Cuatro.es	904	Telecinco.es	9.035.922
Mundo Deportivo	851	Infojobs.net	5.152.464

Las 10 webs españolas más visitadas en noviembre de 2008, según Alexa	Las 10 compañías más visitadas en España en noviembre de 2008, según Nielsen (en miles)	
Google España	Google	21.016
Windows Live	Microsoft	20.201
YouTube	Yahoo	11.1284
Google	Telefónica/Terra	11.271
Yahoo	France Telecom	10.215
MSN	Wikimedia	9.345
Tuenti	Unidad Editorial	9.186
Facebook	Vocento	8.765
Blogger.com	Prisacom	8.57
Marca	eBay	8.249

Uno de los problemas a los que todavía se enfrenta internet es el de la medición de audiencias. A diferencia de lo que sucede con la prensa, radio y televisión que cuentan con unos sistemas comúnmente aceptados, los resultados de las mediciones en la red varían enormemente en función de la metodología empleada y de la empresa u organismo auditor elegido, tal y como puede comprobarse en las tablas anexas. De hecho, en marzo de 2009 la asociación de medios digitales On, formada por los grupos de comunicación de Unidad Editorial, Prisa, Vocento, Grupo Zeta, Grupo Godó, 20minutos, Editorial Prensa Ibérica y Grupo Antena 3, mostró su desacuerdo con los sistemas de medición utilizados por OJD y Nielsen. Mientras EGM basa su medición en la encuesta al usuario, Alexa establece el ranking de visitantes de una página dentro del tráfico de un determinado día. Por último, OJD, que a finales de 2008 cedió a Nielsen la tarea de medición sobre sus asociados, se fija en los visitantes únicos que se reciben en el servidor de una determinada web.

3.7. AGENCIAS

Las agencias informativas son aquellas empresas que se dedican a la obtención de información para su posterior venta y distribución, fundamentalmente a otros medios informativos. A diferencia de la prensa, la radio y la televisión, los principales clientes potenciales de las agencias son otros medios. Es decir, se podría decir que son los intermediarios del proceso informativo.

Las agencias de información pueden ser de muy distinta naturaleza, tanto si atendemos a los contenidos que distribuyen como a su ámbito. Así, se podría hablar de:

a) Agencias de información general. Éstas, a su vez, pueden ser de ámbito nacional o internacional (EFE y Europa Press), especializadas en crónicas (Colpisa, Servimedia), de ámbito regional como Vasco Press (País Vasco), Ical (Castilla y León) o la Agencia Gallega de Noticias (Galicia).

b) Agencias de distribución de colaboraciones.

c) Agencias gráficas, en las que se incluyen las especializadas en fotografía, en televisión y vídeo, y en infografía.

d) Agencias de documentación.

En España existen un centenar de empresas que podrían ser agrupadas dentro del apartado de agencias informativas (aunque algunas de ellas estarían más cercanas a los gabinetes de comunicación). La principal agencia española es EFE, de titularidad estatal, fundada en 1939, y que acapara el 85 % de la facturación del sector. EFE, con más de 10.000 trabajadores, es considerada la cuarta gran agencia mundial –por detrás de la norteamericana Associated Press, la británica Reuters y la francesa France Press– y la primera en el ámbito de habla hispana. Un estudio de la propia agencia establecía que a principios de los 90 el 40 % de toda la información nacional, internacional y deportiva que publicaba la prensa española procedía de EFE. Se puede decir que entre los servicios de esta agencia se abarca todo el ámbito de la comunicación, ya que distribuye tanto textos como fotografías, vídeo, información radiofónica, oferta de acceso a base de datos, etc.

Europa Press es la segunda gran agencia española, aunque a gran distancia de EFE. Fue fundada en 1957 y dispone de servicios de noticias, televisión, reportajes y ediciones (mundo editorial del libro y revistas). Además, dispone de la distribución en exclusiva para España de las fotografías de AP. Europa Press dispone de 15 delegaciones distribuidas por toda España, delegaciones cn Bruselas y Miami, y más de 20 corresponsales repartidos por todo el mundo, con especial presencia en Latinoamérica. En 1997, EP adquirió al Grupo Negocios la agencia OTR-Press, que previamente había pertenecido al Grupo Zeta.

Una agencia de menores dimensiones que las anteriores es Colpisa, perteneciente al Grupo Correo y fundada en 1972 por 14 diarios regionales para compartir corresponsales. Además de informaciones y crónicas –ya elaboradas para su publicación–, la agencia distribuye entre sus abonados artículos de opinión.

Junto a las citadas, existen diversas agencias de dimensiones más reducidas, como puede ser Servimedia, Hydra, Bravo Press, y otras dedicadas a un ámbito territorial determinado, como puede ser el caso de Vasco Press, Galicia Press, etc.

Tareas

1. Trabajar algunos casos importantes de la prensa diaria o semanal que hayan suscitado polémicas con aspectos relacionados con el derecho a la intimidad y la propia imagen o con el secreto profesional.
2. Analizar a través de los anuarios de comunicación la evolución a lo largo de los últimos años de los índices de ventas y difusión de los medios de comunicación más representativos de tu zona.

Bibliografía

AEDE (2008). *Libro Blanco de la Prensa Diaria 2009.* AEDE, Madrid.

Arrarats, I. (coord.) et al. (2006). *Berria. Estilo Liburua.* Berria, Andoain.

Azurmendi, A. (2001). *Derecho de la información: guía jurídica para profesionales de la comunicación.* Eunsa, Pamplona.

Bustamante, E. (coord.) (2002). *Comunicación y cultura en la era digital. Industrias, mercados y diversidad en España.* Gedisa, Barcelona.

Bustamante, E. y Zallo, R. (coord.) (1988). *Las industrias culturales en España. Grupos multimedia y transnacionales.* Akal, Madrid.

El Mundo (1996). *El Mundo. Libro de Estilo.* Unidad Editorial, Madrid.

El País (2004). *El País. Libro de Estilo* (19.ª edición). Santillana, Madrid.

Escobar Roca, G. (2002). *Estatuto de los periodistas. Régimen normativo de la profesión y organización de las empresas de comunicación.* Tecnos, Madrid.

Camps, M. (coord.) et al. (2004). *La Vanguardia. Libro de Redacción.* Ariel, Barcelona.

López, N. y Peñafiel, C. (2000). *La Tecnología en Radio. Principios básicos, desarrollo y revolución digital.* UPV-EHU, Leioa.

Negropone, N. (1995). *El Mundo Digital.* Ediciones B, Barcelona.

Pérez Fuentes, J. C., (coord.) (2004). *Ética periodística. Principios, códigos deontológicos y normas complementarias.* UPV-EHU, Leioa.

Reig, Ramón (1998). *Medios de Comunicación y poder en España. Prensa, radio, televisión y mundo editorial.* Paidós, Barcelona.

Sánchez-Tabernero, A. (2008). *Los contenidos de los medios de comunicación. Calidad, rentabilidad y competencia.* Ediciones Deusto, Barcelona.

UNESCO (2008). *Institute for Statistics*, en www.stats.uis.unesco.org (consultado el 17/03/2009).

Zalbidea, B. (1995). *Prensa del Movimiento en España. 1936-1983.* Universidad del País Vasco, Leioa.

Capítulo 2

La interpretación en la actividad periodística

Competencias
1. Destacar la importancia del trabajo del periodista como permanente intérprete de todas y cada una de las facetas del trabajo periodístico, desde la elección de los temas que se van a publicar hasta su publicación final.

1. Periodismo e interpretación

Diariamente suceden cientos y cientos de acontecimientos que cumplen toda una gama de requisitos para ser publicados por los medios de comunicación. Sin embargo, finalmente, no todos son publicados. Hay medios de comunicación que recogen unos. Otros medios, sin embargo, se muestran más sensibles para incluir en sus páginas otros acontecimientos.

¿De qué depende que los periodistas elijan o no un acontecimiento? No es sencillo responder a esta pregunta. En realidad se trata de un tema complejo, ya que la elección de un acontecimiento para ser publicado no depende nunca de un único factor. En su momento ya hablaremos de los criterios más frecuentes que barajan los periodistas para la elección de las noticias, ya que hemos preparado un capítulo sobre esta compleja práctica. En cualquier caso, lo que podemos anticipar es que el proceso de elección de una noticia para su publicación es un importante trabajo profesional que está marcado por la permanente interpretación.

¿Siempre es así? ¿El periodista necesita siempre aplicar rigurosos criterios para elegir las noticias que va a publicar? No, el periodista no necesita siempre aplicar criterios comparativos para elegir las noticias que va a publicar. Cuando estamos ante hechos relevantes, no existen dudas para su publicación y aparece la coincidencia. La totalidad de los medios de comunicación publican las informaciones muy importantes. Hay temas que los medios de comunicación no pueden dejar de publicar, ya que se trata de acontecimientos de tanta trascendencia que tienen vida propia y ellos mismos, con el empuje que deriva de su importancia, se abren las puertas de los medios de comunicación.

Como podemos ver, todas las portadas de los medios de comunicación recogen el accidente de avión de Barajas.

El periodista no necesita aplicar criterios de elección para publicar esta noticia. El tema, por sí mismo, tiene fuerza suficiente. El trabajo periodístico existe, cómo no, pero se centra más en el enfoque de la noticia, en las palabras elegidas para componer los titulares de portada o en los espacios asignados al tema.

Sin embargo, aunque todos los medios coinciden en dedicar toda la portada al tema, existen diferencias en los enfoques de los titulares. En este caso, es aquí donde el periodista realiza un mayor esfuerzo. Del tema de la titulación hablaremos más en detalle en un capítulo que hemos preparado para abordar el titular de la información.

Un ejemplo de este tipo de informaciones es el accidente de avión habido en el aeropuerto de Madrid el 21 de agosto de 2008, en el que fallecieron más de 150 personas. Todos los medios de comunicación de información general abrieron sus portadas con este tema de tanta trascendencia periodística. Asistimos pues a una noticia de tanta relevancia y empuje que abre por sí misma las puertas de los medios de comunicación.

Cuando sucede un acontecimiento publicable, el periodista, como una actividad propia de su profesión, debe acudir en muchas ocasiones al lugar donde suceden los hechos para recabar información y publicarla. Estamos ante una actividad que a primera vista parece sencilla; sin embargo, es un trabajo enmarcado en un largo y laborioso proceso que se inicia en el instante en que sucede algo y dura hasta el momento en que el periodista publica los hechos y los pone a disposición del público.

A lo largo de este proceso, el periodista va modelando la realidad. Selecciona las noticias que va a publicar; recoge los datos que considera más importantes, los ordena habitualmente en una tensión decreciente de interés y elige el tipo de texto que va a confeccionar para contar su historia; elige los vocablos más adecuados para escribir su texto y, finalmente, lo ubica en los espacios que considera más oportunos. Todo ello con la mirada puesta en un objetivo final: conseguir la rápida e inmediata intercomunicación con su público lector.

En su trabajo profesional, los periodistas no tienen todos los días ante sí informaciones de la trascendencia del accidente de aviación de Madrid. En muchas ocasiones se encuentran con varias informaciones importantes, pero ninguna que sobresalga excesivamente sobre las demás. Sin embargo, como es obvio, no todas pueden ocupar un espacio en la portada del medio de comunicación.

En estos casos, los periodistas deben proceder a elegir las noticias más importantes. Estudian el mundo que les rodea, lo analizan, y seleccionan entre todas las informaciones posibles aquellas que consideran de mayor interés. De entre todo un abanico de posibilidades, y tras aplicar unos rigurosos criterios de elección, deben optar por unas noticias, dejando otras al margen. En estos casos casi siempre se rompe la unanimidad que imponen las informaciones extremadamente relevantes. Los medios se decantan por unas u otras noticias y no tienen por qué coincidir en la elección. El periodista se convierte así en un permanente analista, un «filtro» que decide sobre lo que el público debe conocer, un intérprete de la realidad.

En estas portadas del 5 de agosto de 2008 podemos comprobar cómo se rompe la coincidencia a la hora de presentar las informaciones más importantes. Tanto *El País* como *ABC* coinciden en destacar como tema central el desempleo provocado por la crisis económica. Sin embargo, *El Mundo* y *El Correo* deciden seguir pautas diferentes. Mientras que *El Mundo* apuesta por destacar en primer plano una información sobre los atentados del 11-M en Madrid, *El Correo* destaca una información más cercana a su ámbito de difusión y publica una información referente a De Juana Chaos y su vinculación a ETA.

Cuando ocurre un hecho relevante, los periodistas suelen encontrarse ante una cantidad ingente de información. Unos datos pueden obtenerlos ellos mismos desplazándose al lugar donde suceden los acontecimientos. Otros, llegan a la redacción a través de múltiples cauces: comunicados de prensa, declaraciones públicas realizadas en ruedas de prensa, informaciones suministradas por agencias de información, datos obtenidos por otros redactores del mismo diario, etc.

En estos casos, el periodista puede tener a su disposición mucha más información que la que puede publicar. Por eso, de entre todos los datos disponibles, selecciona aquellos que considera que tienen un mayor interés para el público y, además, ordena voluntariamente esos datos colocando por lo general los que considera más interesantes al principio, dejando para el final los aspectos de menor interés.

En esta parte del proceso juega un papel muy importante la novedad. El periodista tenderá a colocar en primer lugar los datos más novedosos, los que inicialmente son desconocidos para el lector. Los datos nuevos, los que el público desconoce, tienden a ser contados al principio del texto reservando para el final los datos ya conocidos, pero que sirven para crear un marco de contexto a la información.

Todos los periodistas coincidirán en elegir esa información entre todos los acontecimientos del día porque consideran que es importante, pero no tienen por qué coincidir en los datos que van a publicar, ni en el orden en el que van a colocar esos datos en su información.

Aquí tenemos dos enfoques diferentes ante una misma noticia. El hecho noticioso es el accidente de aviación de Madrid que provocó la muerte de más de 150 personas.

Sin embargo, *El País* y *El Mundo* divergen a la hora de plantear el tema. *El País* adopta una posición más informativa, más descriptiva. Su titular se centra en relatar sin más el hecho, sin vincularlo a conjeturas y sin hacer ningún tipo de interpretación. *El Mundo*, por su parte, se aparta de la descripción y avanza por el camino de la interpretación.

Como podemos observar, un mismo acontecimiento ofrece múltiples posibilidades de interpretación. En este caso, es el periodista quien decide el enfoque a adoptar.

Además, el periodista, en el momento de redactar las noticias, elige los vocablos más adecuados para describir las situaciones. Para elaborar cada uno de los párrafos de esa información, deberá seleccionar, entre otras muchas posibles, las palabras que considera más precisas. La elección oportuna de esos vocablos es una de las tareas periodísticas más importantes. Esta elección es la que hace que los medios de comunicación describan las situaciones de forma diferente.

Esta elección es claramente interpretativa. El periodista elige unas palabras determinadas para contar su historia y eso hace que el resultado final sea un texto fundamentalmente descriptivo u otro fundamentalmente interpretativo.

Aquí tenemos dos titulares que relatan una misma situación: las inspecciones que Fomento realizó a la empresa Spanair antes del accidente de Madrid.

El titular de *ABC* se convierte en un mero descriptor de un acontecimiento en el que se resaltan los más de 100 controles que padeció la empresa «sin el más mínimo problema».

Sin embargo, *El Mundo* interpreta el tema y presenta las 100 inspecciones como escasas para controlar a una empresa que en 2008 realizó más de 75.000 vuelos.

Estamos ante una noticia en la que la distinta elección de los vocablos para relatar el tema conduce a puntos de vista totalmente diferentes. *ABC* se limita a exponer el acontecimiento, mientras que *El Mundo* da a entender que Fomento ha realizado pocas inspecciones.

Como estamos explicando en las líneas precedentes, los periodistas pueden coincidir o no en la elección de los temas, pueden coincidir o no en la cantidad de datos que van a suministrar y en el orden en que los van a contar, pueden coincidir o no en los vocablos elegidos para contar esas historias, pero además tampoco tienen por qué coincidir en el espacio que asignan a esa información en el momento de su publicación.

Una vez conocidos los múltiples aspectos que rodean la información, el periodista debe decidir el espacio que va a ocupar cada texto. Tiene que resolver si va a ir en portada o no, en qué página interior va a ir publicado. Si abrirá la sección de ese día o no. Si se publicará en una página par o impar. Si ocupará una, dos, tres, cuatro o cinco columnas y si llevará o no acompañamiento gráfico e infográfico.

En la portada de *El País* del 28 de agosto de 2008 aparece como noticia más importante la siguiente: «El MD-82 despegó con un sistema de freno desactivado por avería». Aunque le dedica sólo 2 columnas, es la noticia de apertura, la más importante de la jornada.

El Mundo, por su parte, coincide también con el tema, pero le dedica una sola columna y la convierte en una noticia de segundo orden de su portada. Para este diario, la noticia más importante de la jornada es una declaración de Aznar, que *El País* ni siquiera publica en su portada. Éste es un ejemplo claro de las políticas informativas diferentes que siguen estos dos diarios.

En ocasiones, un medio de comunicación puede tener interés en destacar un tema de acuerdo con criterios por ejemplo políticos.

Como podemos observar a través de este pequeño recorrido, el periodista se convierte en un profesional que interpreta permanentemente la realidad. Desde que sucede un acontecimiento hasta que se pone en conocimiento del público, el periodista actúa de forma interpretativa y va dejando su huella personal. A lo largo de este proceso, el periodista actúa en 4 planos o niveles de interpretación diferentes, que se integran en la actividad periodística (Núñez Ladevéze, 1991: 47-49):

1.1. El nivel contextual

Comprende un conjunto de juicios o decisiones profesionales que tienen como objeto la identificación, comparación y evaluación jerárquica de las noticias. De entre todos los acontecimientos sucedidos en un día, elige las informaciones que va a publicar. Para ello, el periodista compara las noticias entre sí, las evalúa y selecciona de entre todo el caudal disponible aquellas que considera más oportunas. Desde este punto de vista el periodista se convierte en un intérprete contextual de la actualidad informativa.

Si el tema es de gran trascendencia, la elección es bien sencilla, ya que ese acontecimiento por sí mismo abre las puertas de los medios de comunicación. Sin embargo, no siempre es así y el periodista debe elegir permanentemente las noticias que quiere publicar.

1.2. EL NIVEL TEXTUAL

Una vez seleccionadas las noticias que va a publicar, el periodista procede a elaborar un texto peculiar, claramente diferenciado de otro tipo de textos. El profesional analiza el enfoque más oportuno para su información y destaca tal o cual punto de vista de acuerdo con unos criterios que no son exclusivamente periodísticos.

En este nivel, el periodista elabora unos textos con unas propiedades específicas. El texto informativo resultado de este proceso tiene título, párrafo de entrada y cuerpo noticioso. Además, el periodista evalúa los datos disponibles de acuerdo con algún criterio de mayor o menor interés e importancia, presumiéndose que el criterio que aplica deriva de su profesionalidad o intencionalidad profesional.

1.3. EL NIVEL ESTILÍSTICO

Una vez seleccionada la noticia y el enfoque más oportuno, el periodista selecciona también el lenguaje más adecuado para contar su historia. Es un plano en el que los periodistas tienen, por lo común, muy poco que enseñar y mucho que aprender. Un redactor o escritor usa y selecciona palabras, prescinde de otras, adopta determinados giros y rechaza otros, se expresa de una manera y excluye otras. En este sentido, el redactor utiliza un estilo que está condicionado por la capacidad expresiva que posee.

1.4. EL NIVEL FORMAL

Finalmente, a pesar de que este plano o nivel no está contemplado en la clasificación de Luis Núñez Ladevéze, hemos decidido incluirlo aquí porque el periodista interviene también en un cuarto nivel más estrictamente formal. Una vez que ha seguido los pasos aquí explicados, el periodista selecciona la ubicación de la información y su espacio final.

El periodista decide si la información va a editarse a una, dos, tres, cuatro o cinco columnas; si va a llevar apoyo gráfico o no; el lugar de la página en que va a ir ubicada y si tendrá o no alguna referencia en la portada del diario.

Asistimos pues a un trabajo marcado por la permanente selección. El periodista es un intérprete de la realidad, por lo que podemos decir que la profesión periodística está marcada por la intencionalidad. El reconocimiento de este trabajo interpretativo del periodista contribuye, entre otros muchos aspectos, a echar por tierra la pretendida objetividad con la que hasta hace no mucho tiempo se rodeaba el trabajo periodístico. No podemos observar la actividad periodística desde la perspectiva de la objetividad. El periodismo es interpretación y es también intención. Una intencionalidad que no excluye, sin embargo, que la actividad periodística no deba estar sujeta a unas normas de carácter ético y deontológico que ya hemos explicado en el capítulo anterior.

Tareas

Seleccionar las portadas de algunos de los diarios más importantes y analizarlas, recogiendo ejemplos concretos, desde la perspectiva de los cuatro planos o niveles de interpretación aquí descritos: contextual, textual, estilístico y formal.

Bibliografía

Bastenier, M. A. (2002). *El blanco móvil. Curso de Periodismo*. Ediciones El País, Madrid.

Diezhandino, M. P. (1994). *El quehacer informativo*. UPV-EHU, Leioa.

Núñez Ladevéze, Luis (1991). *Manual para Periodismo*. Ariel Comunicación, Barcelona.

Casasús, Josep Maria (1988). *Iniciación a la Periodística*. Teide, Barcelona.

El Mundo (1996). *El Mundo. Libro de Estilo*. Unidad Editorial, Madrid.

El País (2004). *El País. Libro de Estilo* (19.ª edición). El País, Madrid.

La Vanguardia (2004). *Libro de la Redacción*. Ariel, Barcelona.

Capítulo 3

Lenguaje periodístico y géneros

Competencias
1. Adquirir unos conocimientos básicos sobre las características del lenguaje periodístico así como su plasmación práctica en los distintos géneros, tanto en lo que se refiere al lenguaje utilizado como a sus diferentes estructuras textuales.
2. Diferenciar las características básicas de los géneros informativos, interpretativos y de opinión.

1. El lenguaje periodístico

El lenguaje, en todas y cada una de sus múltiples y complejas variedades, no es más que un sistema para la comunicación. Tanto el lenguaje escrito como el hablado, el gestual, el lenguaje de la mirada, etc., son instrumentos para una eficaz relación y una mejor comprensión entre las personas.

Como su objetivo es convertirse en un vehículo apropiado para la relación y comunicación entre las personas, el lenguaje tiene un carácter netamente pragmático y adopta siempre unas formas que buscan la eficacia. Por eso, decimos que un lenguaje es eficaz cuando se convierte en un instrumento para la rápida comunicación entre las personas.

Observado desde esta perspectiva, el lenguaje tiene un claro aspecto instrumental. El mejor lenguaje será el que más variados puentes tienda para la comunicación entre las personas. Tal y como afirma Martín Vivaldi (1990:248-255), «hablamos y escribimos para entendernos. Por tanto, el mejor lenguaje será el que con más facilidad lleve a otros lo que queremos decir, el que mejor descubra nuestro pensamiento o nuestros sentimientos».

El lenguaje escrito lo compone el léxico y el conjunto de normas estilísticas al alcance de un escritor para componer un buen relato. Es, pues, el instrumento básico que utiliza el periodista para escribir un texto.

Gonzalo Martín Vivaldi nos aporta una excelente reflexión sobre lo que es el arte de escribir: «Escribir es pensar». Por lo que, diremos nosotros, «escribir bien es pensar correctamente». Esto es así porque «mal puede escribirse si no pensamos previamente, si no ordenamos mentalmente lo que vamos a escribir; si no trazamos antes de comenzar nuestro relato un plan adecuado de trabajo» (Martín Vivaldi, 1990: 248).

De ahí que, al igual que en cualquier forma de expresión escrita, en el relato periodístico sea necesaria la confluencia de las tres partes esenciales de un relato explicadas por la Retórica clásica: *inventio, dispositio* y *elocutio* (Martín Vivaldi, 1990: 248-255).

a) *La inventio*

Inventar no consiste en sacar algo de la nada. Inventar es encontrar, hallar cosas nuevas a partir de unas evidencias. La invención supone un esfuerzo para encontrar un tema y todos los detalles con él relacionados.

La *inventio* es también la elección de los temas que se van a publicar. Es ese proceso en el que el periodista, de entre todos los temas puestos a su alcance a través de diversas fuentes de información, selecciona las que se van a publicar.

En el relato informativo la *inventio* corresponde a esa fase inicial y necesaria de recopilación de datos y detalles, de ese esfuerzo necesario para estudiar un tema desde todos sus ángulos posibles. Ese proceso también de elección de las noticias que se van a publicar.

La fase de la *inventio* se corresponde con la interpretación que el periodista efectúa en el plano contextual; es decir, ese plano en el que el periodista compara y evalúa los hechos sucedidos y selecciona los que va a presentar al público a través de la agenda temática diaria.

b) *La dispositio*

La disposición consiste en poner en orden los materiales obtenidos. Es el arte de ordenar lo que va a escribirse, seleccionar lo que va a ir al principio y lo que vamos a situar al final. «El interés de un escrito –afirma Albalat– depende de la relación entre las partes, de su gradación y agrupación, del arte con que cada cosa se sitúa en el sitio que le conviene» (Martín Vivaldi, 1990: 251).

La disposición es el equilibrio entre la inspiración y el orden. Un buen relato informativo precisa una correcta disposición de los elementos informativos, un fluir ordenado de los datos que en el caso del periodismo se vincula normalmente a un orden decreciente de interés.

En esta fase se debe prescindir de los detalles secundarios, de aquellos datos que no ofrecen nada especial al relato, de aquellos aspectos que en vez de aportar colorido solamente sirven para oscurecer la idea esencial que se intenta transmitir.

La *dispositio* se corresponde con la interpretación que el periodista efectúa en el plano textual. El periodista selecciona los datos que se van a publicar y decide en qué orden va a presentarlos dentro del texto. Elige el orden de presentación y su disposición en una determinada estructura, bien en un orden decreciente de interés, bien en una estructura de tensión sostenida.

c) *La elocutio*

Es la fase en la que el periodista pasa a expresar por escrito las ideas recopiladas en la *inventio* y ordenadas en la *dispositio*. La elocución hace referencia a la forma que, finalmente, va a adoptar el relato periodístico. Es la fase en la que el periodista debe poner sobre la mesa todos sus recursos lingüísticos para conseguir un relato ágil y correctamente redactado.

En esta fase de la elocución, los periodistas deben utilizar el lenguaje, que en el caso del periodismo adquiere unas características propias que permiten reconocerlo como un lenguaje específico: el lenguaje periodístico.

La *elocutio* se corresponde con la interpretación en el plano estilístico, con la elección de las palabras más adecuadas, las oraciones más precisas para relatar la historia que pretende contar. En este plano, el periodista se preocupa por crear un ritmo adecuado en la exposición de los datos. Busca los términos más precisos para relatar los hechos, elige los adjetivos más rigurosos. Es decir, utiliza las palabras que se adecuan mejor al relato de los hechos y sirven para que el texto final tenga un adecuado ritmo.

Por lenguaje periodístico entendemos un sistema de signos ordenados de acuerdo con unas normas sintácticas y combinatorias para construir mensajes que serán difundidos a través de los medios de comunicación.

Los medios de comunicación escritos utilizan un lenguaje muy peculiar y ello se debe a que el periodista no se preocupa solamente de contar correctamente una historia al público, sino que además debe hacerlo de forma eficaz, mediante unos recursos lingüísticos y unas estructuras que ayuden inmediatamente a captar la atención de los lectores.

El lenguaje periodístico, como cualquier otro lenguaje, no es algo estático, sino que está sometido a permanentes cambios que provienen fundamentalmente de tres campos: «la tradición de la época, la personalidad del autor y la expectativa del destinatario» (Martínez Albertos, 1974:11). De estos tres factores, la expectativa del destinatario es un factor de gran importancia en el lenguaje periodístico. En los periódicos se escribe, fundamentalmente, para que los textos sean entendidos por el receptor de una forma rápida y eficaz. Además, el periodista escribe siempre para un colectivo más o menos masivo, pero siempre heterogéneo. De ahí que un texto periodístico no pueda adornarse de elementos que frenen la comprensión de los lectores. El objetivo principal es llegar inmediatamente a captar la atención del receptor.

Según Emil Dovifat (1960: 124), «aquel que se disponga a escribir en un periódico tiene ante todo que cuidar de hacer una lectura interesante y atractiva». Un punto de vista compartido por el profesor Martínez Albertos (1974: 13) cuando afirma que «el lenguaje periodístico es un hecho lingüístico peculiar que persigue ante todo buscar la expectativa del destinatario».

Según este profesor, el lenguaje periodístico «busca un tipo de comunicación distinta a la que se consigue con el lenguaje ordinario, pero diferente también a la del lenguaje estrictamente literario o poético» (Martínez Albertos, 1974: 12).

Se trata de un lenguaje característico, vinculado al lenguaje literario, pero con unas finalidades que lo alejan de la literatura. El periodismo escrito no es propiamente literatura, de ahí que el lenguaje periodístico no sea estrictamente literario e incluso, en ocasiones, según las formas estilísticas concretas que adopte, pueda llegar a mantener puntos contradictorios con la literatura.

1.1. CARACTERÍSTICAS DEL LENGUAJE PERIODÍSTICO

Al escribir un texto periodístico, el profesional busca una comunicación inmediata con un sector heterogéneo de lectores con capacidades diferentes y distintos niveles culturales. De ahí que se encuentre en la necesidad de utilizar un lenguaje peculiar al que podemos atribuir tres características:

a) *La claridad*

Claridad significa la utilización de expresiones que estén al alcance de una persona de cultura media. Significa también un vocabulario o léxico al alcance de la mayoría: ni preciosista ni excesivamente técnico. Tal y como afirma Martín Vivaldi (1990: 258), un texto es claro «cuando el pensamiento del que escribe penetra sin esfuerzo en la mente del lector».

El lenguaje periodístico se caracteriza porque busca lograr un alto nivel de claridad expositiva. La claridad es la condición primera de la prosa periodística. En el periódico se escribe para que pueda entendernos todo el mundo: el culto y el menos culto, el especialista en la materia y el profano, el muy inteligente y el menos inteligente. Esto exige en el redactor claridad en las ideas y transparencia expositiva.

Para el profesor Núñez Ladevéze (1979: 194), un estilo es claro cuando «tiende a responder a las funciones periodísticas de la comunicación: rapidez de lectura, mínimo esfuerzo posible de interpretación, máxima concentración informativa».

La claridad es una condición importante en el lenguaje periodístico. No puede considerarse un texto como verdaderamente periodístico si obligamos al receptor a interrumpir la progresión normal de su lectura para volver de nuevo sobre el párrafo recientemente leído. Todo lo que obliga al lector a detenerse para reflexionar sobre el sentido de la oración dificulta la comprensión y la rapidez de la lectura y, por lo tanto, debe ser eliminado.

b)   *La concisión*

La concisión hay que entenderla como el uso exclusivo de aquellas palabras que sean absolutamente precisas para expresar lo que queremos decir. «La falta de concisión según Albalat es el defecto general de los que empiezan a escribir… La concisión es cuestión de trabajo. Es preciso limpiar el estilo, cribarlo, pasarlo por el tamiz, quitarle la paja, clarificarlo, petrificarlo y endurecerlo hasta que desaparezcan las virutas, hasta que la fundición carezca de rebabas y se hayan tirado todas las escorias… En una palabra, que no se pueda decir más concisamente lo que hayamos dicho. Es preciso evitar lo superfluo, el añadido de ideas secundarias que no añaden nada a la idea matriz, sino que más bien la debilitan» (Martín Vivaldi, 1990: 259-260).

Utilizar un estilo conciso no quiere decir, ni mucho menos, caer en el laconismo, ni tampoco que tengamos que renunciar a la imaginación y al colorido. Utilizar un estilo conciso hay que interpretarlo como el uso de un estilo denso, entendiendo por estilo denso «aquel en que cada línea, cada palabra o cada frase están preñadas de sentido» (Martín Vivaldi, 1990: 259).

Emil Dovifat (1960: 125) define la concisión como la «exposición reposada y objetiva, pero vigorosa, de los hechos. Para ello hay que dejar que éstos hablen por sí solos. Nunca puede llegar a tal eficacia la abundancia de palabras, por grande que sea, en el lenguaje informativo. No es el número sino la elección cuidadosa y certera de los vocablos y su empleo en reproducir adecuadamente la visión y experiencia del suceso, lo que comunica realismo y da vida al texto de las noticias».

c)   *Naturalidad*

La naturalidad es otra condición imprescindible del buen lenguaje periodístico. Utilizar un estilo natural significa «huir de lo enrevesado, de lo artificioso, de lo complicado, de lo barroco. Escribir naturalmente es procurar adaptar el estilo al fondo. Es decir, procurar que las frases sean las propias, las que el tema exige. Un escritor es natural cuando se sirve de su propio vocabulario, de su habitual modo expresivo» (Martín Vivaldi, 1990: 260-261).

1.2.   DIFERENCIAS ENTRE LENGUAJE PERIODÍSTICO Y LITERARIO

Ya hemos dicho que cuando hablamos de lenguaje periodístico nos estamos refiriendo a un sistema de signos ordenados de acuerdo con unas normas sintácticas y combinatorias para construir mensajes que serán difundidos a través de los medios de comunicación. También nos hemos referido a la importancia que tiene la expectativa del destinatario en el lenguaje periodístico. La necesidad de una inmediata necesidad de conexión con el público influye notablemente en las diferencias entre el lenguaje periodístico y el literario.

Una diferencia fundamental entre estos dos tipos de lenguaje es que el literario tiene como referente fundamental la belleza estilística, y para ello se apoya en formas de expresión caracterizadas por la novedad de las formas narrativas, mientras que el lenguaje periodístico busca fundamentalmente la eficacia, y precisamente por ello no duda en sacrificar parte de sus formas narrativas en beneficio del impacto de los mensajes.

Que el lenguaje periodístico no sea estrictamente un lenguaje literario no quiere decir que el periodista no tenga que dominar las normas gramaticales y lingüísticas. Significa, sin más, que el periodista, además de un correcto uso del lenguaje, debe conocer y aplicar unas formas concretas para la difusión de sus mensajes. Formas y normas específicas que derivan de la diversidad de temas que aborda y de la necesidad de dirigirse a públicos más o menos masivos, con niveles culturales muy diferentes y con la intención primordial de captar inmediatamente su atención.

A pesar de estas exigencias derivadas de la propia esencia del lenguaje periodístico, un lenguaje que busca la rápida comunicación con el lector, la redacción periodística no es incompatible con una prosa elegante y cadenciosa.

La necesaria atracción que deben ejercer los mensajes periodísticos sobre el lector, tal y como afirma Josep María Casasús (1988: 126), «no debe confiarse únicamente a la fuerza de su contenido, sino que debe apoyarse también en la sensibilidad del ritmo, en la proporcionada distribución de acentos y pausas, en la simetría de los periodos, en la armonía de los distintos elementos que conforman el lenguaje, en la regularidad de los intervalos, es decir, en este sentido del orden y de la mesura que balancea las frases hasta lograr que el ritmo se haga cadencia».

Josep María Casasús enumera algunos de los secretos que considera imprescindibles para alcanzar una redacción periodística correcta. Para Casasús (1988: 126) la corrección en el relato periodístico «debe buscarse en el dominio de la lengua, en la riqueza del léxico, en la precisión con que se emplean los términos exactos para calificar personas y acciones, en el rigor con que se eligen los adjetivos, en la sobriedad narrativa y descriptiva que evita escrupulosamente la irrupción de elementos subjetivos en la información.

»La elegancia de la prosa periodística deriva, precisamente, del grado de contención, de austeridad y de sentido de la mesura aplicado a la fiel transformación de los hechos en un fenómeno expresivo, en un producto cultural y comunicativo.

»La calidad literaria de la prosa periodística se logra con la utilización correcta de las palabras, regularidad en la construcción de los periodos y en una administración equilibrada y funcional de los adjetivos».

1.3. Lenguaje textual, visual y mixto

Para elaborar un mensaje periodístico, el profesional puede acudir a distintas formas de comunicación a través de un lenguaje que no tiene por qué ser necesariamente escrito.

De esta forma nos encontramos como punto de partida con un emisor interesado en comunicar mensajes a unos receptores; para ello, para la construcción de esos mensajes, el periodista puede utilizar tanto un lenguaje escrito como un lenguaje visual, o un lenguaje mixto que combina lo textual y lo visual.

A pesar de que el periodista tiene a su disposición esta gama de lenguajes, tradicionalmente, en el caso de la prensa escrita, se ha relegado el lenguaje periodístico a un solo ámbito, el de los mensajes escritos.

Esta concepción de lenguaje periodístico equiparado a lo puramente redaccional, podría ser adecuada si no existiesen todavía formas nuevas de plasmar imágenes en los medios impresos. Por ello, esta consideración resulta hoy en día demasiado simplista si tenemos en cuenta que las nuevas tecnologías permiten una gran rapidez y calidad para la realización y publicación tanto de fotografías como de gráficos o de infográficos.

Esta dimensión del lenguaje periodístico como una expresión que va más allá del lenguaje escrito la encontramos ya en los autores clásicos de la periodística española. Así, Martínez Albertos (1984: 93) afirma que si se limita el estudio de los mensajes a los códigos lingüísticos literarios (centrando el análisis únicamente en el discurso que aparece plasmado en unos textos escritos), no estaríamos dentro del ámbito de lo que hemos considerado como saber periodístico, sino que todavía nos moveríamos en el terreno exclusivo de la Filología.

Por eso, para la elaboración de los mensajes periodísticos es necesario junto al componente lingüístico tener también en cuenta el componente visual, que permite la elaboración de mensajes periodísticos a través de imágenes, y un componente mixto que proviene de la fusión del lenguaje escrito y el visual y es el que permite la construcción de textos periodísticos a través de un lenguaje que fusiona lo lingüístico con lo visual.

De ahí que podamos afirmar con rotundidad que un texto periodístico puede estar formado por un componente lingüístico que permite la elaboración de mensajes escritos, pero puede estar formado también exclusivamente por imágenes, que permiten la elaboración de mensajes periodísticos a través de imágenes y por un lenguaje que une lo lingüístico y lo textual y que permite elaborar mensajes mixtos.

De esta forma, en el periodismo, además de la existencia de un lenguaje periodístico escrito, debemos reconocer la existencia también de un lenguaje periodístico visual y de un lenguaje periodístico mixto que combina lo icónico con lo textual.

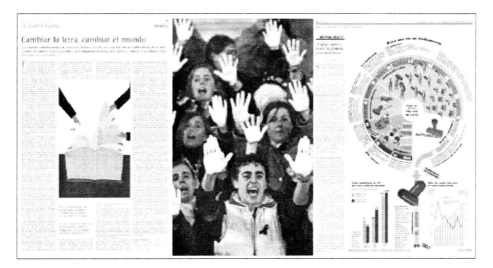

En la imagen de la izquierda el periodista, a través del lenguaje escrito, ha construido un texto para comunicarse con el público. En el centro, la imagen, por sí misma, comunica un mensaje completo, en este caso relacionado con los movimientos pacifistas para protestar contra los atentados. A la derecha, tenemos un infográfico; es decir, un texto construido con un lenguaje mixto que combina lo textual con lo icónico.

2.   Los géneros periodísticos

Los géneros en el periodismo los entendemos como las diferentes formas de expresión y comunicación que utiliza el periodista para crear unos mensajes pensados para ser difundidos por los medios de comunicación masivos. A través de los géneros, el periodista utiliza distintas formas de creación para confeccionar mensajes periodísticos que serán difundidos para que sean perfecta y rápidamente comprendidos por el público.

Como el objetivo de los géneros periodísticos es la confección de mensajes que deben ser inmediatamente interpretados por el público, es necesario que se conformen de acuerdo con unas reglas que deben ser compartidas entre el emisor y el receptor de los mensajes.

Cuando las reglas son compartidas, se establece un proceso de comunicación. Es decir, el receptor, conocedor de esas reglas, bien por su experiencia o por sus conocimientos, interpreta e identifica, con más o menos profundidad, con unos u otros matices, el mensaje que le envía el emisor.

Por eso, tal y como explica Cebrián Herreros (1992: 15), los géneros periodísticos nacen «por el impulso intuitivo y creativo de un autor para plasmar una necesidad comunicativa». Para alcanzar esa comunicación entre autor y público, el emisor debe dotar a su trabajo de unos recursos y códigos que son comprendidos e interpretados por el público.

Históricamente los géneros periodísticos han estado vinculados de manera exclusiva al estudio de los textos escritos. Es decir, se entendía que los géneros periodísticos eran distintas modalidades de creación lingüística utilizada por el periodista para confeccionar mensajes que se difundirían entre el público.

Esta vinculación exclusiva de los géneros con las producciones textuales ha sido así porque la teoría de los géneros periodísticos ha estado estrechamente vinculada a la propia historia del periodismo.

En sus inicios el periodismo utilizaba únicamente formas de expresión escritas ya que las tecnologías de producción periodística sólo permitían confeccionar mensajes escritos. Sin embargo, en la actualidad, el periodismo utiliza una amplia gama de formas de expresión y comunicación que han provocado el asentamiento de una gran variedad de géneros periodísticos.

Unas formas de expresión son textuales, es decir, diferentes formas de creación y expresión lingüística. Otras, han trascendido incluso del campo de lo textual y podemos hablar hoy de géneros visuales, y también de géneros mixtos que provienen de la interrelación entre lo textual y lo visual.

En la actualidad, dentro del campo de los géneros periodísticos en la prensa diaria, nos encontramos no sólo con los géneros escritos, sino también con la pujanza de algunos géneros estrictamente visuales (la fotografía), o de otros que combinan lo visual con lo textual (el infoperiodismo).

Asimismo, en estos últimos años, la aparición de un nuevo canal de comunicación interactivo (internet) ha facilitado la aparición de nuevos géneros periodísticos (el foro, la entrevista de los lectores, la retransmisión escrita, la crónica de urgencia, etc.). Además, el carácter interactivo de este canal abre las puertas a la futura aparición y consolidación de otros géneros que puedan combinar el mensaje textual con el visual o el audiovisual.

Por eso, sin salirnos del campo de la prensa escrita, es necesario hoy acercarse a los géneros periodísticos desde una visión global que incluya tanto su vertiente lingüística (géneros derivados de las distintas modalidades de expresión escrita) como a su vertiente visual (géneros derivados del uso exclusivo de imágenes, como es el caso de la fotografía) o a formas de expresión mixtas que combinan lo lingüístico con lo visual (géneros que derivan del uso del infografismo como medio para la difusión de mensajes periodísticos).

En la actualidad es necesario aclarar que existe una gran variedad de géneros periodísticos que provienen de la permanente hibridación de unos con otros. A pesar de ello y con una proyección fundamentalmente docente, hemos optado por prescindir de una clasificación exhaustiva de los géneros periodísticos, ya que solo añadiría complejidad y dificultades para comprender la esencia de los géneros. De ahí que nos hayamos inclinado por presentar una clasificación funcional de los géneros periodísticos.

2.1. LOS GÉNEROS PERIODÍSTICOS ESCRITOS

Los géneros periodísticos escritos, o géneros lingüísticos, son las distintas formas de creación que utiliza el periodista para construir mensajes escritos que serán difundidos entre el público. Se trata, por consiguiente, de distintas modalidades de expresión lingüística relacionadas con informaciones de actualidad (entendida la actualidad desde un sentido amplio, que va mucho más allá del diario acontecer) y destinadas a ser difundidas a través de los medios de comunicación.

Como ya hemos explicado en el segundo capítulo, el periodista, en su trabajo profesional, se convierte en un permanente intérprete de la realidad. Aun cuando asume la tarea de recopilar datos sobre un hecho noticioso para convertirlo en un texto lo más descriptivo posible, siempre, inevitablemente, acaba por impregnarlo de tintes más o menos personales, más o menos interpretativos.

En el momento de elaborar un texto periodístico para contar una historia, el profesional puede optar por intentar reflejar los datos de la forma más aséptica posible, exponiendo los hechos mediante una simple descripción, desarrollándolos de manera viva. En este caso, el periodista acaba por elaborar un mensaje con intencionalidad informativa; es decir, lo que busca es describir los hechos. Estamos ante un texto informativo en el que no hay análisis ni valoración, aunque no puede desprenderse de la interpretación del periodista en todas y cada una de las fases del proceso de elaboración del texto.

Sin embargo, para contar una historia al público, puede también confeccionar un texto en el que además de exponer los hechos, los explica y los interpreta, analiza e incluso comenta e incorpora valoraciones personales. Se trata de unos textos que tienen como finalidad explicar e interpretar los hechos, para que sean más fácilmente comprensibles por las audiencias.

En unas ocasiones predominarán las explicaciones sobre las interpretaciones, y el periodista creará unos textos peculiares para profundizar en los hechos. En otras ocasiones, sin embargo, el periodista puede inclinarse por una mayor interpretación; es decir, por unos textos en los que el componente interpretativo, analítico u opinativo predomine sobre las explicaciones, lo que dará lugar a otro tipo de textos para profundizar en las historias.

Asimismo, puede adoptar una actitud en la que el desarrollo de los hechos en sí carece de interés. Lo esencial para el periodista es enjuiciar y valorar el acontecer, transmitir opiniones ajenas o propias e incluso reflejar estados de opinión y solicitar tomas de postura ante la evolución de los hechos. Es decir, apelar directamente al receptor para que se sienta solidario con sus puntos de vista. Se trata de unos textos con intencionalidad opinativa, es decir, con la finalidad de homogeneizar las audiencias de acuerdo con los principios básicos defendidos por el medio de comunicación.

Estas tres formas o actitudes diferentes de afrontar los textos periodísticos escritos nos conducen a una clasificación de géneros periodísticos lingüísticos:

a) *Géneros con intencionalidad informativa*

Su función es contar el acontecer diario. El periodista asume como función primera la de suministrar información al público. El periodista interpreta en la selección de datos que decide publicar, en las palabras que va a elegir para confeccionar su relato y en el espacio final que decide dedicar a su historia. Sin embargo, la interpretación no aparece como una cualidad textual. Es decir, el público, cuando lee el texto, se encuentra ante una descripción carente de adjetivos calificativos fuertes. El género más característico es la información o noticia.

b) *Géneros con intencionalidad explicativa e interpretativa*

Son géneros que se sustentan fundamentalmente en la información que el periodista suministra al público. Sin embargo, poseen una diferencia esencial que los separa de la información estricta y es que el periodista vincula los hechos con sus antecedentes y contexto, aporta análisis y valoraciones; es decir, profundiza en los hechos, los interpreta y explica.

Estos géneros hay que entenderlos como una relación de hechos que se van enmarcando en el contexto en que se producen y que se relatan intercalando análisis, valoraciones y opiniones personales del periodista o de terceras personas.

Complementan a la información y ayudan al público a interpretar mejor la actualidad informativa. Por eso, tal y como afirma Lorenzo Gomis, ayudan a comprender el presente social. Se trata de unos géneros eminentemente informativos, pero que al profundizar sobre determinados aspectos contextualizan la información y aportan nuevos datos y detalles. Poseen una estructura y un estilo narrativo más libre, amplio y abierto que la estricta información. En estos textos, la interpretación sí aparece como una cualidad textual; es decir, el público, cuando lee el texto, percibe claramente la interpretación que el periodista introduce en su relato periodístico.

En ocasiones el periodista hace más hincapié en las explicaciones que en los análisis y las valoraciones. En este caso, su intención principal es profundizar en los hechos mediante un desarrollo fundamentalmente explicativo de los mismos.

En otras ocasiones, sin embargo, prefiere analizar en profundidad los acontecimientos incorporándoles análisis y valoraciones. Por eso, dentro de este apartado, nos encontramos con géneros con predominio explicativo y géneros con predominio interpretativo y valorativo.

c)   *Géneros con intencionalidad opinativa*

Se trata de textos que juzgan y analizan los hechos. Opinan sobre el acontecer distinguiendo entre lo bueno y lo malo, lo conveniente y lo inconveniente, etc. En los géneros con intencionalidad opinativa, el periodista asume el papel de comentarista especializado que conoce las circunstancias que rodean a los hechos, las analiza, evalúa y expresa juicios de valor sobre las mismas y sus posibles desenlaces. Por eso se convierten en un instrumento eficaz en la configuración de la opinión pública.

Son géneros que pueden apoyarse ocasionalmente en hechos que forman parte de la actualidad informativa, pero que no se apoyan en los datos informativos sino que analizan las repercusiones que esos datos pueden ocasionar en la sociedad y en las personas.

Los géneros de opinión derivan en unos textos claramente argumentativos, porque la finalidad del autor es convencer al público de sus puntos de vista, hacerle comprender que los análisis que aporta son los más adecuados al momento. El periodista intenta convencer al lector y para ello utiliza las argumentaciones que considera más oportunas. Los géneros más característicos son el editorial, la columna, el artículo de opinión, la crítica, la carta del director y, en general, el contenido de las páginas de opinión en la prensa, así como los debates en los medios electrónicos.

2.1.1.   *Géneros con intencionalidad informativa*

Se trata de unos géneros en los que la pretensión fundamental del periodista es relatar una historia de la forma más descriptiva posible. A pesar de que la interpretación del periodista está presente en múltiples planos, ésta no aparece como una cualidad en el texto redactado. El género más peculiar es la información o noticia.

a)   La información o noticia

La información es uno de los géneros periodísticos por excelencia y ocupa un lugar clave en el desarrollo de este manual, ya que constituye uno de sus vértices centrales, por lo que no vamos a referirnos aquí de forma específica a este género periodístico. A lo largo de diferentes capítulos estudiaremos en profundidad los aspectos más significativos de la información: la noticia y su redacción, el titular, la entrada, el cuerpo y la valoración de las noticias.

A través del género información el periodista busca fundamentalmente suministrar datos al público de la forma más descriptiva posible. La información suele responder a una estructura que tiende a que las ideas expresadas en el título y el subtítulo se recojan en el primer párrafo de la información. Aparece así un bloque temático que se llama macroestructura de la información y se caracteriza porque tiene una unidad temática y una entidad propia.

2.1.2. *Géneros con intencionalidad explicativa e interpretativa*

Son géneros pensados para profundizar en la información: explicar, contextualizar, interpretar, analizar y valorar. A pesar de que informan, la interpretación del periodista sí aparece como una cualidad textual.

En ocasiones, profundizan en los hechos con materiales fundamentalmente explicativos, sin incluir análisis y valoraciones. En otras ocasiones, sin embargo, explican los hechos en profundidad incluyendo análisis y valoraciones personales que el periodista hace para interpretar mejor el presente social.

Por eso, al hablar de estos géneros para la explicación y la interpretación, consideramos conveniente agruparlos en dos grandes bloques, según predomine el componente explicativo o el componente analítico y valorativo.

2.1.2.1. GÉNEROS CON PREDOMINIO EXPLICATIVO

Se trata de unos géneros interpretativos en los que el periodista centra su actividad en contar los hechos, sin pararse a analizar por qué han sucedido ni a evaluar las causas que los han provocado. Entre los géneros más característicos podemos citar:

a) *El informe periodístico*

Entendemos por informe una información en profundidad con una pretensión fundamentalmente documental, en la que se aborda un hecho noticioso que por lo general se sustenta en fuentes estadísticas y en el que aparece una proliferación de datos explicativos.

Los informes periodísticos, tal y como afirma Núñez Ladevéze (1995: 80), «seleccionan y acumulan información con criterios distintos de la mera referencia a lo actualmente acontecido. En cierto modo, suscitan en el destinatario la necesidad de interpretar la actualidad ofreciéndole datos para ello, pero no son expresamente interpretativos». De ahí que, tal y como explica este autor, se trate de un género complementario de la noticia de actualidad.

En ocasiones, el informe se redacta a través de un tema central en el que se profundiza en alguna historia mediante la proliferación de datos estadísticos que alertan al lector sobre temas relacionados casi siempre con su vida social. En otras ocasiones, el informe se utiliza como complemento a una información central, a través de un despiece o texto de apoyo, en el que se recogen mediante cifras y datos antecedentes aspectos complementarios del tema central.

Respecto a las temáticas propias de los informes, cabe afirmar que pueden abordar cualquier tipo de tema que tenga como base fundamental la explicación de situaciones a través de datos estadísticos. Unos temas pueden estar relacionados con la vida cotidiana de las personas: coste de viviendas, situación del desempleo, desarrollo o retroceso de determinadas enfermedades, calidad de los barrios, incremento de los precios, variaciones en el índice del coste de la vida, etc. Sin embargo, cualquier ámbito social, político o económico es apropiado para la difusión de informes.

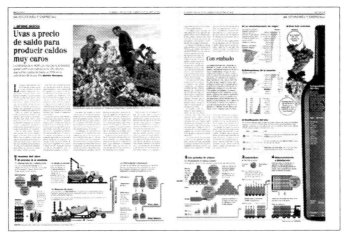

Aquí tenemos un informe muy detallado sobre la producción de vino. En este texto se combinan datos estadísticos y numéricos, claves en los informes periodísticos, con declaraciones de expertos sobre el tema. El resultado final es un texto detallado sobre la producción de vino. Los informes, dada su profundización temática, siempre es oportuno que se presenten con gráficos en los que se incorporen los datos estadísticos y dibujos informáticos que ayuden a explicar el texto.

Para que el informe se convierta en un texto eficaz es importante atender a la recomendación de Núñez Ladevéze (1995: 82) cuando afirma que «los datos tienen que ser pocos, claros, bien seleccionados y, sobre todo, claramente presentados para que el lector pueda captar su sentido de un vistazo y entenderlos con rapidez».

Es importante también una aclaración final. Que un texto se sustente en fuentes estadísticas no quiere decir que nos encontremos necesariamente ante un informe con finalidad exclusivamente informativa. Un texto se puede sustentar en cifras estadísticas y el periodista construir un reportaje eminentemente interpretativo, ya que las cifras también se prestan a múltiples lecturas e interpretaciones. De ahí que enmarquemos los géneros de acuerdo con la intencionalidad. Un informe será eminentemente informativo cuando se sustente en fuentes estadísticas y la finalidad del periodista sea descriptiva. Si su intención es analítica, nos encontraríamos ante un texto con intencionalidad interpretativa.

b) *El reportaje descriptivo*

Tradicionalmente el reportaje ha sido considerado como un género estrictamente descriptivo, pero el periodismo más reciente hace difícil establecer una definición única de él ya que, a diferencia de la información estricta y directa, el reportaje indaga, describe, explica, relata, interpreta y compara. Por eso, en la actualidad, existe una gran variedad de tipos de reportajes que hemos agrupado en dos bloques: con predominio descriptivo y con predominio analítico e interpretativo.

Para acercarnos a una definición de lo que entendemos por reportaje, en cualquiera de sus modalidades, podemos acudir a Lorenzo Gomis (1991: 46) cuando afirma que en el reportaje «el reportero se acerca al lugar de los hechos, a sus actores, a sus testigos, pregunta, acopia datos, los relaciona, y después de todo esto lo acerca al lector u oyente, con los recursos de la literatura y la libertad de un texto firmado, para que el público vea, sienta y entienda lo que ocurrió, lo que piensan y sienten los protagonistas, testigos o víctimas, y se haga cargo de lo que fue el hecho en su ambiente».

En busca de una solución a los residuos nucleares

En el reportaje, el periodista debe preocuparse por reunir la máxima información posible del tema sobre el que va a tratar. Esta información se puede complementar con datos de contexto, antecedentes, vinculaciones especiales, posibles consecuencias de los hechos relatados, detalles que sirvan para crear una atmósfera especial, datos que aporten colorido a la narración, etc. Que informe o interprete y analice es lo que nos situará ante un reportaje descriptivo o interpretativo.

Tanto los reportajes con predominio explicativo como los de predominio interpretativo tienen una estructura libre y compleja, ya que admite la inclusión de datos informativos, informes breves, testimonios, antecedentes, etc. Su relación directa con lo estrictamente informativo hace que mantenga una serie de características estructurales:

El titular de reportaje:

A diferencia de lo que sucede con la información, el reportaje suele recurrir a titulares apelativos (poseen alguna referencia temática, pero no aparecen expresamente los elementos esenciales de la información) o a titulares expresivos (no poseen ninguna referencia temática).

Sin embargo, precisamente por tener una obediencia directa al elemento informativo, cuando usan titulares apelativos o expresivos, el antetítulo o el subtítulo suelen ser eminentemente informativos y reflejan los puntos esenciales del reportaje. Además, los elementos de titulación se complementan casi siempre con varios subtítulos, sumarios, ladillos y recuadros en los que se incorporan textos de apoyo.

El primer párrafo:

El primer párrafo es uno de los elementos más importantes del reportaje y presenta casi siempre una gran dificultad. Suele ser libre en cuanto a su presentación, porque libre es también el lenguaje que se utiliza en su redacción. Es oportuno arrancar el relato con fuerza, con datos informativos y frases contundentes y enérgicas, plagadas de colorido.

Sin embargo, el primer párrafo no tiene por qué dar respuesta a las preguntas esenciales que resuelve la información. En los reportajes con predominio explicativo es oportuno responder a los elementos esenciales de la información en los primeros párrafos, mientras que en los reportajes con predominio interpretativo el primer párrafo suele incorporar análisis e interpretaciones periodísticas sobre los contenidos dominantes.

El cuerpo del reportaje:

El reportaje no sigue estrictamente las pautas de la típica pirámide invertida propia de la información. Sin embargo, hay que mantener un cierto ritmo descendente, en el que se van deslizando los datos más importantes en los primeros párrafos del texto. El reportaje se estructura bajo un esquema de globalidad: debe tener un comienzo y un final. Una estructura similar a la de un reloj de arena, llamada así porque se asemeja a ese instrumento, o a la homérica o nestoriana, llamada así porque Homero en la *Ilíada* explica que Néstor colocaba las tropas más fuertes en los extremos, al inicio y al final, dejando en el centro las tropas más débiles.

Lo que caracteriza al reportaje descriptivo es el predominio de las descripciones. Es una forma adecuada para determinados tipos de reportajes como pueden ser los de sucesos o interés humano, en los que el periodista incluye relatos de testigos o afectados con un carácter netamente dramático; el reportaje de acción, en los que el periodista sigue un orden temporal y relata los hechos desde dentro, como si él mismo fuera un partícipe activo de las situaciones, y el reportaje de citas, en el que las declaraciones de las personas afectadas o expertas son la esencia misma de ese reportaje.

c) *La entrevista de personaje*

Desde un punto de vista estricto, cualquier entrevista es una forma para conseguir información mediante el diálogo con una fuente, pero también podemos considerarla un género periodístico. A través de la entrevista el periodista busca obtener información de alguna persona normalmente experta, bien para escribir una información o completar un reportaje, bien para presentarla como un texto único en el que el entrevistado aporta su versión sobre determinados acontecimientos de los que normalmente es un experto.

La entrevista de personaje se caracteriza porque sitúa en primer plano la figura del entrevistado. Esta modalidad de entrevista se llama también de personalidad, porque lo que interesa fundamentalmente es un «retrato» del personaje, su vida, sus peculiaridades más destacadas, su personalidad y características psicológicas y temperamentales.

Se trata de un tipo de entrevista que tiene más valor literario, psicológico y de entretenimiento que informativo y de actualidad. Precisamente por eso es más frecuente en los semanarios, en los suplementos dominicales y en páginas especiales de los medios de comunicación.

Esta entrevista de Tomás Gómez, secretario general del Partido Socialista de Madrid, se centra en aspectos personales del protagonista. Relata en un perfil su lema vital: «me moriré como todo el mundo, pero culpa mía no va a ser». Además cuenta que para aplacar los nervios y cuidar su hipertensión, corre, va al gimnasio, se mata a abdominales, juega al baloncesto y pinta.

2.1.2.2. *GÉNEROS CON PREDOMINIO INTERPRETATIVO*

Los más característicos son el reportaje interpretativo, la crónica, la entrevista de actualidad y la encuesta periodística.

a) *El reportaje interpretativo*

El reportaje interpretativo hace hincapié en la explicación de cómo o por qué han sucedido hechos actuales o recientes. El periodista, además de relatar los hechos, profundiza en ellos a través de explicaciones de los autores y efectúa análisis, previsiones y valoraciones, sobre los hechos acontecidos. En el reportaje interpretativo predominan los análisis periodísticos.

Para acercarnos a una definición del reportaje interpretativo podemos acudir a Martín Vivaldi (1990: 353) cuando afirma que «el reportaje es un relato informativo, una narración más o menos noticiosa, en donde la visión personal del periodista, su modo de enfocar el asunto influyen en la concepción del trabajo. Incorpora, pues, aspectos informativos y narrativos».

En esta modalidad periodística la interpretación del autor aparece claramente como una cualidad textual. En el reportaje interpretativo, el periodista huye de la mera descripción; de ahí que no respete la asepsia de la ausencia de adjetivos de la información estricta. Además, el periodista recurre a un estilo mucho más literario y apunta o expresa abiertamente sus propias valoraciones.

Se trata de un tipo de reportaje en el que lo importante es analizar una situación, bien mediante análisis de los hechos, bien a través de cifras o datos numéricos que exponen un hecho en profundidad, como hace cualquier reportaje. Sin embargo, en este caso el periodista no se limita a exponer los hechos, sino que los interpreta y analiza, bien él mismo o a través de personas expertas. La interpretación aparece en todo el texto, de ahí que el titular, como el de este ejemplo, sea también interpretativo.

b) *La crónica*

Antes de pasar a hablar de la crónica es necesario recalcar que estamos ante el género con predominio interpretativo por excelencia, en el que juegan un papel muy importante las propias valoraciones del periodista redactor. Esta interrelación entre elementos informativos y elementos opinativos ha hecho que casi siempre se haya considerado a la crónica como una de las técnicas periodísticas más relevantes.

Una característica esencial de la crónica es su estrecha vinculación a un hecho noticioso de actualidad. La crónica es una información desarrollada y comentada en la que se entrelazan los elementos estrictamente informativos con los propiamente opinativos. Es importante destacar estos dos aspectos dentro de la crónica, ya que su propia esencia reside en el componente informativo sobre el que se sustenta. El esqueleto de la crónica está en informar de hechos con sus respectivos detalles.

Las crónicas pueden ser más o menos valorativas; sin embargo, por su misma esencia, las mejores son las que incorporan una proliferación de datos interpretativos, analíticos y valorativos.

Por lo que respecta a su estructura narrativa, el periodista actúa con una libertad mucho mayor a la hora de seleccionar los datos y ordenarlos que en el caso de redactar una simple información. La crónica se muestra con libertad a la hora de utilizar determinadas estructuras, una libertad que se hace extensible también a la hora de elegir el lenguaje apropiado.

EL TITULAR DE LA CRÓNICA:

Al contrario de lo que sucede con la información estricta, el titular puede adoptar, y de hecho lo hace, tintes más literarios. Es frecuente también encontrar titulares con una base informativa importante pero que incorporan interpretaciones, análisis o valoraciones. También suelen utilizarse titulares apelativos, pero en ese caso el subtítulo suele ser informativo-analítico.

EL PRIMER PÁRRAFO:

Por lo que respecta al arranque o párrafo inicial, no tiene por qué corresponder exactamente al «primer párrafo» de la información. El arranque de la crónica puede centrarse en destacar un único aspecto llamativo o aspectos originales que se abordan en el tema. La utilización del «primer párrafo» tradicional es siempre optativa, aunque no quiere eso decir que no se inicien crónicas con estructuras internas semejantes a la del «primer párrafo» clásico de la información. En cualquier caso, aunque opte por un arranque semejante al de la información que dé respuesta a las preguntas esenciales, en la crónica se introducen datos analíticos y valorativos, por la propia esencia de este género.

EL CUERPO DE LA CRÓNICA:

En los párrafos del cuerpo, el periodista pone en marcha sus recursos lingüísticos. Utiliza un estilo bastante literario, con licencia para utilizar figuras retóricas, adjetivaciones, oraciones subordinadas; es decir, un estilo mucho más libre que deja entrever la personalidad del autor.

Al contrario de lo que sucede en la información, en la crónica la firma del autor es importante y constituye un sello de identidad. Las crónicas se leen no solamente por lo que informan, sino también por las características del autor que las escribe.

La crónica es el género más característico de los corresponsales y de los enviados especiales. Hay que tener en cuenta que un medio de comunicación que posee una red de corresponsales en el extranjero o envía a un periodista al lugar en el que se está produciendo un acontecimiento, lo hace con la finalidad de poseer información diferenciada de la que suministran las agencias de información. Una información diferente, de calidad, en la que no solamente se exponen los hechos, sino que se analizan, valoran y se impregna el texto de los puntos de vista del profesional. Todos los medios de comunicación de calidad tienen una extensa red de corresponsales en el extranjero, que son quienes suministran información analizada y trabajan el género conocido como crónica.

c)   *La entrevista de actualidad o temática*

La entrevista de actualidad pone el acento en lo que opina el entrevistado y no especialmente en su personalidad. Interesa quién hace las declaraciones, pero sobre todo qué dice esa persona a la que entrevistamos. Estas entrevistas se realizan a personas idóneas que son especialistas en determinados temas. Se trata de un tipo de entrevista que no tiene por qué apoyarse en un tema de estricta actualidad, aunque por tratarse de entrevistas temáticas su vinculación con los hechos noticiosos casi siempre es notable.

Se llama también entrevista temática porque, o bien tiene como base la búsqueda de datos para el desarrollo de una información, o bien porque el periodista se dirige a una persona para que mediante la técnica de preguntas y respuestas dé su punto de vista sobre temas que en ese mismo instante forman parte de la actualidad informativa.

La personalidad del entrevistado es importante, como lo es siempre en este género periodístico, pero en este caso los elementos personales y psicológicos del entrevistado pasan a un segundo plano y lo que dice ocupa un lugar de especial relevancia.

A través de este tipo de entrevista se buscan los puntos de vista y juicios de la persona entrevistada sobre el tema que interesa al periodista.

En esta entrevista con el socialista Guillermo Fernández Vara, presidente de la Junta de Extremadura, hace un repaso a la política llevada a cabo en su Comunidad, acepta realizar trasvases de agua de Cáceres al Segura y hace pública su discrepancia política con los dirigentes socialistas de Andalucía, Castilla La Mancha, Cataluña y Aragón. En la entrevista explica también sus recursos a los Estatutos de Autonomía de Andalucía y Castilla León porque se atribuyen la gestión de los ríos.

d) *La encuesta periodística*

Existe una gran variedad de encuestas periodísticas; sin embargo, las más características como género periodístico tienen como finalidad conocer la opinión de determinadas personas, normalmente de relevancia o suficientemente conocidas por el público, que responden a una o varias preguntas de las que son expertas.

La encuesta periodística se realiza para comunicarle al lector lo que piensan unos expertos sobre un tema específico. Carece de valor sociológico y refleja el estado de opinión de las personas entrevistadas, por lo que sus opiniones no pueden generalizarse.

Hay una encuesta periodística de gran valor y profundidad como la que presenta aquí el diario *El País*. En ella, Reinhard Selten, premio Nobel de Economía de 1994; Robert E. Lucas, premio Nobel de Economía de 1995; Joseph E. Stiglitz, premio Nobel de Economía de 2001 y Edmund S. Phelps, premio Nobel de Economía de 2006, contestan a una misma pregunta: ¿Cómo debería ser el orden financiero del futuro?

Su técnica de realización no es muy complicada. Basta con preparar un pequeño cuestionario con unas pocas preguntas y ni tan siquiera es necesaria la entrevista directa con las personas seleccionadas. Se puede realizar perfectamente a través del teléfono ya que, por su reducido espacio, los aspectos personales y psicológicos que se desprenden del contacto directo con los entrevistados y que son tan importantes en las entrevistas de personalidad y en las temáticas, en la encuesta periodística no tienen ningún interés.

En ocasiones la encuesta periodística consiste en formular un cuestionario un poco amplio (cinco o seis preguntas) a número cerrado pero reducido de expertos. También consideramos encuestas periodísticas las que se realizan a un único entrevistado mediante un concurso cerrado de preguntas que debe responder. Es un producto típico de los semanarios y cuadernillos dominicales. Las preguntas que se formulan son siempre las mismas y la persona que las responde va cambiando cada semana.

Algunos medios de comunicación suelen publicar también un determinado tipo de entrevista de escaso interés. Se trata de formular alguna pregunta a gente desconocida. El valor es escasísimo y no tiene apenas interés periodístico. Suele tener una finalidad fundamentalmente comercial: crea vínculos con personas que gracias a estas entrevistas aparecen en los medios de comunicación.

2.1.3. *Géneros con intencionalidad opinativa*

La mayoría de los textos con intencionalidad opinativa aparecen concentrados en la prensa escrita diaria en una sección especial dedicada a la opinión y que según los medios de comunicación puede llegar a las cuatro páginas diarias. En esta sección especial se ubican generalmente el o los editoriales, artículos de opinión, chistes, columnas firmadas, colaboraciones de especialistas y las cartas al director.

Sin embargo, pueden aparecer también diseminados a lo largo del periódico, sobre todo en determinadas secciones donde podemos encontrar críticas de opinión, o en la última página, donde podemos encontrar algunas columnas escritas por periodistas expertos.

Entre los géneros de opinión más importantes podemos destacar: el editorial, la columna, el artículo de opinión, la crítica y la carta del director.

a) *El editorial*

Es el texto de opinión por excelencia, ya que refleja siempre la postura del medio de comunicación ante el tema que aborda, de ahí que no vaya nunca firmado. Es el texto de opinión más importante de un medio de comunicación, puesto que no refleja una posición particular de un profesional, con la que el propio medio puede estar en desacuerdo, sino que expresa la línea ideológica del periódico acerca de los asuntos de mayor trascendencia social. A través del editorial, el medio de comunicación deja patente sus señas de identidad. Su importancia no deriva solamente de que expresa la opinión del medio, sino de que es un texto fundamental para la configuración de la opinión pública.

Por medio del editorial el periódico sitúa ante el lector los temas más importantes de la actualidad sobre los que debe pensar, al tiempo que le comunica también qué debe pensar sobre esos temas. Son textos, pues, de gran importancia, de ahí que sean redactados por un equipo de editorialistas, profesionales de confianza de la dirección del medio.

El editorial se apoya casi siempre en un hecho que en ese momento ocupa un lugar de privilegio en el campo de la información, pero como los datos informativos aparecen publicados en otra sección del medio, el editorial se limita a expresar opiniones.

La elección de los temas sobre los que se va a editorializar es siempre laboriosa. De entre los temas más importantes de la actualidad se eligen los más relevantes, los que tienen una mayor repercusión entre la audiencia. Normalmente suelen coincidir con los temas esenciales elegidos para estar presentes en la portada del día, aunque no siempre tiene por qué ser así. Los editoriales los elabora un equipo de editorialistas; sin embargo, en muchos diarios son los directores los que escriben este texto tan importante.

1. El titular del editorial

Se caracteriza casi siempre por su brevedad. El editorialista debe ser capaz de captar la atención del lector con un reducido número de vocablos. Esta circunstancia hace que el titular del editorial sea casi siempre apelativo, aunque en ocasiones puede ser también expresivo. Como el editorial trata sobre temas estrella de la actualidad informativa, no necesita suministrar información sobre la materia que trata, de ahí que sea suficiente con apuntar los temas y esta función se realiza perfectamente con los titulares apelativos. En ocasiones puede utilizar también titulares expresivos, compuestos por una única palabra que puede ser un sustantivo, un adjetivo, un adverbio, etc.

El titular juega un papel fundamental para fijar la atención del lector, pero es importante que no caiga en el sensacionalismo, ya que nos encontramos ante un texto de especial importancia caracterizado por su sobriedad; de ahí que no sea oportuno presentar alardes sensacionales en la titulación.

2. Los primeros párrafos

Normalmente los primeros párrafos del editorial se dedican a ubicar sucintamente los datos informativos sobre los que posteriormente emergerán las opiniones. Es también en lugar en el que el editorialista contextualiza los hechos relacionándolos con otros sucedidos simultáneamente o con anterioridad. Los antecedentes ayudan a crear un marco contextual para que el lector comprenda mejor los datos. En los primeros párrafos es donde se comienza a interpretar los hechos que se presentan, aunque sin excesivas valoraciones.

3. El cuerpo

A lo largo de los diferentes párrafos del cuerpo, el editorialista va desplegando los argumentos y deja reflejado el punto de vista del medio de comunicación sobre el tema que se juzga. Éste es el lugar donde se vinculan los hechos actuales con su posible evolución futura y el espacio donde se emiten juicios, se moraliza y se dice lo que está bien y lo que está mal. Dentro del cuerpo del editorial juegan un papel esencial los últimos párrafos. Es aquí donde deben aparecer las ideas esenciales del editorial, la conclusión o conclusiones que se derivan de las argumentaciones planteadas o, en su defecto, las cuestiones básicas sobre las que el editorialista desea que reflexione el público.

A pesar de que las clasificaciones tradicionales recogen un amplio abanico de tipos de editoriales, simplemente con ánimo simplificador vamos a diferenciar dos tipos: el suelto o glosa y el editorial de fondo.

- El suelto o glosa: es un pequeño editorial de 3 o 4 párrafos cortos. Al ser tan breve no puede presentar grandes argumentaciones y debe ser muy contundente. Es propio de los medios de comunicación que buscan ejercer una gran influencia entre los lectores.
- El editorial de fondo: es el editorial propiamente dicho. Se compone de un conjunto de párrafos con una estructura que ya hemos explicado y en los que el editorialista, a través de permanentes argumentos, analiza, valora y especula sobre la posible evolución de los hechos informativos que enjuicia. Señala lo que es bueno y malo y busca que el lector sintonice con sus puntos de vista.

b) *La columna*

Es un artículo de opinión o comentario, siempre firmado, que aparece regularmente en la misma sección del periódico y con una presentación y extensión siempre similar que comprende una o dos columnas. De ahí el nombre del género y de ahí también el nombre de las personas que lo practican: columnistas.

El columnista es una persona contratada por el medio de comunicación o miembro de su plantilla que de forma diaria o con otra periodicidad expone sus apreciaciones personales sobre varios temas que casi siempre forman parte de la actualidad. El columnista se dedica, pues, a explicar o exponer sus puntos de vista sobre diversos aspectos del acontecer diario. Suelen ser periodistas de prestigio que gozan de la confianza de la dirección del medio y que expresan puntos de vista que aunque no coincidan siempre con la línea editorial del periódico suelen ser coincidentes con sus líneas maestras.

La columna es un género seguido y apreciado por el público en el que se entremezcla un gran nivel literario con análisis oportunos de diferentes temáticas que en ese instante forman de una u otra forma parte de la actualidad y que el columnista va entrelazando a lo largo de su texto.

Tiene una periodicidad y se publica en el mismo sitio, lo que hace que el público las siga con facilidad e incluso las busque. La crónica se lee fundamentalmente por el autor que la escribe, que juega siempre un papel de referencia para el público.

Existe una gran variedad de columnas; sin embargo, en los últimos años se ha desarrollado un tipo de columna muy personal y literaria redactada por escritores de prestigio que han contribuido a realzar las columnas a cotas anteriormente desconocidas. Un ejemplo lo podemos encontrar en el papel que jugó Francisco Umbral para prestigiar un género periodístico que ha tenido una gran aceptación por el público.

En la actualidad nos encontramos ante un gran auge del columnismo español. Es más, algunos medios de comunicación, sobre todo los diarios de calidad, se han dedicado a desarrollar las columnas como una forma de potenciar sus señas de identidad.

c)   *El artículo de opinión*

Es un texto normalmente bastante largo que recoge los puntos de vista de personas especializadas ante temas que en ese instante están vinculados de una u otra forma con la actualidad. Los medios de comunicación otorgan cada vez más importancia a estos textos escritos por expertos.

El artículo de opinión, al que algunos autores llaman comentario de opinión, se sustenta sobre la interpretación razonada de un tema de actualidad sobre el que el autor aporta juicios y valoraciones. Esta característica habitualmente monotemática del artículo de opinión es uno de los factores que diferencia este género periodístico de la columna.

Como lo elaboran expertos que no tienen por qué ser periodistas, suele ser un trabajo eminentemente personal, que no se ajusta a ninguna técnica específica ni en su titulación, ni en los párrafos iniciales y tampoco en la organización externa del texto. El autor, para su elaboración, goza de una total libertad. Sin embargo, la práctica del artículo de opinión requiere el dominio de una técnica de exposición y ordenación de las fases del texto, aunque cada autor lo escribe como considera oportuno y utiliza sus propios recursos lingüísticos.

Para Martín Vivaldi, el éxito del articulista depende de su habilidad para combinar un desarrollo de las ideas que resulte convincente, y del que se desprenda un dominio sobre el tema, con la fluidez expositiva. Ser ligero sin dejar de ser denso, ser ingenioso sin parecer frívolo, ser culto sin mostrarse pedante, ser convincente sin ser dogmático, ser literario sin dejar de ser natural, dominar el tema sin tener que demostrarlo expresamente.

Es complicado detallar una serie de cualidades que podamos considerar imprescindibles para escribir un artículo de opinión. Sin embargo, Martín Vivaldi (1995 :371-372) enumera una serie de cualidades y requisitos que debe mantener el comentarista, y que son válidos para cualquier trabajo de opinión. Entre ellos podemos destacar: agudeza crítica, personalidad, cultura, impasibilidad, ponderación de criterio e independencia.

Los artículos de opinión van siempre firmados, bien con el nombre y apellidos del autor, bien con seudónimo. Además, su contenido temático puede hacer referencia a cualquier actividad: política, económica, deportiva, cultural, etc.

d) *La crítica*

Es uno de los géneros periodísticos más controvertidos, ya que se sustenta en la opinión que algunos expertos vierten sobre obras realizadas por otros autores. La finalidad del crítico es, entre otras muchas, la de convencer al lector de que su criterio, su punto de vista, es el más adecuado para analizar la obra que critica.

A pesar de que es un texto de opinión y este tipo de textos no incluyen referencias informativas, la crítica es un género peculiar, ya que el periodista, junto con su análisis crítico, que es la esencia del texto, incluye un apartado en el que suministra información acerca de la obra estudiada.

A pesar de tratarse de un texto muy especializado, porque un autor experto juzga una obra, la crítica debe ser fácilmente comprensible. No hay que olvidar nunca que los medios de comunicación se dirigen a públicos masivos y la crítica no se escribe para expertos.

Existe un amplio abanico de críticas; así, podemos hablar de crítica literaria, si lo que se critica es un libro; teatral, cinematográfica, deportiva, taurina, musical, deportiva, etc.

Por la propia esencia de la crítica se deriva que siempre debe contemplar un juicio argumentado del crítico sobre la obra estudiada. En ocasiones, el crítico no hace más que exponer unos retazos que obligan al lector a interpretar personalmente la intención del experto.

La aparición de elementos estrictamente informativos en la ficha hace que algunos autores clasifiquen las críticas periodísticas como textos pertenecientes a un género mixto información-opinión. Sin embargo, independientemente de los retazos informativos que se exponen en la ficha técnica, el texto del autor es siempre estrictamente opinativo, por lo que nos parece más sugerente encuadrar la crítica periodística dentro de los géneros de opinión.

El esquema textual de cualquier crítica periodística es bien simple y debe contemplar:

1. El título

Debe ser siempre breve y recoger en pocas palabras la valoración que el crítico hace sobre la obra estudiada. Suele ser casi siempre apelativo o expresivo, apunta el tema pero no informa detalladamente sobre él. Puede ir acompañado de antetítulo o de subtítulo, en los que aparecen a modo de complemento los elementos más estrictamente informativos.

2. La ficha técnica

Es el elemento informativo, por lo que aporta una singularidad a este peculiar género periodístico. En la ficha se recogen el nombre de la obra que se estudia, el autor y cualquier otro dato que se considere pertinente para la inmediata identificación de la obra estudiada. Así, si se trata de una obra literaria aparecerá también el nombre de la editorial, fecha y lugar de publicación, número de páginas y el precio de venta.

3. El texto de opinión

En el texto es donde aparecen las valoraciones del experto sobre la obra analizada. Se trata de un texto abierto a la creatividad del autor y a toda la gama de recursos estilísticos. Es un texto claramente argumentativo, en el que el autor va alternando frases e ideas centrales del texto original con sus puntos de vista particulares. Un aspecto esencial es la vinculación de la obra estudiada a su contexto más adecuado a fin de, a partir de ahí, analizar y estudiar pormenorizadamente aquellos aspectos que el crítico considera relevantes para verter un juicio final sobre la obra. El último párrafo de este texto suele contemplar casi siempre una conclusión. Un juicio último del crítico que sirve para sintetizar los argumentos que se han ido exponiendo a lo largo del texto.

e) *La carta del director*

Es un texto de opinión redactado por los directores de los medios de comunicación en los que se analizan los apartados esenciales de la actualidad política, social o económica. Algunos medios de comunicación lo utilizan excepcionalmente; es decir, en algunas circunstancias especiales los directores se dirigen a las audiencias con un texto de opinión donde marcan las pautas del medio de comunicación ante temas de trascendencia.

Refleja la política del director, ya que lleva su firma, y las opiniones que expone no pueden atribuirse en su totalidad al medio de comunicación; sin embargo, es un texto muy especial, cercano en su importancia al editorial, ya que el director es el responsable máximo de toda la línea de opinión del medio de comunicación.

Algunos medios, como es el caso de *El Mundo*, la publican semanalmente. Esta política informativa es propia de medios de comunicación que se plantean como un objetivo la búsqueda de una influencia profunda sobre sus audiencias.

Ésta es una carta que el director del diario *El Mundo*, Pedro J. Ramírez, publica todos los domingos en su diario. En ella, Pedro J. Ramírez realiza semanalmente un recorrido opinando sobre los temas de mayor trascendencia informativa sucedidos a lo largo de la semana. En ocasiones se centra en un único tema, aquel que el director del diario considera más importante para centrar sus críticas, valoraciones y opiniones. *El Mundo* es uno de los diarios que trabaja más intensamente las cartas del director, ya que se trata de un diario que busca influir intensamente con sus puntos de vista sobre las audiencias para configurar la opinión pública.

2.2. LOS GÉNEROS PERIODÍSTICOS VISUALES

Los géneros periodísticos visuales son las distintas formas de creación que utiliza el periodista o fotógrafo para construir mensajes visuales que serán difundidos entre el público. Se trata, por consiguiente, de distintas modalidades de expresión y comunicación visual destinadas a ser difundidas a través de los medios de comunicación.

Estos géneros llevan implícitos la intención del autor de comunicar algo, pues con el solo hecho de elegir los elementos que formarán parte de ellos están dando una idea de lo que se quiere decir al público. Así pues, la información, al igual que la opinión, están presentes simultáneamente en los mensajes, ya sean escritos o visuales, y en ello las intenciones del emisor resultan decisivas.

2.2.1. *La fotografía*

Es el género visual más importante. En la fotografía se superponen junto a los elementos denotativos (puramente descriptivos) los elementos icónicos de connotación que determinan la escena, tales como el ángulo, el encuadre, la composición, la iluminación, las sombras, el contraste, el color, etc., y que pueden ser dirigidos por el fotógrafo con la intención de producir una reacción determinada, con lo cual la opinión sería explícita, o sin intención de hacerlo, por lo que la opinión podría darse sin conciencia plena del fotógrafo.

La fotografía tiene capacidad para convertirse en noticia por sí misma con su correspondiente pie de foto o integrada en un texto descriptor y contextualizados del hecho que representa. El texto aporta la descripción y narración de los datos así como las referencias conceptuales, la fotografía presenta la versión realista de los detalles con todos los componentes visuales de la misma.

Así pues, la foto deja de ser el simple complemento informativo de la noticia, del reportaje o de la crónica, para contar por sí sola historias completas al lector, con el complemento de un texto breve o sin él.

La fotografía tiene unos límites importantes para transmitir información. Carece de una capacidad universalizadora y conceptual de los hechos. De ahí que en ocasiones necesite del acompañamiento de un texto. La fotografía sólo ofrece fragmentos e instantes de realidad, ni la acción anterior ni la posterior; en todo caso puede resolverlo con la combinación secuencializada de varios fragmentos y de tiempos distintos. De esta posibilidad se deriva su capacidad narrativa, aunque siempre limitada.

En la fotografía es oportuno que el fotógrafo intente presentar el máximo de preguntas, las mismas que se formulan para elaborar el arranque de la información. Unas preguntas son más sencillas y pueden quedar recogidas a través de la fotografía: así, el ¿qué?, el ¿quién? o el ¿cómo? se pueden recoger con facilidad, aunque en ocasiones para contestar al quién debamos apoyarnos en el pie de foto. El resto de preguntas: el ¿dónde?, el ¿cuándo? son más complejas y difícilmente quedan bien recogidas en una fotografía; por lo que respecta al ¿por qué? se trata de una pregunta que no puede incorporarse a través de la fotografía.

Hay fotografías que por sí mismas son capaces de contar una historia. En esta fotografía, que corresponde a la campaña de Obama para la presidencia de los EE.UU., queda perfectamente reflejado el objetivo del actual presidente de EE.UU. en su campaña electoral, que era el de llegar a todo el electorado, tanto blancos como negros.

2.2.2. Los retratos

Son representaciones gráficas de personas o de cosas. El retrato puede ser simplemente descriptivo, cuando su finalidad es la de ilustrar un texto periodístico, y editorializante si incorpora elementos gráficos que acaban por añadir una información casi siempre irónica y con fines claramente orientadores.

Se utilizan mucho en los suplementos dominicales de los diarios más importantes del Estado, y su uso era frecuente en algunos medios de comunicación, como es el caso de *ABC*. Inicialmente se confeccionaban a mano con acuarela, acrílico, tinta, colores a lápiz o varias combinaciones de ellos.

En la actualidad los retratos, como es el caso del que aquí presentamos, se confeccionan a través de ordenador. Para ello se coge una fotografía de la persona que vamos a retratar y con el programa Photoshop la vamos convirtiendo en un retrato.

2.2.3. Las caricaturas

Se entiende por caricatura la exageración de rasgos y proporciones en una figura para ridiculizar a un sujeto. Se trata de una combinación entre lo grotesco y el ingenio, por lo que el humor pasa a ser un ingrediente esencial de la caricatura. Para considerar un dibujo como caricatura no es necesario que se hayan exagerado mucho ni los rasgos ni las proporciones de la persona caricaturizada.

La caricatura puede incluir una modificación de rasgos con finalidad editorializante. En este caso habrá que vincular el dibujo con el contexto temático que lo origina para buscar así un reflejo en la opinión pública del lector.

Se puede caricaturizar a una persona sin modificar sustancialmente sus rasgos pero, por ejemplo, acompañándola con determinadas vestimentas.

La tendencia a la distorsión es el rasgo más característico de la caricatura, pero no tiene por qué ser exagerada, ya que los grados de distorsión dependerán siempre de cada uno de los autores.

2.2.4. *Las tiras cómicas sin apoyo textual*

Consisten en una serie de viñetas en las que se narra una historia de forma secuencial y dibujada, con gran contenido escénico, según códigos cinematográficos y con argumento unitario. En ocasiones las tiras cómicas pueden ser también seriadas. En su mínima y más común expresión consiste en tres o cuatro viñetas en las que se relata de forma secuencial una pequeña historia, que puede ser humorística o no.

Se denomina tira cómica cuando la finalidad es la búsqueda de la comicidad, casi siempre mezclada con la ironía.

El caso más representativo de la prensa vasca lo encontramos en la tira cómica de Don Celes, realizada por Olmo y que desde hace muchos años aparece diariamente en las páginas de *El Correo Español-El Pueblo Vasco*.

2.3. LOS GÉNEROS PERIODÍSTICOS MIXTOS

Los géneros periodísticos mixtos son las distintas formas de creación que utiliza el periodista para construir mensajes para ser difundidos entre el público a través de elementos visuales o icónicos y elementos textuales. Se trata, por consiguiente, de distintas modalidades de expresión y comunicación mixta (icónica y textual) destinadas a ser difundidas a través de los medios de comunicación.

Algunos de estos géneros son relativamente nuevos, ya que se han desarrollado gracias a la implantación en los medios de comunicación de las nuevas tecnologías de producción periodística. Así, sin la existencia de los ordenadores y del dibujo informático, no se hubiera desarrollado el más importante de estos géneros mixtos: la infografía o infográfico.

2.3.1. *La infografía como género*

Cuando hablamos del infoperiodismo nos estamos refiriendo a un nuevo género periodístico. Su reconocimiento como género es actual, porque actual es también la forma de combinar texto con imágenes hechas por ordenador. De ahí que los autores clásicos ni tan siquiera mencionen al infoperiodismo dentro de las clasificaciones de los géneros periodísticos.

En la actualidad ya no existen dudas sobre la consideración de la infografía como género periodístico y la mayoría de los autores lo incluyen en sus clasificaciones.

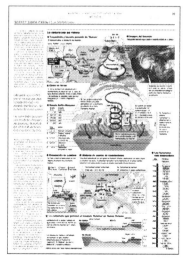

El infográfico es un dibujo que muestra la relación entre unas imágenes y la explicación textual de los hechos. Lo que busca es mostrar con certeza una información periodística difícil de comunicar por otros procedimientos, como podrían ser los exclusivamente textuales o visuales.

El problema que se desea resolver es el de facilitar esa comunicación de un hecho o fenómeno que ha sucedido o puede suceder y no se va a poder ofrecer a los lectores tan claramente como por medio de la expresión que combina el texto con la imagen.

En el infográfico convergen las características y peculiaridades propias del lenguaje visual, como es el de la fotografía, con las características del lenguaje escrito. El resultado final es un nuevo género periodístico en el que los elementos icónicos y los textuales están en plena armonía y confluyen en equilibrio para ser capaces de contar historias que serían imposibles a través de otros géneros.

A pesar de que el infográfico es el género mixto más importante, hay otros géneros de segundo nivel que provienen también de la combinación de imágenes generadas por ordenador y texto. Aquí podríamos encuadrar, por ejemplo, los gráficos de fiebre y barras que ilustran numerosos trabajos periodísticos.

2.3.2. *La fotonoticia*

Existe una gama amplísima de posibilidades para la utilización de la fotografía en las páginas de un diario escrito. Sin embargo, entre todas ellas vamos a recoger una: la fotonoticia.

La fotonoticia es un género que combina una fotografía que tiene validez informativa por sí misma con una información textual más o menos amplia que la acompaña. El texto está formado por un número reducido de líneas y va acompañado siempre de un titular, no excesivamente largo, por lo que normalmente suele ser apelativo.

Se trata pues de emplear una fotografía que es noticia por sí misma con un texto corto y un titular que no sobrepase una línea de composición. Lo más característico de la fotonoticia es que estamos ante una fotografía que tiene importantes características noticiosas, pero en las que predomina el contenido gráfico sobre el textual y lo hacemos siguiendo las pautas que para ello nos indique el libro de estilo de cada diario en lo que a la extensión del titular y el texto se refiere.

RELEVO DE LAS TROPAS ESPAÑOLAS

En la fotonoticia, como la que aquí publicamos, tenemos un elemento visual (fotografía) que es noticia por sí mismo, pero al que acompañamos con un texto con varias líneas y un titular apelativo: «Relevo de las tropas españolas»: es decir, un titular que apunta el tema pero no informa sobre él. El predominio del elemento gráfico sobre el textual es una característica importante de este género, ya que la fotografía tiene tanta importancia que suministra información completa por sí misma.

2.3.3. *Los chistes gráficos con apoyo textual*

Es uno de los géneros en los que se da con más pureza el lenguaje visual. El lenguaje del chiste exige la existencia de códigos conocidos por los lectores, y hacen gracia en la medida en que consiguen ridiculizar una situación que es siempre conocida por el público, y que constituye la clave de su éxito.

Es muy difícil entender el lenguaje de un chiste gráfico si no se está medianamente informado de los sucesos de actualidad. El chiste gráfico puede ser también editorializante cuando se centra en destacar aspectos de una persona, o actuaciones determinadas de esa persona desde una perspectiva personalmente crítica y de la que derivan tomas de postura claras del autor.

El chiste editorializante tiene una presencia diaria en los medios de comunicación más importantes y se utiliza frecuentemente como un elemento más en las páginas de opinión, dada la fuerza que posee para transmitir ideas de forma amena al público.

También existe un tipo de tira cómica con un claro componente editorializante ya que se orienta hacia la denuncia y la crítica social y política. En este caso, se caracteriza por la presencia de determinados personajes, casi siempre reconocidos responsables de actividades institucionales, políticas, económicas, deportivas, sociales, etc.

Aquí tenemos una tira de Peridis que durante muchos años se ha estado publicando diariamente en el diario *El País*. Se trata de una tira con un claro contenido editorializante, la mayoría de las veces referente a la situación política de cada momento.

3. Los géneros y los canales de comunicación

No existe ninguna duda acerca de la importancia que tiene el canal que se va a utilizar para la difusión de los mensajes como elemento determinante a la hora de trabajar con unas u otras estructuras informativas.

El periodismo televisivo es un periodismo de imágenes, por lo que las estructuras textuales se complementan en el mejor de los casos o se supeditan al elemento visual, que es el determinante. A pesar de ello, la mayoría de los géneros periodísticos han encontrado en la televisión un buen vehículo para su desarrollo, eso sí, con unas peculiaridades propias que exige textos más breves y ágiles.

Así, los géneros periodísticos se han ido acomodando a los canales de difusión. Nuevas estructuras textuales, nuevas formas de contar las cosas cada vez más pujantes que han provocado el declive de otras, etc. Una nueva forma de hacer periodismo marcada por el canal utilizado para la difusión. Los géneros se han ido poco a poco acomodando a este nuevo canal de comunicación.

Otro tanto podemos decir de los géneros radiofónicos. Si el periodismo televisivo es el periodismo de la imagen, el periodismo radiofónico es el periodismo de voz en *off* dirigido a personas que habitualmente se encuentran en movimiento. Un susurro proyectado a radioyentes que desarrollan simultáneamente otras tareas o que se están trasladando de un lugar a otro. Un canal peculiar que exige también una forma diferente de hacer información periodística.

Todos y cada uno de los géneros periodísticos que hemos estudiado tienen su implantación y utilidad en el medio radiofónico; eso sí, acomodándose también a las peculiaridades de este importante canal que exige exclusivamente la atención auditiva.

Tanto en la televisión como en la radio, los géneros periodísticos, en todas y cada una de sus múltiples variantes, se han ido acomodando a estos nuevos canales de comunicación. Sin embargo, la práctica informativa audiovisual no ha producido una gran variedad de géneros periodísticos nuevos.

Sólo podemos considerar como un género específico del medio televisivo al documental dramático o docudrama, y como nuevos géneros derivados de la utilización de la televisión y de la radio como medios de difusión a las mesas redondas, las tertulias, los debates radiofónicos y televisivos, los consultorios radiofónicos y los interrogatorios de la audiencia.

Por lo que respecta al periodismo digital, una nueva modalidad periodística que incorpora un nuevo canal, a pesar de sus pocos años de desarrollo, podemos decir que la mayoría de los géneros periodísticos de la prensa escrita ha encontrado momentáneamente un perfecto acomodo a este nuevo canal y tampoco ha provocado cambios sustanciales en lo que a la utilización de nuevos géneros periodísticos se refiere.

Desde la perspectiva de los géneros periodísticos, este peculiar sistema de comunicación, el periodismo digital, ha posibilitado de momento la aparición de nuevos géneros periodísticos como son el foro, la entrevista de los lectores, la retransmisión escrita o la crónica de urgencia.

Además, la interactividad presente en este nuevo canal de comunicación, deja las puertas abiertas a la posible futura aparición de nuevos géneros periodísticos que deriven de la interrelación de imágenes en movimiento, imágenes estáticas, texto, sonido y la misma participación de la audiencia.

Por su parte, la prensa escrita ha sido y es el canal de la profundidad. Es el espacio idóneo para las estructuras textuales y los recursos lingüísticos. Calidad, profundidad, expresividad lingüística, experimentación narrativa y textual, etc. En definitiva, el enriquecimiento de los recursos lingüísticos y de las formas de expresión y comunicación tienen su espacio muy singular en las páginas de la prensa escrita.

También es un lugar apropiado para las estructuras externas de la información: tensión decreciente o pirámide invertida, estructuras homéricas o nestorianas (llamadas también de reloj de arena), suspense sostenido o tensión creciente, etc.

Un periodismo, el escrito, que ha sufrido importantes cambios en los últimos años. Unas transformaciones marcadas por los textos tratados en profundidad, con interpretaciones y análisis; textos de periodismo de servicios que ofrecen una ayuda al lector; informaciones complementadas con textos biográficos y de antecedentes que vinculan los hechos con otros sucedidos simultáneamente o con anterioridad.

Textos que han vivido el auge del periodismo de columna a través de grandes columnistas que han elevado este género a las cotas más altas de los últimos decenios de la prensa escrita.

En los textos periodísticos difundidos a través del papel prensa, los lectores pueden profundizar con rapidez en las entrañas de los temas. De ahí que la práctica totalidad de los géneros periodísticos –desde la perspectiva de sus características textuales– haya encontrado un perfecto acomodo en las páginas diarias de los medios de comunicación.

En la actualidad, dentro del campo de los géneros periodísticos, en la prensa escrita nos encontramos con la pujanza actual de algunos géneros estrictamente visuales (la fotografía), o de otros que combinan lo visual con lo textual (el infoperiodismo).

A pesar de ello, podemos decir que, salvo algunas excepciones que ya hemos mencionado, no existe una gran variedad de géneros periodísticos nuevos para contar historias en la televisión, radio o prensa escrita. Lo que ha habido fundamentalmente es un acoplamiento de los diferentes géneros a los distintos canales de comunicación.

Desde este punto de vista podemos decir que tanto la información como género periodístico, como los diferentes tipos de crónicas, los reportajes en todas sus variables, las entrevistas y sus diferentes modalidades son los mismos géneros para la prensa escrita, la radio y la televisión. Lo que sí han hecho estos géneros es acomodar sus formas estilísticas y sus estructuras a cada uno de esos canales de comunicación.

No queremos decir con esto que unos géneros no se acoplen mejor a unos canales que a otros. El reportaje en profundidad encuentra mejor acomodo en la televisión y en la prensa escrita que en la radio. Lógicamente, sucede así con la mayoría de los géneros periodísticos.

Sin embargo, los cambios más importantes han estado dirigidos hacia la redacción de los mensajes periodísticos. Los medios audiovisuales exigen textos más breves, un lenguaje más sencillo, oraciones cortas con pocas frases subordinadas; un lenguaje conciso, claro y natural, mucho más que el que se exige para la redacción de textos en la prensa escrita

Estamos ante unos géneros, una forma de contar historias, que con el paso del tiempo se han ido acomodando a los canales de difusión. Unos canales que no se han destacado por facilitar la creación de una gran variedad de nuevos géneros, aunque sí han contribuido notablemente a potenciar unos y a postergar o condenar otros, precisamente a aquellos que no han sabido adaptarse con eficacia a los nuevos canales de comunicación.

Existe, pues, una relación estrecha entre los géneros periodísticos y los canales de comunicación. La radio y la televisión han contribuido a la aparición de algunos nuevos géneros periodísticos, pero fundamentalmente han contribuido a que los géneros periodísticos se adapten, modifiquen y, lógicamente, se enriquezcan. Los géneros han evolucionado hacia un mestizaje enriquecedor que posibilita nuevas formas de contar historias al público por unos periodistas que cada vez poseen más instrumentos a su alcance.

Tareas:
1. Elegir de cualquier medio de comunicación escrito una información, un reportaje, una entrevista y un editorial y sacar unas conclusiones tras analizarlos textualmente desde las características de sus diferentes lenguajes y estructuras.

Bibliografía

Alonso, Manuel y Matilla, L. (1990). *Imágenes en acción. Análisis y práctica de la expresión audiovisual en la escuela activa.* Ediciones Akal, Madrid.
Bastenier, Miguel Ángel (2002). *El banco móvil. Curso de Periodismo.* Ediciones El País, Madrid.
Benavides, J. L. y Quintero, C. (2005), C. *Escribir en prensa.* Pearson Prentice Hall, Madrid.
Cantavella, Juan y Serrano, José F. (coords.) (2004). *Redacción para periodistas: informar e interpretar.* Ariel, Barcelona.
Casasús Gurí, Josep Maria (1988). *Iniciación a la Periodística.* Teide, Barcelona.

— y Núñez Ladevéze, L. (1991). *Estilo y Géneros periodísticos*. Ariel, Barcelona.

Cebrián Herreros, Mariano (1992). *Géneros Informativos Audiovisuales*. Editorial Ciencia 3, Madrid.

Dovifat, Emile (1959 y 1960). *Periodismo*, 2 vols. UTHEA, México.

Edo, Concha (2003). *Periodismo informativo e interpretativo*. Comunicación Social, Sevilla.

Gomis, Lorenzo (1991). *Teoría del periodismo. Cómo se forma el presente*. Paidós, Barcelona.

Grijelmo, Álex (2002). *El estilo del periodista*. Taurus, Madrid.

— (2004). *El genio del idioma*. Taurus, Madrid.

Lázaro Carreter, Fernando (1977). *Lenguaje en periodismo*. Fundación Juan March, Madrid.

— (1999). *El nuevo dardo en la palabra*. Espasa Calpe, Madrid.

Martín Vivaldi, G. (1986). *Géneros periodísticos*, Paraninfo, Madrid.

— (1990). *Curso de redacción. Teoría y práctica de la composición y del estilo*. Paraninfo, Madrid.

Martínez Albertos, J. L. (1974). *Redacción Periodística. Los estilos y los géneros en la prensa escrita*. ATE, Barcelona.

— (1991). *Curso General de redacción periodística*, Paraninfo, Madrid.

— (1989). *El lenguaje periodístico*. Paraninfo, Madrid.

Muñoz, José Javier (1994). *Redacción Periodística. Teoría y práctica*. Librería Cervantes, Salamanca.

Núñez Ladevéze, Luis (1991). *Manual para periodismo*. Ariel Comunicación, Barcelona.

— (1979). *El lenguaje de los media*. Pirámide, Madrid.

— (1995). *Introducción al periodismo escrito*. Ariel, Barcelona.

Pablos, José Manuel de (1999). *Infoperiodismo. El periodista como creador de infografía*. Síntesis, Madrid.

Parrat, Sonia F. (2008). *Géneros periodísticos en prensa*, Ciespal, Quito.

Peltzer, Gonzalo (1991). *Periodismo iconográfico*. Ediciones Rialp, Madrid.

Santamaría Suárez, Luisa (1997). *Géneros para la persuasión en el periodismo*. Fragua, Madrid.

Santamaría, Luisa y Casals, María Jesús (2000). *La opinión periodística. Argumentos y géneros para la persuasión*. Fragua, Madrid.

Vilches, Lorenzo (1986). «Fotografía y libertad de información» en Vidal Beneyto, J. e Imbert, G. (coords.), *El País o la referencia dominante*. Mitre, Barcelona.

Capítulo 4

La noticia y su redacción

Competencias:
a) Introducirse en el campo de la redacción periodística y redactar informaciones de estructura simple, aplicando las características narrativas que se explican en este capítulo. Hacer un especial hincapié en las declaraciones orales o escritas.
b) Aprender dentro de este marco las diferencias tan importantes hoy en día entre lo que se entiende por noticia y por pseudoevento.

1. La redacción periodística

A pesar de lo que pueda parecer a primera vista, cuando hablamos de «redacción periodística» no nos estamos refiriendo exclusivamente al hecho de redactar ese tipo de textos periodísticos. La redacción periodística, efectivamente, consiste en redactar textos, pero es un concepto que abarca muchas más funciones, y de muy diversa naturaleza.

Para acercarnos a un concepto actual sobre lo que entendemos por redacción periodística, debemos hacerlo desde una visión multidisciplinar que incluye el estudio científico y técnico de las normas de la redacción y también el análisis de las estructuras específicas que adoptan los mensajes periodísticos. Asimismo, este concepto debe ampliarse, entre otros aspectos, a los procedimientos y métodos de selección, organización, ordenación y valoración de los mensajes, aspectos todos ellos recogidos desde muy diversos puntos de vista por numerosos autores para definir la redacción periodística.

Según la definición que propone Josep María Casasús (1988: 11), la «redacción periodística es el estudio de los procedimientos de selección y valoración de hechos e ideas, y de las formas de expresión y de las estructuras externas e internas que adoptan los mensajes informativos de actualidad y las unidades redaccionales periodísticas en general, al ser canalizadas a través de la prensa escrita y demás medios de comunicación».

Posteriormente, este mismo autor incluyó dentro del campo de la redacción periodística el estudio de los efectos que los mensajes difundidos a través de los medios de comunicación de masas producen sobre el receptor. Es lo que Casasús ha denominado «periodística de la recepción» o «pragmática periodística» y que, según este autor (1991: 65), consiste en «adaptar a la periodística los planteamien- ·
tos y las tendencias más recientes de investigación literaria (…) como una vía operativa de trabajo que abre nuevas perspectivas para los estudios en Ciencias de la Información y en Sociología».

Según Josep María Casasús (1991: 66), «las nuevas corrientes de investigación en materia de periodística, entendida como teoría del periodismo, no deberían limitarse únicamente al examen sistémico de autores, escuelas, tendencias y estilos, sino que, por analogía con los más recientes planteamientos en teoría de la literatura, hay que dedicar a la recepción, a las reacciones de la audiencia y a la participación del lector, la atención correspondiente al peso específico fundamental que estos factores tienen en la configuración de la obra literaria o, en este caso, periodística».

En estas consideraciones, similares a las formuladas por otros autores, encontramos las bases de una nueva concepción de la redacción periodística. Una visión interdisciplinar que abarca campos muy diversos. Así, desde el punto de vista de esta definición, forma parte del ámbito de la redacción periodística el proceso de selección y valoración de hechos e ideas que posteriormente pasarán o no a convertirse en informaciones puestas a disposición del público –procedimiento que Eliseo Verón (1969: 143-144) identifica con el nombre de «proceso de semantización»–, y también las formas de expresión que adoptan los mensajes informativos y sus estructuras internas y externas, así como el estudio de los efectos que esos mensajes producen en la audiencia. Es decir, una concepción moderna de la redacción periodística que recoge múltiples actividades de naturaleza distinta del mero hecho de redactar.

Este punto de vista interdisciplinar es compartido por otros muchos autores. Así, para José Luís Martínez Albertos (Casasús, 1988: 2), «la disciplina Redacción Periodística no es un simple repertorio de técnicas para escribir en los periódicos, no es la parte práctica de una teoría lingüística para uso de escritores de escasos recursos literarios –los periodistas–. Esta disciplina se ocupa del estudio global del mensaje periodístico, como fenómeno que ofrece simultáneamente rasgos lingüísticos y literarios al lado de otros rasgos de carácter y significación política, económica, ética, etc.».

También Núñez Ladevéze (1979: 78) habla de la redacción periodística como un campo amplio y abierto en el que sí es importante el propio acto de redactar, aunque no es el exclusivo, ni tan siquiera el determinante, sino que coloca el acento en la acción de informar. Para este autor, «la redacción periodística no es el mero acto de redactar, sino el acto de informar o de redactar para informar».

Desde esta perspectiva, la redacción periodística se presenta como una actividad que trasciende el campo de las disciplinas lingüísticas porque requiere conocimientos teóricos y técnicos alejados de la exclusiva acción de redactar.

Esta concepción de la redacción periodística como un acto de informar es lo que conduce a este autor a hablar de los efectos perlocutivos del texto informativo. Lo importante de la redacción periodística no es su componente locutivo –organización sintáctica de los textos–, ni tan siquiera el componente inlocutivo –la explicación de lo que un hablante hace al decir algo–, sino el acto comunicativo que se establece con una clara trascendencia perlocutiva –buscar efectos en el destinatario del mensaje.

Tal y como explica Núñez Ladevéze, el estudio de la redacción periodística como el de un simple acto de redactar conduciría necesariamente a una disciplina para el análisis de la organización sintáctica de los textos –sintaxis, ortografía, gramática descriptiva, léxico, fonética–, es decir, haría hincapié exclusivamente en su componente locutivo. Sin embargo, forma parte también del campo de la redacción periodística la explicación de la intencionalidad del hablante –componente interpretativo de los textos informativos– y la intencionalidad de un texto informativo entendida como una versión entre muchas posibles y que busca unos efectos en el destinatario –carácter perlocutivo del texto informativo.

Este concepto de la redacción periodística entendida como una actividad interdisciplinar se puede encontrar ya en autores clásicos de la periodística tales como Nicolás González Ruiz, docente de la asignatura de redacción periodística en la Escuela de Periodismo de *El Debate* (1926-1936) y en Manuel Grana González en su libro *La escuela de periodismo* publicado en Madrid en 1930, donde explican un concepto de la redacción periodística entendida en una doble proyección: cómo se escriben los textos y cómo se valoran. Un enfoque coincidente con el de otros autores europeos de la época como Emil Dovifat, que explicaba la necesidad de entender la redacción periodística como una actividad interdisciplinar.

En los autores y maestros contemporáneos españoles y catalanes fundamentalmente se entiende la redacción periodística de forma similar; es decir, como la suma de actividades que realizan los periodistas, que no son solamente las de redactar. De ahí las alusiones de Martínez Albertos a los actos profesionales de seleccionar, organizar, ordenar y, en definitiva, valorar; y la invocación de Núñez Ladevéze a la trascendencia del acto de informar. Alusiones permanentes también en Josep María Casasús a lo largo de toda su obra. Un enfoque, además, que se recoge en la mayoría de los autores españoles y extranjeros contemporáneos.

Partiendo de la definición propuesta por Josep María Casasús, y que ya hemos explicado en las páginas precedentes, la redacción periodística consiste en:

– El estudio de los procedimientos de selección y de valoración de hechos e ideas para ser canalizados a través de la prensa y demás canales de comunicación.

– El estudio de las diversas formas de expresión que adopta el mensaje periodístico y que configuran lo que conocemos como los géneros periodísticos.

– El estudio de la estructura interna y externa del mensaje informativo. Una estructura interna que corresponde con lo que se ha denominado técnica de las 5 W y que sirve para la organización interna del relato informativo bajo una fórmula que posee estrechos vínculos con la retórica clásica, y una estructura externa que se fundamenta en la ley de los miembros decrecientes o estructura piramidal.

– Finalmente, como ya hemos apuntado, este mismo autor incluye dentro del concepto el estudio de los efectos que los mensajes periodísticos producen en las audiencias.

2. Hacia una definición de noticia

Antes de aproximarnos hacia una definición de la noticia es necesario hacer una serie de puntualizaciones. Como punto de partida para una definición de noticia podemos adoptar la consideración de que cualquier hecho sucedido puede convertirse en información y que ese hecho se convierta o no en noticia depende fundamentalmente de la decisión que sobre él aplique el profesional o periodista.

A primera vista puede parecer que hablar de la noticia es algo elemental y simple; sin embargo, estamos ante un tema de gran complejidad. Tanto desde el punto de vista académico como desde el profesional, la noticia es algo complejo que no empieza con su redacción ni termina una vez que ha sido publicada y leída por el público.

La noticia no es algo lineal y simple, de ahí que diferentes autores, desde perspectivas distintas, hayan intentado acercarse a la definición de un concepto cambiante, que se ha ido modificando con el tiempo porque la percepción de lo que hoy se puede considerar noticia no es la misma que la que se poseía hace unos años, ni tampoco la que con toda seguridad se tendrá en un tiempo futuro.

Una de las mayores dificultades que irrumpe inicialmente para el acuerdo en una definición sobre la noticia es que como punto de partida los estudiosos en temas de comunicación ni tan siquiera se ponen de acuerdo a la hora de diferenciar entre lo que se entiende por noticia y lo que se entiende por información.

Desde un punto de vista pragmático, Gonzalo Martín Vivaldi (1986: 345) considera que no existen diferencias destacables entre noticia e información. Para este autor, «dar noticia de algo equivale a informar».

Quizá la explicación más clara sobre la diferencia entre lo que entendemos por noticia y lo que entendemos por información la encontramos una vez más en Núñez Ladevéze (1991: 51) cuando afirma que la noticia es «una secuencia del acontecer considerada unilateralmente por la aplicación de una regla de interpretación de un intérprete contextual».

Para este autor una noticia es una secuencia unitaria del total del acontecer diario –algo que sucede y que puede o no convertirse en información, algo que esta ahí–, relacionada contextualmente con otras secuencias unitarias de ese mismo acontecer y que será seleccionada o no por el periodista como producto para la información después de que el profesional establezca una interpretación contextual. Compara las diferentes secuencias unitarias del acontecer y selecciona sobre la base de unos criterios abstractos, no regulables, aquellas que considere oportuno comunicar al público. Desde esta perspectiva, el periodista es, más que informador, un intérprete de la realidad.

De esta forma, Núñez Ladevéze vincula la noticia con los acontecimientos producidos, con lo objetivamente ocurrido. Sólo una parte de esos acontecimientos, de ahí la interpretación contextual del periodista, se pondrá en conocimiento del público mediante su conversión en un texto informativo, es decir, en información.

Para Ladevéze, la noticia es, pues, una secuencia del acontecer, de lo objetivamente sucedido, mientras que la información es el texto informativo. Un texto elaborado por una persona que pretende informar sobre esa parte del acontecer. «Una versión que un informador hace entre muchas versiones posibles sobre ese acontecer» (Núñez Ladevéze, 1991: 50).

2.1. EN BUSCA DE UNA DEFINICIÓN

Estas discrepancias de partida no hacen más que añadir dificultades para la búsqueda de una definición del concepto de noticia. Tanto es así que podemos decir que existen numerosas aproximaciones, desde puntos de vista muy dispares, para la definición de este concepto. En cualquier caso, y para simplificar problemas metodológicos, vamos a utilizar de forma indistinta, como hacen también muchos autores, los términos noticia e información.

Para aproximarnos al concepto de noticia, vamos a exponer algunas definiciones de algunos autores que vinculan el concepto de noticia a una serie de características.

a) *El interés de la audiencia*

Lyle Spencer, uno de los pioneros de la enseñanza del periodismo en los Estados Unidos, en su libro *Redactar Noticias*, define la noticia como «un hecho o una idea que interesa a un amplio número de lectores». Según este autor, entre dos noticias la mejor es la que interesa a un mayor número de personas. Por lo que podemos afirmar que para Spencer el elemento determinante en la definición de noticia es el «interés general».

Nos encontramos así ante una cualidad del elemento noticia que en la práctica es muy difícil de cuantificar y que por sí sola no sirve para definir el concepto de noticia. El periodista siempre busca informar sobre aquellos hechos que van a interesar a un amplio sector del público. Sin embargo, se trata de una simple intuición.

Solamente después de publicada la noticia podremos comprobar el interés que ha suscitado entre el público. Un grado de interés que vendrá determinado por los comentarios que haya provocado en el público lector. A más comentarios, mayor interés, mejor noticia. Si la noticia publicada provoca reacciones en el público, podremos decir que la elección ha sido adecuada.

Además, el interés de la audiencia no es lineal. Sectores de nuestras audiencias sienten predilección por determinados temas y apatía por otros. Nunca los temas publicados suscitan el mismo interés y crean la misma intensidad entre toda la audiencia. De ahí que podamos decir que intentar definir el concepto de noticia apelando al interés de la audiencia sea claramente insuficiente.

b)   *Utilidad y valor para el público*

Emil Dovifat (1960: 51), uno de los autores clásicos en el estudio de las técnicas periodísticas, define la noticia en su libro *Periodismo* como un hecho que reúne las características siguientes: «Utilidad y valor para el receptor; ser nueva, es decir, recién transmitida y ser comunicada a través de un tercero y por consiguiente expuesta a la influencia subjetiva de éste».

Dovifat destaca así una serie de factores (utilidad y valor para el receptor y novedad), todos ellos importantes, pero también insuficientes para explicar un concepto tan amplio como el de noticia.

La noticia debe ser útil y tener valor para el receptor, pero no todas las noticias que se publican tienen la misma utilidad ni el mismo valor para los lectores. Es más, la audiencia de un medio de comunicación no tiene un interés lineal y único, sino que existen sectores de audiencia que tienen interés por determinados temas, pero que carecen claramente de interés por otros. De hecho, hay lectores que nunca leen determinadas secciones de los medios de comunicación. Utilidad y valor se convierten así en dos conceptos difíciles de cuantificar e insuficientes para definir un concepto tan complejo como el de información.

Por lo que respecta a la novedad, sí se trata de un elemento imprescindible para el género información, pero no es exclusivo. No todos los hechos novedosos son publicables, ni tan siquiera se pueden publicar. Diariamente suceden miles y miles de acontecimientos y sólo unos pocos, finalmente, acaban por ser publicados por los medios de comunicación. La novedad, por lo tanto, por sí misma, no es suficiente, sino que deben concurrir otras particularidades esenciales que la acompañen para definir la noticia.

c) *Información publicada*

Mitchell Charnley, en su libro *Periodismo Informativo*, define la noticia como «una información corriente puesta al alcance del público». Desde esta perspectiva, lo que caracteriza fundamentalmente a la noticia es que se escriba sobre ella y se publique. Un suceso se convierte en noticia si es conocido por un público masivo.

El elemento definitorio de una noticia no puede ser exclusivamente que se publique y sea conocida por el público. Esta afirmación nos llevaría a concluir que si un periodista por despiste o por las causas que sean deja de publicar un acontecimiento importante, ese acontecimiento no es «noticia», ya que no ha sido puesto a disposición de la audiencia.

El conocimiento del público es importante, porque da valor a la información, pero si un hecho importante no se publica, no quiere ello decir que no sea noticia, sino que el periodista no ha valorado eficazmente su importancia.

d) *Ambigüedad para su definición*

La dificultad en la búsqueda de una definición de noticia queda claramente expresada en la afirmación de Sigal (1978: 11) cuando dice que un aspecto determinante de las noticias es que «nadie sabe lo que son. El otro problema es que nadie sabe lo que significan. El que nadie sepa lo que es una noticia implica la ausencia de un criterio compartido universalmente para distinguir las noticias de lo que no son».

e) *Noticia y contexto social*

Si abarcamos todos estos universos sobre la definición de noticia que dan distintos autores, podemos concluir que no existe una definición concluyente sobre la misma. Por eso debemos entender el concepto de noticia, tal y como expresa Núñez Ladevéze, como una «actividad periodística que es el resultado de un proceso de adaptación, socialmente regulado según las variables condiciones del contexto, de la actividad periodística a su función informativa».

Es decir, la noticia es el resultado de una actividad periodística que debe ser obligatoriamente enmarcada en un contexto social cambiante, que hace que las cualidades para la definición de este concepto se vean permanentemente alteradas. Al modificarse el contexto social, se modifican también las cualidades que se exigen a los hechos para ser considerados noticia.

Cada sociedad, cada momento histórico, cada medio de comunicación o incluso cada profesional, a pesar de que apliquen criterios comunes a todos ellos, tienen una concepción diferente del concepto de noticia. O lo que es lo mismo, el concepto de noticia es un concepto cambiante, y, por lo tanto, no es ajustable a una definición general, que se apoye en la suma de unas particularidades que puedan perdurar en el tiempo.

Difícilmente puede existir una definición que englobe un concepto tan amplio, variado y, además, cambiante. Las transformaciones en una sociedad que está siempre en evolución y movimiento, condicionan conductas y formas de pensar que se ajustan y desajustan con relación a esos cambios. La evolución de la sociedad y sus valores trae consigo nuevos patrones y nuevas formas para medir y entender el mundo. Las noticias no son ajenas a esos cambios y ofrecen en cada momento pistas sobre ese universo cambiante. Lo que es noticia hoy, no lo fue ayer, y tampoco tiene por qué serlo mañana.

La informática o los descubrimientos en el campo de la genética son hoy temas de permanente actualidad en una sociedad en la que los avances informáticos lo impregnan todo y los nuevos descubrimientos genéticos abren las puertas hacia mundos antes insospechados. Los temas informáticos o relacionados con la genética no podían ser noticia ayer, lo son hoy, y todo hace prever que lo serán mucho más en un futuro inmediato.

f) *Una definición de noticia*

Teniendo presentes todos estos puntos de vista, así como la vinculación del concepto a una realidad social en permanente cambio y la dificultad de acudir a una definición que se apoye en una suma de cualidades, proponemos como definición de noticia la siguiente:

La noticia es una secuencia del acontecer, producto de la interpretación contextual de un periodista que aplica criterios socialmente variables; que contiene, de forma más a menos intensa, unos factores que la convierten en útil para las personas y que precisa de la intervención interpretativa de un profesional que la convierte en información al alcance de un público amplio que no tiene por qué ser necesariamente masivo.

3. Los pseudoeventos y la noticia

No todas las noticias que publican los medios de comunicación hacen referencia a hechos, entendidos éstos como una secuencia unitaria del acontecer.

En la actualidad, nos encontramos con la proliferación de informaciones que no son estrictamente hechos, sino que, en definición de Lorenzo Gomis, forman parte del campo de lo que se denominan pseudoeventos o pseudoacontecimientos.

El concepto de pseudoevento lo desarrolló Daniel Boorstin en 1971 para referirse a los hechos que son planeados y producidos con la única finalidad de que aparezcan publicados en los medios de comunicación. De hecho, pseudo significa «falso», de ahí que estemos hablando con claridad de falsos eventos.

La base del pseudoevento está en la consideración de que lo importante no es lo que sucede (de hecho es un hecho provocado), sino lo que es publicado por los medios de comunicación. En la actualidad nos inundan con páginas y páginas de textos que no son hechos, sino pseudoeventos.

Otro aspecto importante del pseudoevento es que en la medida en que es un hecho creado, siempre hay alguien que se beneficia de él y de los efectos que produce su publicación.

En el periodismo actual, los pseudoeventos lo inundan todo. Campañas electorales, declaraciones de unos para desacreditar a otros y la respuesta mediática de los segundos, inauguraciones de obras públicas, viajes políticos de visita a unos u otros países, ruedas de prensa, festivales de cine, algunas protestas llamativas, etc., son claramente pseudoeventos. Además, algunos de ellos son tan poderosos que incluso previamente al momento de su materialización ya han sido anunciados por los medios de comunicación.

De hecho, los acontecimientos producidos por los expertos mediáticos de la Casa Real anunciando viajes de los reyes o príncipes –y cuya publicación, además, los medios de comunicación han consensuado previamente– están pensados para que aparezcan publicados en momentos que por lo general han sido cuidadosamente elegidos.

La profesionalización de las instituciones públicas y privadas a través de gabinetes de prensa y de comunicación han multiplicado la aparición de los medios de comunicación.

Algunas de las características esenciales de los pseudoeventos serían las siguientes:

– No son acontecimientos espontáneos, sino que alguien los crea para que sean recogidos por la prensa y sacar un claro beneficio de su publicación.
– Su éxito no está relacionado con consecuencias prácticas, sino con la cobertura informativa.
– Los pseudoeventos bien estudiados pueden provocar reacciones en cadena de otros autores que quieren salir al paso, por ejemplo, de unas declaraciones, con lo que en algunos casos su efecto es multiplicador ya que aparecen nuevos pseudoeventos para acallar el pseudoevento inicial.
– Para Daniel Boorstin la pregunta «¿es real?» que debería formularse un medio de comunicación para publicar algo, con el pseudoevento se sustituye con la pregunta «¿es noticiable?», que es lo que finalmente prima en el pseudoevento.

4. Las noticias sobre declaraciones

En el periodismo actual, un periodismo claramente declarativo, una buena parte de las informaciones que redacta un periodista hace referencia a declaraciones de personas o a comunicados de prensa que recogen denuncias, convocatorias y declaraciones de personas, que en muchos casos no son noticia desde un punto de vista estricto, sino que se trata de pseudoeventos.

Son informaciones que para su redacción obligan al uso de citas, ya que el periodista centra su actividad en relatar lo que ha dicho alguien. El uso de citas es determinante, pues, para la redacción de noticias que recogen declaraciones y por lo tanto se utilizan cuando se quiere reproducir declaraciones orales de nuestros protagonistas y cuando trabajamos con documentos escritos que reproducen declaraciones.

Las citas son los textos que elabora un periodista en los que recoge declaraciones orales o escritas de un protagonista. Un elemento esencial que debe acompañar a las citas es la atribución.

Cuando hablamos de atribución nos estamos refiriendo a la identificación clara e inequívoca de la persona que realiza las declaraciones. De ahí que las citas textuales se utilicen esencialmente en aquellos textos en los que el periodista puede identificar a la fuente de información.

El lector debe saber perfectamente en cada momento quién es el autor de las declaraciones que reproduce el periodista, una identificación que es especialmente importante en las informaciones que recogen citas realizadas por varios declarantes. Cuando las declaraciones provienen de varias personas, el lector debe conocer de forma inequívoca qué ha dicho uno u otro orador.

Además, cada nueva idea que exprese el texto, cada párrafo con declaraciones, sean textuales o no, deberán ir necesariamente acompañados de su correspondiente atribución. Ésta es precisamente una de las mayores dificultades en la utilización de las citas: la permanente atribución.

Para transmitir claramente las ideas de un hablante, los periodistas se pueden valer de tres recursos: las citas directas o textuales, las citas indirectas y la descripción de la posible intencionalidad del orador.

a) *Las citas directas o textuales*

Llamamos cita directa a una frase en la que el periodista reproduce de forma literal y textual las declaraciones efectuadas por el declarante. A través de la cita directa, el periodista pone en contacto al autor de las declaraciones con el público. El periodista incorpora en su texto las palabras literales pronunciadas por un orador.

En el caso de los medios audiovisuales, la cita directa se introduce mediante la reproducción de la voz del declarante, que se intercala, a modo de explicación, entre el relato del periodista.

En la prensa escrita la cita directa aparece siempre entrecomillada y casi siempre con un tipo de letra distinto al del resto del texto del cuerpo de la información, normalmente en cursiva, para indicar así de forma inequívoca dónde empiezan y donde acaban las frases textuales.

El periodista, al limitarse a reproducir textualmente las declaraciones, juega un papel casi de intermediación. Sin embargo, no quiere decir esto que la cita directa sea especialmente objetiva, ya que una cita puede extraerse de su contexto y ser así fácilmente manipulada.

La cita directa ayuda a crear ritmo y hace que la información se lea con mayor facilidad. Además, al reproducir declaraciones textuales, inyecta una dosis mayor de credibilidad a la noticia.

Un aspecto esencial para trabajar con las citas directas es saber elegirlas con rigor. Es muy importante que el periodista elija bien las citas directas y que las citas seleccionadas expresen con claridad las ideas básicas del orador.

La cita directa juega un papel mucho más importante de lo que pudiera parecer a primera vista. Con las citas directas el periodista recoge las frases que quiere destacar especialmente, bien por su importancia, o porque considera que sirven para crear un marco adecuado a la noticia.

"La historia enseña", según Zapatero, "la imposibilidad de construir un país por mitades". "Un proyecto que representa al 51% frente al 49% no sirve para nada y tampoco al contrario". Por eso apeló, una y otra vez al PSE, como única fuerza que puede lograr que todos los vascos se sientan cómodos.

En ocasiones, la cita directa se utiliza también para enfatizar términos o simples palabras dentro de una noticia o unas declaraciones recogidas mediante citas indirectas. Con ello se consigue dar realce a determinadas expresiones que aportan fuerza a las declaraciones generales expuestas en el texto. En este caso la palabra o el término escogidos para añadir énfasis se redacta entre comillas.

Begoña Errazti dijo que "el conflicto vasco no tendrá solución si no está claramente asegurado el derecho a decidir de esta sociedad". También se refirió a los socialistas para afirmar que su partido estaría de acuerdo con la propuesta del PSE de constituir el País Vasco como una "comunidad nacional", pero si ésta no estuviera sujeta a la Constitución española.

La cita directa se suele utilizar frecuentemente para destacar palabras o frases. Para ello, el periodista las entrecomilla y consigue así llamar la atención del lector sobre esas frases o palabras. En el texto de al lado, el periodista ha destacado entre comillas la frase «comunidad nacional».

Un aspecto interesante al hablar de las citas directas es si los periodistas deben o no corregir las imperfecciones, reiteraciones, faltas de concordancia, etc. que se producen al utilizar un lenguaje oral. Aquí, como en tantos otros apartados de los estudios de las ciencias sociales, se producen serias divergencias entre unos y otros autores. Hay quienes defienden que bajo ninguna circunstancia se pueden corregir las imperfecciones del lenguaje oral al convertirlo en lenguaje escrito. En otras palabras, la reproducción de un mensaje oral, si es a través de una cita directa, debe ser literal y recoger las imperfecciones que produce el orador al hacer público su mensaje. El argumento más consistente de los defensores de este punto de vista es la observación de que en la cita directa el periodista debe reproducir literalmente la declaración del orador y no puede intervenir ni modificar ningún aspecto, aunque sea una incorrección, del orador.

Nosotros, sin embargo, pensamos que no existen problemas para que el periodista corrija imperfecciones propias del lenguaje oral y que al convertirlas al lenguaje escrito pueden subsanarse. Defendemos este punto de vista porque consideramos que aun en el caso de la cita directa, incluso la que respete de forma más escrupulosa la literalidad, se puede modificar involuntariamente el sentido de quien promulgó esa cita.

Para comprender este punto de vista es oportuno acudir a Lozano (1989: 149) cuando afirma que la objetividad de unas declaraciones no dependen exclusivamente del grado de conformidad del discurso citado de forma directa frente al original. Hay que tener en cuenta, como afirma este autor, que incluso en las reproducciones más fidedignas pueden producirse ciertas desviaciones.

De acuerdo con Lozano, en la cita directa el periodista tiene que escribir un texto y al hacerlo saca las palabras del contexto lingüístico y extralingüístico en el que se pronunciaron y las introduce en un contexto nuevo en que se relacionan con otras palabras diferentes y pueden adquirir otros significados.

De ahí que, según este autor, es imposible crear un discurso directo entendido como la reproducción total de las palabras de otro.

En cualquier caso, a pesar de que estamos de acuerdo con las observaciones del profesor Lozano, debemos respetar al máximo la transcripción de las citas directas que realicemos y ser lo más escrupulosos posibles a la hora de conservar el contexto en el que se produjeron esas declaraciones.

Por eso, al margen de estas consideraciones y para trabajar con rigor las citas directas, es oportuno seguir las instrucciones que plantean Anderson y Killenberg (López Pan, 2004: 213):

a)   Siempre hay que respetar el sentido de lo que se dice y las palabras clave.
b)   Siempre se debe especificar de dónde proviene la cita: no se pueden mezclar citas de una entrevista oral con citas de un escrito, aunque sean de la misma persona, sin indicarlo.

c) No hay razón para mezclar citas de fechas distintas: la gente cambia, evoluciona, no se mantiene en un presente intemporal. Por tanto, cualquier cambio no supone una incoherencia.

d) Las afirmaciones nunca se pueden separar de los matices y de las excepciones.

e) Conviene releer con pausa la versión final para asegurarse de que el texto en el que se insertan las citas directas no cambia el sentido que le daba el personaje.

f) Cuando sea necesario para entender correctamente las palabras de alguien, habrá que incluir el contexto entralingüístico: por ejemplo, que algo se dijo durante una conversación distendida, en un momento de especial dolor o acompañado de una sonrisa.

b) *Las citas indirectas*

Las citas indirectas son aquéllas en las que el periodista no reproduce textual y literalmente las declaraciones del protagonista, sino que se limita a explicarlas, o parafrasear genéricamente las manifestaciones del mismo. Se utilizan fundamentalmente para condensar declaraciones largas en unas pocas líneas con el objetivo de sintetizar y recoger los elementos esenciales de su discurso.

La cita indirecta, al menos en apariencia, es más interpretativa que la cita textual, por lo que hay que tener un especial cuidado para no desvirtuar el pensamiento expuesto. Al tratarse de frases que no son textuales, no va entrecomillada.

> Zapatero se ofreció a López para ayudarle a que su Gobierno tenga éxito. Su homólogo vasco se lo había pedido poco antes, no sin advertirle de que no será un *lehendakari* cómodo. "Exigiré que tu Gobierno, José Luis, se comprometa a fondo con el proyecto común y compartido por todos lós vascos", le dijo.

Con la cita indirecta el periodista simplifica y resume aspectos de menor relevancia en el marco genérico de un discurso. Se utilizan especialmente para introducir temáticamente a las citas directas. A través de la cita indirecta se introduce un tema que posteriormente se reafirma a través de una cita directa que se redacta a modo de cierre temático.

La mayoría de los textos que provienen de declaraciones orales o de textos escritos que recogen declaraciones se construyen con la combinación de citas directas e indirectas. Con ello se consigue escribir una narración informativa con un ritmo especial.

c) *Descripción de la posible intencionalidad del orador*

Publicar las declaraciones de un orador no consiste exclusivamente en reproducir su discurso mediante citas directas e indirectas, sino que, tal y como afirma Núñez Ladevéze, implica también la aplicación de una regla de interpretación acerca de la posible intención que tenía el orador en el momento de realizar esas declaraciones. Se trata, en consecuencia, de una regla de interpretación de posibles intencionalidades del orador.

La interpretación de posibles intencionalidades es una opción arriesgada, pero si se acierta en la elección adecuada de los términos nos encontraremos ante una versión muy profesional del texto informativo.

Hay que tener en cuenta que el ritmo, el tono y los gestos modifican el significado de los discursos, incorporando un valor añadido a las declaraciones efectuadas por el sujeto protagonista.

Cuando el periodista vincula las declaraciones de una persona con esos elementos que pueden modificar el sentido primario de una frase, estamos ante lo que denominamos «descripción de la posible intencionalidad del orador». Esta descripción es un acto eminentemente interpretativo, ya que todos los periodistas no tienen por qué interpretar los mismos significados.

Técnicamente se realiza mediante la elección de verbos realizativos fuertes, del estilo de «amenazar», «prometer», «suplicar». etc. Naturalmente, la precisión del informador depende del acierto a la hora de la elección de este tipo de verbos.

La interpretación de posibles intencionalidades es una opción arriesgada que hay que poner en práctica solamente cuando el periodista tiene la completa seguridad de que se puede hacer la interpretación que propone. En el titular de al lado tenemos una clara interpretación de intenciones. El periodista ha titulado que el acuerdo entre Artur Mas y ERC se hace para echar a Maragall a medio plazo. Los autores de ese pacto no han dicho expresamente que lo hacen para echar a Maragall, pero el periodista interpreta y contextualiza las declaraciones y afirma que es con esa finalidad. Es una opción arriesgada, pero importante periodísticamente.

4.1. LAS DECLARACIONES TEXTUALES Y SU TÉCNICA

El punto de partida para utilizar la técnica de la cita es seleccionar de entre todo el discurso aquellas frases que por su impacto, carácter explicativo o por las razones que creamos convenientes, queremos destacar mediante el uso de citas directas.

Es importante que las partes esenciales del discurso queden claramente explicadas mediante citas directas. Es decir, frases textuales que contribuyan a dotar de mayor credibilidad y fuerza al texto informativo. Se trata, en definitiva, de seleccionar las frases que mejor resuman el significado central del discurso y enlazarlas adecuadamente entre sí.

Es muy importante seleccionar las citas directas con rigor. En ocasiones porque resumen perfectamente declaraciones de testigos presenciales; también porque consideramos oportuno sintetizar aspectos concretos del discurso de un orador, o bien aportan colorido o énfasis al relato periodístico.

Cualquier texto que recoge declaraciones contiene unos puntos informativos centrales que constituyen la idea básica que debemos transmitir. Esta idea básica debe quedar claramente explicada y la cita directa es una técnica adecuada para ello.

De ahí que cuando se trata de redactar declaraciones de un orador siempre recomendamos a los alumnos que al leer las declaraciones recogidas vayan subrayando aquellas que, por los motivos que ya hemos señalado, quieran destacar de forma literal, ya que todo el texto que vamos a elaborar orbitará alrededor de esas declaraciones literales.

Una vez recogidas las citas directas, debemos elegir aquellas partes de las declaraciones que consideramos también importantes, pero que al ser más genéricas o simplemente introductorias de temas concretos vamos a explicar o resumir mediante la utilización de citas indirectas.

Efectuada la selección de los temas que vamos a tratar y concretada la técnica específica, debemos tener siempre en cuenta que las citas, sean directas o indirectas, deben ir acompañadas de su correspondiente atribución. El lector debe saber en todo momento quién dice una cosa y quién dice otra. En este apartado nunca debe existir la duda.

Las citas indirectas resumirán contenidos genéricos y servirán para introducir temáticamente a las citas directas. Por su parte, las citas directas jugarán el papel de cierre o colofón de las ideas básicas anticipadas a través de las citas indirectas.

Por lo que respecta a la redacción, lo habitual es combinar adecuadamente las citas directas y las indirectas. En cada relato, de acuerdo con las declaraciones, el periodista deberá observar qué partes de un discurso son más apropiadas para introducirlas con citas indirectas y cuáles sirven de colofón o cierre del discurso mediante la utilización de citas directas.

La combinación de citas directas e indirectas en un relato informativo permite condensar la totalidad de las ideas expuestas por el conferenciante, ayuda a captar la atención del lector mediante frases que crean impacto y sirve para mantener la viveza de la narración.

En el intento de que no se hagan especulaciones sobre sus intenciones tras las elecciones, López quiso dejar claro, de manera solemne, algo que ha venido diciendo pero que sus adversarios políticos no tienen en cuenta. "No admitimos otra hipótesis que no sea la de un Gobierno de cambio presidido por un *lehendakari* socialista. Ése es nuestro terreno de juego y en él tendrán que moverse quienes quieran hablar con nosotros".

La técnica para el trabajo con declaraciones orales consiste en combinar las citas directas y las indirectas. Lo normal es que utilicemos las indirectas para resumir contenidos que sirvan para introducir posteriormente una cita directa a modo de colofón o cierre temático. En el ejemplo de al lado tenemos un comienzo de párrafo con cita indirecta en el que se resume un contenido que el periodista deja claro finalmente con una cita directa.

En las informaciones con citas hay que intentar evitar los entrecomillados excesivamente largos, ya que rompen el ritmo de la narración y son la base de lo que se ha venido ha llamar periodismo declarativo.

Asimismo, en el momento de utilizar las citas directas hay que tener un especial cuidado con las incorrecciones sintácticas, sobre todo de concordancia. El hecho de que se escriban comillas no indica que a partir de ese signo comience una frase que no ha de estar relacionada sintácticamente con la que le da concordancia.

5. Aproximación a una clasificación de noticias

Antes de iniciar cualquier aproximación a una tipología sobre la noticia, es necesario dejar perfectamente claro que el tipo de noticias es muy variado, por lo que sería casi imposible efectuar una clasificación rigurosa que fuera acabada, teniendo en cuenta, sobre todo, que una noticia puede integrarse en distintas categorías tipológicas, según sea el ángulo desde el que se observe.

Muchos autores, desde diversas perspectivas, han clasificado las noticias más comunes. Sin embargo, a la hora de exponer una tipología sobre las noticias, hemos considerado oportuno acudir a la clasificación realizada por Josep María Casasús, por considerar que se ajusta a la perfección a los objetivos que nos hemos planteado.

De acuerdo con Josep María Casasús (1988: 134-139), una clasificación bastante completa de las noticias podría ser la siguiente:

a)   *Desde el punto de vista de su irrupción*

FORTUITAS:

Son noticias fortuitas o casuales aquellas que tratan de un hecho imprevisto o que sucede sin que se haya pensado en él. Irrumpen intempestivamente y su mayor o menor carácter noticioso vendrá determinado por el grado de transgresión que produzca sobre el discurrir normal de las cosas. Según la naturaleza del hecho estas noticias pueden dividirse también en generales o de sucesos.

Aquí tenemos un suceso impactante que irrumpe con una fuerza tan grande en la agenda de los medios de comunicación que éstos no dudan en parar toda la previsión temática de la jornada para dar entrada a todos las noticias que derivan de un suceso tan importante. A partir de ese instante, la planificación de temas del día dependerá de las noticias que vayan surgiendo sobre este suceso.

PREVISIBLES:

Son noticias previsibles aquellas que a pesar de su apariencia fortuita tratan de hechos cuya producción o consumación era susceptible de ser conjeturada con anticipación. Es un tipo de noticia que se basa en la conjetura, es decir, en la previsión de que algo va a suceder a consecuencia de la detección de unos síntomas que se ven o se observan. Este tipo de noticias requiere del periodista y del medio un trabajo previo de documentación y cobertura profesional previo para el caso de lo que se prevé que va a suceder ocurra finalmente.

Que una noticia sea previsible no quiere decir que no tenga la misma importancia que cualquier otro tipo de noticia. Saber que algo va a suceder no resta importancia al alcance de esa noticia cuando finalmente sucede. En el presente ejemplo, los servicios meteorológicos habían anunciado la llegada de tiempo frío, pero en el momento en que llega, es de unas proporciones tan grandes y crea unos problemas tan intensos que, a pesar de ser previsible, es una noticia de primer nivel.

PROGRAMADAS:

Son aquellas cuyo desarrollo está previsto con antelación y cuyos resultados y consumación alcanzan unos altísimos índices de probabilidad. Las noticias programadas pueden ser excepcionales (la visita de un jefe de estado, por ejemplo) o periódicas (las elecciones, por ejemplo). En los dos casos obligan a preparar con antelación un plan para su cobertura en el momento en que se produzca.

Las noticias programadas no tienen menos importancia por el hecho de que sepamos que van a suceder. Lo más positivo para el periodista es que al saber que algo va a suceder le da tiempo a prever su importancia, planificar su cobertura informativa, organizar los espacios que desea asignar, etc. Una noticia programada puede ser de altísimo interés. Por ejemplo, si la intervención de Zapatero ante la asamblea francesa, tal y como ilustra el ejemplo, fuera de gran importancia, el hecho de que la noticia estuviera programada no restaría interés periodístico al hecho en sí.

b) *Con arreglo a su contenido*

NOTICIAS DE INTERÉS PÚBLICO:

Son informaciones que tratan de temas que objetivamente conciernen a toda la sociedad por el hecho mismo de la necesaria convivencia colectiva. Las informaciones políticas, económicas, de sociedad, etc., forman parte de este amplio campo del interés publico.

Las noticias de interés público son de gran importancia para la prensa de calidad, prensa informativa e interpretativa que analiza la sociedad, sus problemas, sus espacios de convivencia, articulación de leyes y proyectos comunes, etc. Este tipo de noticias es tan grande que define formas de hacer periodismo. De ahí que podamos decir que la prensa de calidad sea más sensible a las temáticas de interés público o social.

NOTICIAS DE INTERÉS HUMANO:

Poseen un alto índice de elementos que provocan la emotividad del lector merced a la aparición de aspectos contradictorios o extraordinarios de la vida cotidiana, tanto de personajes anónimos como de personas de relevancia pública. En las noticias de interés humano se provoca la complicidad del lector para atraerlo hacia el contenido a través de los mecanismos de los sentimientos y del subconsciente. Se corresponden a lo que Núñez Ladevéze denomina interés del público.

Las noticias de interés del público se centran en la búsqueda de aspectos psicológicos o humanos de las personas. Esta prensa se preocupa de noticias que forman parte del campo de las sensaciones. En ocasiones, sin embargo, la prensa de calidad afronta noticias desde la perspectiva del interés estrictamente humano o emotivo. Aquí, a la izquierda, tenemos un ejemplo. Estamos ante una noticia del Parlamento en la que lo importante no es un debate ni la aprobación de una nueva ley, sino las personas que acuden al hemiciclo parlamentario para conocer su funcionamiento.

c) *Según la identidad de la fuente*

OFICIALES:

Son noticias que provienen de personas que informan desde la posición que ocupan como representantes públicos. Van siempre acompañadas de una atribución precisa y concreta, es decir, de una identificación inequívoca de la fuente utilizada. Su origen suele ser la fuente más autorizada para emitir informaciones relacionadas con el hecho del que se informe.

OFICIOSAS:

Son informaciones que provienen de fuentes oficiales que no se deciden a hablar en representación del cargo que ocupan, sino que condicionan sus revelaciones al hecho de que el periodista acepte la reserva en la atribución. Se trata, pues, de fuentes autorizadas con respecto al hecho del que se informa, pero que actúan amparadas en el anonimato.

EXTRAOFICIALES:

Se trata de noticias que proceden de fuentes no vinculadas regularmente al sistema institucional de emisión de informaciones. Pueden acogerse tanto a la fórmula de la atribución explícita como a la atribución reservada. Las fuentes extraoficiales suelen ser normalmente eventuales.

d)   *Según la proximidad de la fuente utilizada*

DE PRIMER NIVEL:

Son las obtenidas personalmente por un informador que ha tenido acceso directo a un hecho o a un documento, o que ha recibido informaciones de una fuente eventual o extraoficial que es protagonista causante o circunstancial del hecho.

Aquí tenemos una noticia de carácter político en la que el presidente de Convergencia i Unió de Catalunya, Artur Mas, sale al paso de unas declaraciones realizadas por el entonces presidente de la Generalitat Catalana, Pasqual Maragall. El periodista acude a una rueda de prensa convocada por Artur Mas en la que hace pública su intención de seguir manteniendo la tensión con el Gobierno de Catalunya y anuncia que considera que Maragall debe dimitir si no aprende a controlarse. El periodista, en este acto, tiene una relación con la fuente, sin intermediarios, por lo que nos encontramos ante una información de primer nivel.

DE SEGUNDO, TERCERO O NIVELES SUCESIVOS:

Se denominan también noticias mediatas y son las que han llegado al medio de comunicación a través de un canal no directo, ya sea otro medio de comunicación (prensa, radio, televisión), ya sea una fuente de información institucional o estable (agencia informativa), que las habían obtenido de forma inmediata a través de fuentes de primer nivel, o las obtenidas a través de personas que no han sido testigos directos de los hechos.

En el mismo sumario estaban procesados otros tres miembros de ETA que no han podido ser juzgados porque se dieron a la fuga el pasado mes de julio, aprovechando la situación de libertad provisional que les fue concedida, según informó el diario *ABC*.

Aquí estamos ante una noticia de segundo nivel. El periodista no tiene contacto directo con la fuente de información, sino que ha recogido la noticia del diario *ABC*. Se trata, en definitiva, del reconocimiento de un fracaso. El periodista que ha tenido un contacto de primer nivel es el del diario *ABC*, que es el que ha estado con la fuente para publicar la información.

e) *De acuerdo con la complejidad de su estructura*

NOTICIA SIMPLE:

Las noticias directas simples son las que contienen un solo acontecimiento o una sola idea básica. Es decir, dan información sobre un único tema. En una noticia simple, los hechos se ordenan, generalmente, según la importancia que revistan en relación con el núcleo determinante del hecho o la idea dominante.

Decimos que una noticia es simple cuando toda ella oscila alrededor de un único elemento fundamental y básico. El resto de los elementos informativos corresponden a giros que aportan visiones y ángulos diferentes al tema central. En el ejemplo que aportamos, la idea central orbita alrededor del incremento del consumo del cava catalán a pesar del boicot que realizaron algunos partidos políticos relacionados con la derecha española. Toda la información gira sobre ese tema y lo central son los datos que se aportan para demostrar lo que se afirma en el titular.

NOTICIA MÚLTIPLE:

Es aquella que contiene más de un elemento o idea básica, o que está integrada por varios hechos diferentes vinculados entre sí. En su estructura puede adoptar la fórmula inicial de un primer párrafo simple o también puede iniciarse a través de un primer párrafo múltiple.

Las noticias múltiples se caracterizan porque tienen dos o más elementos esenciales o protagonistas en el desarrollo de los hechos. En el caso que nos ocupa tenemos dos protagonistas: el PP y el PSE y su punto de vista sobre la Mesa de Ajuria Enea. El periodista podía haber tratado la información como si se tratara de una noticia simple. Para ello hubiera bastado que presentara en primer lugar, por ejemplo en el titular de la noticia, el punto de vista de uno de ellos, dejando el subtítulo para expresar el punto de vista del otro partido. Sin embargo, el periodista intenta crear un texto más equilibrado y coloca juntas las críticas de los dos partidos, lo que le obliga a redactar un titular genérico y colocar la posición de un partido en el antetítulo y la del otro en el subtítulo. El primer párrafo recoge también los dos puntos de vista. Sin embargo, a la hora de redactar el texto, el periodista debe optar por colocar primero los argumentos de uno y luego los del otro, ya que si fuera intercalando unos con otros el texto sería ininteligible.

f)   *Con arreglo a su función informativa*

DIRECTA:

Es la que tiene como objeto simplemente informar. Es decir, transmitir el acontecer de un hecho reciente y susceptible de interesar a un público masivo. Se caracteriza porque trata los hechos informativos con mayor inmediatez, desde una perspectiva eminentemente impersonal, aséptica, fría y funcional.

La guerrilla colombiana libera a cuatro rehenes

Las FARC entregan a tres policías y un militar a una comisión mediadora

Este es un ejemplo claro de una noticia directa. Existe una interconexión total entre el titular y un primer párrafo que lo que busca es entrar rápidamente en el tema e informar de lo que se anticipa en el título. Todo ello de forma aséptica e impersonal, con un lenguaje claramente funcional.

PILAR LOZANO
Bogotá

La guerrilla de las Fuerzas Armadas Revolucionarias de Colombia (FARC) entregó ayer a tres agentes de la policía y un soldado a una comisión humanitaria encabezada por la senadora de oposición Piedad Córdoba, que viajó a recoger a los cautivos al departamento de Caquetá, en el sur del país. En la operación participó el Comité Internacional de la Cruz Roja (CICR).

Tras horas de espera y cierta

Su misión es la de informar al lector de los hechos que tienen un interés puntual, es decir, de lo que ocurre y ha ocurrido. Son las clásicas noticias de agencia de información.

DE INTERPRETACIÓN:

Aunque no quedan recogidas en la clasificación de Josep María Casasús, hemos considerado importante incluirlas dado el gran auge que tiene en la actualidad el periodismo de interpretación. Se trata de un tipo de noticias en las que el periodista no sólo relata los hechos, sino que pasa a interpretarlos. Es decir, el periodista realiza un análisis de los datos, los contextualiza, los relaciona con datos antecedentes y, posteriormente, efectúa un análisis y concluye con unas valoraciones. Se busca, en definitiva, contextualizar los hechos; explicar las causas y sus posibles consecuencias futuras.

La noticia de interpretación tiene una estructura peculiar basada en los antecedentes, el análisis y las valoraciones. El objetivo es interpretar los hechos, de ahí que el titular sea siempre interpretativo. La noticia interpretativa analiza los hechos desde la primera línea, y la estructura del cuerpo informativo se construye alternando antecedentes, elementos de análisis y valoraciones que apoyen la interpretación inicial que ha quedado plasmada en el titular y en el primer párrafo de la noticia. El periodismo de interpretación es una de las formas que más en desarrollo se encuentra en estos momentos.

Las informaciones interpretativas se caracterizan porque el periodista recoge como primera prioridad la de contar una historia analizándola y aportando claves personales o expertas para la mejor comprensión del acontecimiento que pretende relatar. Como podemos observar en el ejemplo que hemos buscado, tanto en el titular como en el primer párrafo, además de aportar información, el periodista interpreta los hechos y afirma que Rajoy mantiene su amenaza, una clara interpretación sobre las intenciones de Rajoy. Lo lógico es que la interpretación periodística aparezca desde el primer instante, de ahí que sea normal que tanto el titular como el primer párrafo sean interpretativos.

DE CREACIÓN:

Son unas noticias que además de su función primigenia de informar sobre temas actuales persiguen otros objetivos que pueden presentarse de manera exclusiva o simultánea: entretener al lector, complementar la información suministrada por una noticia directa o experimentar nuevas formas de estilo y narración periodísticos.

Una de las características más importantes de estas noticias es que experimentan nuevas formas narrativas para contar los hechos. La prensa diaria introduce cada vez más en sus páginas textos que en vez de apoyarse en la información estricta, se fundamentan en la búsqueda de un nuevo lenguaje, de una nueva forma narrativa. La noticia de creación tiende a romper la estructura de la noticia directa. Busca fundamentalmente tres objetivos: entretener al lector, complementar la información de una noticia directa y crear nuevas formas de narración experimentando con el lenguaje.

Tiempos difíciles, fe y goteras

ELSA FERNÁNDEZ-SANTOS
Madrid

La lluvia arreciaba en la calle, las goteras en la entrada y en el escenario, una luminosa escalera roja que latía como un corazón. El cine español afronta el mal tiempo con buena cara, hasta incluso cuando el agua se filtra —como anoche en el Palacio Municipal de Congresos— y se cuela por el tejado.

En las noticias de creación, el periodista se centra en buscar un lenguaje creativo, de ahí el nombre de estas noticias. El relato de hechos es importante, pero tanto o más lo es la creación lingüística del autor, que busca hacer un relato rico en formas de expresión, marcadas más por la novedad y la búsqueda de nuevas formas narrativas.

La diferencia entre una noticia directa y una de creación estriba en que la primera explica unos hechos que tienen interés por sí mismos, mientras que la segunda depende de cómo esté escrita y presentada, más que de la información que suministra.

No hay fórmulas específicas para escribir una noticia de creación. Su redacción precisa dos requisitos previos: conocer a fondo el lenguaje y saber narrar perfectamente. Quizá por ello es mucho mas difícil de cultivar que la noticia directa. Su aparente falta de estructura conlleva un conocimiento a fondo de las dos herramientas de trabajo que utiliza: el lenguaje y la narración.

NOTICIAS DE SITUACIÓN:

Son noticias que advierten a los lectores acerca de los problemas que surgen en cada momento en la sociedad. Alertan, por ejemplo, del peligro de la contaminación, problemas de circulación, evolución de la delincuencia, el maltrato hacia la mujer, las consecuencias del desempleo o las condiciones de injusticia social. Habitualmente suelen abordar estos temas desde una óptica que va desde la denuncia a la prevención.

Al tratarse de temas que previenen al lector sobre asuntos estrechamente vinculados con la vida social habitual, relacionamos estas noticias de situación con lo que entendemos hoy por periodismo de servicios.

Los medios de comunicación tienden a incluir cada vez más dentro de su agenda un tipo de noticias que recogen temáticas que forman parte de la vida social de las personas. Se trata de noticias que desde la perspectiva de la actualidad están vinculadas al concepto de actualidad permanente.

La huelga xenófoba crece en Reino Unido

Dos centrales nucleares se suman a un paro salvaje de 24 horas ⊛ La protesta cuestiona la tradicional posición británica de liberalismo económico ante la UE

WALTER OPPENHEIMER
Londres

El movimiento contra la presencia de trabajadores procedentes de la Unión Europea sigue creciendo en Reino Unido. En torno a 1.200 trabajadores de las centrales nucleares de Sellafield y Heysham, en el noroeste de Inglaterra, se sumaron a una huelga salvaje de 24 horas en apoyo de la protesta que desde la semana pasada se desató en la refinería petrolera de Lindsey. El Gobier-

Este tipo de noticias buscan relatar temas relacionados con los problemas de la sociedad. En este caso tenemos una noticia que alerta del crecimiento imparable del racismo y la xenofobia a consecuencia del incremento del desempleo en el Reino Unido provocado por la crisis económica que comenzó a finales del 2008.

NOTICIAS COMPLEMENTARIAS:

Son aquellas que completan, enriquecen o simplemente acompañan una noticia principal. Se conocen también con el nombre de «despieces» y se utilizan principalmente para publicar aspectos colaterales de la información principal, pero también para exponer anécdotas, testimonios directos, cronologías, antecedentes, tratar semblanzas de personajes, etc.

Las elecciones iraquíes refuerzan al primer ministro Al Maliki

La participación sólo llega al 51% debido al desencanto con los políticos

Las mujeres temen quedarse sin cuota

Una noticia es complementaria cuando, como su nombre indica, complementa a una noticia central, en un texto aparte, normalmente monotemático. Las noticias complementarias se utilizan en los textos amplios, cuando ocupan tres, cuatro o cinco columnas, y su origen se encuentra en la búsqueda de recursos de lectura rápida que permiten recoger un amplio número de datos informativos mediante una lectura superficial del texto. Se utilizan para romper la monotonía que supondría un único texto en el espacio de un página. En el presente ejemplo el texto de abajo complementa a la noticia central, aporta un giro informativo mediante un titular que al ser complementario del principal no es necesario que identifique una acción de forma singularizada, ya que esa pretensión la hace el titular principal.

g) *De acuerdo con su esquema redaccional*

NOTICIA DE SUMARIO:

Son las que informan respecto a diversos asuntos de actualidad que proceden de una única fuente que las ha emitido simultáneamente. Suele utilizarse frecuentemente para dar a conocer las distintas decisiones de un solo organismo (Consejo de Ministros, claustro de la Universidad, pleno municipal, etc.). Es una noticia que facilita al lector la tarea de comprensión ya que agrupa distintos aspectos informativos vinculados a una misma fuente.

Aquí tenemos una típica noticia de sumario. Se trata de una única fuente de información que detalla datos sobre aspectos diferentes de una misma temática. Los protagonistas de esta historia son los estudiantes universitarios, la fuente de información una encuesta realizada por investigadores acerca de temáticas relacionadas con su vida personal y estudiantil. Las temáticas, como podemos observar, son múltiples ya que la encuesta aborda numerosos temas.

NOTICIA CRONOLÓGICA:

Una noticia casi nunca se escribe siguiendo un orden cronológico. Sin embargo, hay algunas excepciones en las que es oportuno redactar un texto de forma cronológica. Las noticias cronológicas (cronologías de acontecimientos, notas biográficas, etc.) suelen utilizarse casi siempre como complemento de otras noticias. A pesar de ello no hay que confundirla con la noticia complementaria, ya que el objetivo de las noticias complementarias es el de complementar una información central mediante aspectos informativos colaterales, pero de gran importancia respecto al tema central. Sin embargo, en ocasiones y de forma puntual, una noticia complementaria puede redactarse de forma cronológica.

Tras el atentado islamista del 11-M en los trenes de cercanías de Madrid, el volumen de la información que se suscita es tan importante que para comprender mejor el desenlace de los acontecimientos es muy oportuno publicar, como hace en esta página el diario *El País*, un relato cronológico en el que se detallan los diferentes acontecimientos desde que sucede el atentado hasta las últimas horas de la jornada. En estas ocasiones, como en otras muchas más, es muy importante complementar las informaciones con un relato cronológico que cuente los acontecimientos.

NOTICIA DE CITAS:

Son aquellas que incluyen textos de documentos o referencias literales de declaraciones o manifestaciones orales. Es el modelo utilizado para informar respecto a discursos, sesiones parlamentarias y académicas, mesas redondas, debates, reuniones, y del contenido de documentos y manifestaciones escritas. En su esquema de desarrollo, a partir del «primer párrafo», suelen alternarse las citas textuales o literales con síntesis o extractos, y con datos informativos o interpretativos relativos al asunto del cual se trate.

Aquí tenemos la típica noticia en la que los elementos informativos esenciales se sustentan en declaraciones de un orador que expresa sus puntos de vista ante acontecimientos más o menos relevantes. Zapatero, que acudió a apoyar al candidato socialista a las elecciones del País Vasco de 2005, hace unas declaraciones sobre la situación política y las ventajas de votar a su partido. El texto resultante se sustenta todo él en las citas o declaraciones de Rodríguez Zapatero.

NOTICIAS ESPACIALES:

Informan de hechos que suceden simultáneamente en distintas localizaciones geográficas, pero que presentan entre sí vinculaciones o afinidades. Es el caso de unos Juegos Olímpicos, integrados por distintas pruebas celebradas en lugares que distan entre sí, pero que están a su vez estrechamente relacionadas. También se denomina noticia espacial aquella que aborda una misma categoría de hechos registrados paralelamente en lugares diversos, pero sin que exista entre ellas una relación aparente. Por ejemplo, una información unitaria sobre los distintos incendios forestales que en un mismo día de verano se producen en una región o comarca.

Aquí tenemos una noticia espacial suscitada tras la matanza islamista de Madrid del 11 de marzo de 2004. Recoge un mismo tema: las manifestaciones de protesta habidas en la totalidad de las capitales del estado y las agrupa en un único texto. Se trata, pues, de una información que se produce en varios espacios sobre un mismo tema, por lo que lo procedente es agrupar todo en un texto único.

NOTICIAS DE CONTINUIDAD:

Son aquellas que aluden a un asunto del cual ya se ha informado en horas o en días anteriores. Se trata, por lo tanto, de noticias importantes que no concluyen en una única jornada y que arrastran consecuencias, por lo que aparecen durante varias jornadas en los medios de comunicación. Suelen incorporar material de contexto para situar los nuevos datos.

Las noticias de continuidad aparecen frecuentemente en los medios de comunicación, ya que la actualidad de muchos hechos publicados no termina en una única jornada, sino que se perpetúa a lo largo de varios días o incluso semanas. En esta noticia, en la que días anteriores se produjeron críticas del Partido Socialista de Catalunya a la gestión gubernamental de CiU, aparece en escena Carod Rovira, líder de Esquerra Republicana, para explicar sus puntos de vista.

6.   Normas de estilo para la redacción de noticias

a)   El lenguaje periodístico no es un tipo de lenguaje coloquial, y tampoco un lenguaje estrictamente literario. Por ello, en la construcción de un texto informativo hay que huir de las expresiones literarias, tanto como del lenguaje excesivamente coloquial. El lenguaje de la noticia es un lenguaje singular que busca la expectativa del destinatario.

b)   *Los textos informativos deben ser claros, concisos y fluidos*

La claridad se consigue mediante la utilización de expresiones que sean comprendidas por personas de nivel cultural medio: palabras comunes, pero no vulgares.

La concisión, mediante la utilización de las palabras precisas para explicar las ideas que quedan reflejadas en nuestro texto.

La fluidez se alcanza utilizando frases y párrafos breves, pero cargados de contenido.

c)   *Oraciones breves y simples*

Una norma general para redactar informaciones es utilizar oraciones breves, separadas por punto y seguido o punto y aparte. Una extensión máxima recomendable sería la de utilizar entre 15 y 20 palabras.

Las oraciones subordinadas sólo hay que utilizarlas excepcionalmente, ya que añaden dificultad a la comprensión del texto.

d)   *Párrafos no muy largos*

La utilización de frases breves debe complementarse también con párrafos que no sean muy largos. Lo normal es que cada tres o cuatro oraciones simples coloquemos un punto y aparte. Los párrafos largos añaden mucha mancha gris al texto y dificultan su lectura.

e)   *No es un lenguaje telegráfico*

El uso de frases breves no tiene que llevar al extremo de practicar un lenguaje lacónico, telegráfico. El laconismo impide la redacción de un relato con ritmo. La norma debe ser escribir oraciones con sujeto, verbo y complemento, evitando las oraciones subordinadas.

f)   *Paréntesis y guiones*

Hay que reducir al máximo la utilización de largas explicaciones entre paréntesis o guiones, que suelen añadir dificultad al discurrir lineal del texto.

Todo aquello que precise explicaciones para ser comprendido por el público, añade dificultades a la comprensión. Por eso las largas explicaciones no son oportunas.

g)   *Contextualizar los hechos*

En el momento de redactar una información no se debe presuponer nunca que el lector conoce algunas particularidades que rodean al texto publicado.

En estos casos es necesario que la información vaya acompañada de los antecedentes y la documentación necesaria para que pueda ser entendida por el público.

La contextualización de los hechos se puede hacer de muchas formas y siempre ayuda a comprender la globalidad de los textos.

h)   *Ni opiniones ni comentarios*

En la información no deben deslizarse entre los datos opiniones del redactor, ni comentarios personales ni adjetivos valorativos. Sí se pueden utilizar, en cambio, adjetivos descriptivos.

i)   *Lo escrito en los diarios se lee al día siguiente*

En los textos informativos debe quedar perfectamente claro cuándo se produce la noticia. Lo normal en la prensa escrita es que las informaciones se refieran a hechos sucedidos hoy y que el público leerá al día siguiente.

j)   *En las declaraciones orales emplearemos también el pretérito indefinido*

En el caso de las declaraciones orales efectuadas por una persona, hay que recordar que los lectores leerán hoy lo que declaró ayer ese personaje público, por lo que el tiempo verbal será siempre el pretérito indefinido.

k)   *En las declaraciones recogidas en documentos escritos usaremos el presente*

En el caso de que estemos ante declaraciones difundidas a través de documentos escritos, como comunicados de prensa, lo declarado se redactará en tiempo presente debido a que el documento perdura en el tiempo.

l)   *Hay que contextualizar las declaraciones escritas*

Para determinar los elementos primordiales desde el punto de vista informativo es necesario ubicar las declaraciones escritas en el contexto en que se producen. De esta forma podemos averiguar fácilmente dónde se encuentran los elementos importantes que deberán ir en los primeros párrafos de nuestra información.

m)   *En las declaraciones no hay que respetar el orden cronológico*

Tanto en las declaraciones orales como en los comunicados de prensa casi nunca es interesante cuándo se dice algo, al principio, al final o en medio.

Lo importante es informar inmediatamente sobre quién lo dice y qué dice. El orden cronológico carece de interés.

n)   *Lo importante es transmitir con claridad la esencia del discurso*
En este tipo de informaciones no es importante ser literal ni hacer un resumen de lo expuesto. Lo esencial es transmitir claramente las ideas del que habla.

o)   *No se puede redactar en primera persona*
El redactor de los textos informativos debe permanecer siempre al margen de la información que escribe, por lo que no puede utilizar la primera persona del singular. Tampoco sería correcto «según nos comunicó…», que habría que sustituirlo por «según comunicó…».

p)   *No hay que emplear conectores innecesarios*
En ocasiones suele ser frecuente encontrarse en el comienzo de un párrafo palabras y locuciones del tipo: pues, por consiguiente, conviene recordar, cabe recordar, en otro orden de cosas, terminar diciendo, por último, etc.; se trata de hilvanes innecesarios y, por tanto, no es conveniente utilizarlos.

Tareas
1.   Redactar un suceso con una estructura simple, para comprender con un ejemplo paradigmático lo que entendemos por noticia.
2.   Redactar un comunicado de prensa con una estructura simple, para comprender con un ejemplo paradigmático lo que entendemos por pseudoevento.

Bibliografía

Agenda Efe (1988). *Normas básicas para los servicios informativos*. Agencia Efe, Madrid.
Benavides, J. L. y Quintero, C. (2005). *Escribir en prensa*. Pearson Prentice Hall, Madrid.
Boorstin, Daniel J. (1971) *L'image*. Union générale d'Éditions, París.
Cantavella, Juan y Serrano, José Francisco (2003). *Redacción para periodistas: informar e interpretar*. Ariel, Barcelona.
Casasús, Josep Maria (1988). *Iniciación a la Periodística*. Teide, Barcelona.
— y Núñez Ladevéze, L. (1991). *Estilo y géneros periodísticos*. Ariel, Barcelona.
Charnley, Mitchell V. (1976). *Periodismo informativo*. Troquel. Buenos Aires.
Dovifat, Emil (1960). *Periodismo*. Uteha, México.
Edo, C. (2003). *Periodismo informativo e interpretativo. El impacto de Internet en la noticia, las fuentes y los géneros*. Comunicación Social, Sevilla.
El Mundo (1996). *Libro de Estilo*. Unión Editorial. Madrid.
El País (1990). *Libro de Estilo*. Ediciones El País, Madrid.

Fontcuberta, Mar (1993). *La Noticia. Pistas para percibir el mundo.* Paidós. Barcelona.

Gomis, Lorenzo (1991). *Teoría del periodismo. Cómo se forma el presente.* Paidós. Barcelona.

González Ruiz, N. y otros (1960). *El periodismo. Teoría y práctica.* Noguer, Barcelona.

La Vanguardia (2004). *Libro de la Redacción.* Ariel, Barcelona.

López Pan, F. (2004). «El arte de las citas.» En Cantavella y Serrano (coord.). *Redacción para periodistas: informar e interpretar.* Ariel, Barcelona.

Lozano, J.; Peña-Marín, C.; Abril, G. (1989). *Análisis del discurso. Hacia una semiótica de la interacción textual.* Cátedra, Madrid.

Martín Vivaldi, Gonzalo (1986). *Géneros periodísticos.* Paraninfo, Madrid.

Martínez Albertos, José Luis (1983). *Curso general de redacción periodística,* Mitre, Barcelona.

Núñez Ladevéze, Luis (1979). *El lenguaje de los «media».* Pirámide, Madrid.

— (1991). *Manual para Periodismo.* Ariel Comunicación, Barcelona.

Salas, Carlos (2007). *Manual para escribir como un periodista.* Áltera, Barcelona.

Sigal, Leon V. (1978). *Reporteros y funcionarios. La organización y las normas de la elaboración de noticias.* Gernika, México.

Capítulo 5

El titular informativo

Competencias
1. Reconocer la importancia de los distintos elementos de titulación en los diferentes textos periodísticos, dedicando una atención especial al titular de la información.
2. Diferenciar entre los titulares más característicos: informativos, apelativos y expresivos, así como la titulación de los textos que se fundamentan en declaraciones.

1. El titular informativo. Características

Cuando nos disponemos a leer un texto publicado por un medio escrito, el primer contacto que tenemos es con el titular. Todas las informaciones de esos medios tienen titular. El titular se convierte así en el eslabón clave que conduce a la lectura de un texto. Si el titular no es bueno, si es poco atractivo, corremos el riesgo de que no informe bien, o de que no suscite la curiosidad del público para conducirle a la lectura del texto.

Como punto de partida para abordar la compleja tarea de la titulación periodística debemos tener presente que el titular junto con el primer párrafo y el cuerpo de la información constituyen los tres elementos esenciales de la estructura de una noticia.

En la información periodística estos tres elementos son tan importantes que deben estar interrelacionados entre sí. Es decir, deben mantener una coherencia temática: la información expuesta en el titular debe ampliarse en el primer párrafo y explicarse detalladamente en el cuerpo de la información.

Como aproximación inicial a la titulación podemos decir que el titular recoge o debe recoger el o los elementos esenciales de la información, es decir, aquel o aquellos aspectos informativos que el redactor desea presentar en primer plano dada su trascendencia informativa. En este caso, el titular es un fiel reflejo de la información, un anticipo temático del texto de la noticia.

Sin embargo, no todos los titulares siguen siempre este esquema inicial. En ocasiones, el titular, en vez de resaltar el elemento esencial de la información, se esfuerza en reclamar la atención del lector. En este caso juega un papel más sugerente y busca sobre todo impactar al lector.

Aquí tenemos dos formas de titulación de un mismo tema, pero claramente diferenciadas. A la izquierda estamos ante un titular informativo, ya que identifica de forma singularizada una acción concreta y lo hace además con una oración gramatical simple y dentro de una economía lingüística. En este caso, el titular responde a las preguntas ¿qué? y ¿quién? y se complementa con otro elemento de titulación como el subtítulo. En la derecha nos encontramos con un titular en el que no se identifica la acción de forma singular, sino que para entender claramente el tema que aborda debemos recoger información que se despliega a través de otros recursos: la fotografía, los subtítulos, etc. El titular, por sí mismo, no suministra información suficientemente clarificadora. Si no fuera por los elementos informativos que acompañan al titular nos encontraríamos con la posibilidad de que algún sector del público no entendiera con precisión la idea que queremos transmitir.

Estas peculiaridades, estas distintas formas de abordar este complicado trabajo hacen que la titulación sea una tarea especialmente compleja que exige tiempo y experiencia.

Cuando comenzamos la redacción de una información, lo normal es que despleguemos ante el lector todos los elementos informativos esenciales que deseamos contar. En este caso el periodista busca informar, transmitir los datos básicos, de ahí que decidamos ubicar desde el primer instante, en el mismo titular, los elementos informativos más importantes.

En el género periodístico que hemos denominado información es oportuno que el titular, con mayor o menor precisión, contemple la idea básica de la noticia, es decir, el hecho básico presentado en primer plano.

Este tipo de titular del que estamos hablando, típico para el género información, no sólo debe suministrar información básica, sino que también debe cumplir con otro elemento esencial: atraer la atención del lector. Por consiguiente, un titular idóneo para la información podría ser aquel que suministre información pero que también sea capaz de conmover al lector.

Éste es un titular informativo, sin embargo no responde a las preguntas tradicionales de este tipo de titulares ¿qué? y ¿quién? Aun así, sigue siendo informativo porque es totalmente temático y la acción que relata queda perfectamente identificada. Sin embargo, a la hora de confeccionar este titular el periodista se ha inclinado por buscar el impacto, por reclamar la atención del lector, pero sin abandonar las dotes informativas del título.

En los textos informativos es oportuno que exista una correspondencia entre el titular y el primer párrafo de la noticia. Es decir, el o los elementos esenciales de una información presentados en el titular deben recogerse también en el primer párrafo.

Si en un texto informativo el primer párrafo representa la condensación de los elementos informativos más importantes de una noticia, el titular es oportuno que represente la máxima condensación del primer párrafo. De ahí que nunca deba tratar aspectos secundarios de la información ni, por supuesto, cuestiones que no figuren en el texto de la noticia. Desde esta perspectiva, podemos considerar que el titular es el mismo primer párrafo o una parte de él escrito con palabras vigorosas e interesantes.

Esta correspondencia temática entre titular y primer párrafo es tan importante en el texto informativo que podemos decir categóricamente que si el titular y el primer párrafo no coinciden a la hora de recoger los elementos básicos, o bien el titular o bien el primer párrafo son incorrectos.

El PP opta por dar una oportunidad a UPN para que rectifique antes de romper su pacto

Los 'populares' califican de «extrema gravedad» la decisión del partido liderado por Miguel Sanz de abstenerse en la votación de los Presupuestos

LUIS ÁNGEL SANZ
CARMEN REMÍREZ DE GANUZA
Enviados especiales

LA CORUÑA / PAMPLONA.– Mariano Rajoy decidió ayer por fin reaccionar frente a la decisión de Unión del Pueblo Navarro (UPN) de romper la disciplina del Grupo Popular en el Congreso y abstenerse en la votación de los Presupuestos de Rodríguez Zapatero. Y lo hizo con un comunicado contundente, que deja abierta la puerta a la ruptura, pero que quiere también dar una última oportunidad al partido de Miguel Sanz para que rectifique y decida que sus dos diputados voten junto a los 152 del PP en el Congreso.

En una nota de siete puntos que se hizo pública ayer, el PP lamenta «profundamente» la actitud del partido navarro, que califica como de «extrema gravedad», y que «pone en cuestión 17 años de extraordinaria y fructífera colaboración».

Aquí tenemos una información en la que existe una total correspondencia temática entre el titular y el subtítulo con las ideas del primer párrafo de la noticia. Ésta es una estructura tipo para la redacción de las noticias. El titular resuelve las preguntas ¿quién? y ¿qué? mientras que el primer párrafo repite esas mismas preguntas y añade otras más como el ¿cuándo? o el ¿dónde? La idea anticipada en el titular de que el PP opta por dar una oportunidad a UPN se repite en el primer párrafo de la noticia. La idea del subtítulo, como también es muy importante, la coloca en el segundo párrafo.

De esta forma, titular y primer párrafo componen lo que Van Dijk (1983:71) define como macroestructura de la noticia. Para este autor, entendemos por macroestructura la suma de la titulación y el primer párrafo, dos elementos de la estructura de la noticia que interrelacionados entre sí conforman «una expresión directa (…) del discurso periodístico como un todo».

Por eso, en un texto informativo estructurado de acuerdo con estas pautas, el lector, tras leer el titular y el primer párrafo de una noticia, puede quedar suficientemente informado, de tal forma que no necesite acudir al resto de la información para captar la esencia de lo que el periodista desea transmitir.

Un buen titular debe recoger el contenido dominante de una noticia sin olvidar que debe reclamar la atención del lector. El titular se convierte así en la primera puerta que tiene que salvar un lector para profundizar en la lectura de la información. Por eso el titular es también un reclamo para que el lector prosiga con la lectura de la noticia.

En la actualidad muchos medios de comunicación utilizan el titular casi exclusivamente para reclamar la atención del lector. Esta forma de titulación, que cada vez es más frecuente en la prensa de información general, es práctica común, por ejemplo, en la prensa con tintes más sensacionalistas y la prensa deportiva.

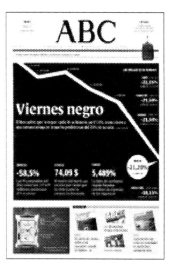

Ante una caída espectacular de la Bolsa, el diario *ABC*, en vez de informar sobre el tema, reclama la atención del lector con una frase impactante. Como esta frase no es suficiente para identificar el tema sobre el que trata la noticia, el periodista la acompaña de un gráfico y varios sumarios de los descensos habidos en la Bolsas europeas. El lector necesita información aportada por datos complementarios para identificar la acción. En este caso, además, el diario pone la portada en negro, aportando un tinte claramente llamativo a su primera página.

En los textos informativos de la prensa de calidad, el titular no funciona exclusivamente como un rótulo para llamar la atención. Un buen titular debe llamar la atención, pero su finalidad fundamental es la de aportar información al lector.

Cuando afirmamos que el titular es el elemento más importante de la estructura de la información, estamos diciendo que no se puede considerar al titular como un complemento de la información, sino más bien al contrario, hay que entender a la información como un desarrollo de los elementos informativos que se anticipan a través del título.

La tarea de titular una información no es simple; de hecho, en la práctica periodística, los titulares de primera página o de apertura de un telediario o un diario hablado no se confían a los informadores, sino que forman parte del trabajo diario de los responsables de la redacción. Escribir un título para la primera página puede llevar incluso más tiempo que la redacción del propio texto que lo acompaña.

El periodista, para titular, cuenta además con un espacio excesivamente limitado en el que debe ser capaz de expresar una idea completa. De ahí la complejidad de la tarea de titular y de ahí también la dificultad con la que el periodista se encuentra en ocasiones para ser capaz de encerrar un mensaje completo utilizando unos limitados recursos lingüísticos.

Un titular, además de todos estos aspectos que hemos expuesto, debe contemplar las siguientes características fundamentales:

a) *Concisión*

No hay que olvidar nunca que la función esencial del titular es la de informar y orientar al lector. De ahí que sea necesario huir siempre de expresiones ambiguas o que dificulten la comprensión.

El titular debe ser conciso, es decir, recoger de la forma más exacta posible la idea central que aparece en el primer párrafo de la información. La concisión

y la concreción son imprescindibles para facilitar la comprensión de esa idea
básica que el titular debe transmitir.

b) *Claridad*

Los titulares deben ser claros, fácilmente comprensibles para cualquier tipo
de lectores. Un titular claro es ajeno a cualquier expresión propia del sensacionalismo y, además, debe ser escueto. Sin embargo, nunca deberá sacrificar la claridad expositiva en aras de la brevedad.

La claridad se expresa a través de un título que anticipa la noticia, no la
agota. Consiste también en suscitar en el lector un sentido de atención, forzándo-
le a desear más y, por lo tanto, a leer la noticia.

«Se titula la noticia no para despertar la curiosidad, sino para satisfacerla,
para atraer el interés del lector por medio de una declaración inteligente e inteligible. Si hay que adivinar lo que se dice o leerlo dos veces, el título es débil»
(Martín Vivaldi, 1990: 335).

c) *Precisión*

El titular debe ser siempre exacto, preciso, es decir, inequívoco. Un titular
debe expresar con total exactitud, de forma inequívoca, el contenido de la idea
básica que transmite. Nunca puede conducir a la confusión. Debe despejar todas
las dudas y mostrar de forma precisa la idea central.

d) *Veracidad*

La veracidad del titular significa que recoge una idea o ideas que están presentes en el cuerpo de la noticia. Por eso, decimos que un titular informativo es
veraz cuando recoge aspectos esenciales que aparecen anticipados en el primer
párrafo y desarrollados en el cuerpo de la información. El titular informativo
debe reflejar lo que se dice en el texto de la noticia.

e) *Garra*

Un titular no sólo aporta información, sino que debe llamar también la atención. Es necesario, pues, buscar un cierto grado de gancho para conseguir que sea
atractivo. Un titular nunca debe olvidar la garra, porque un buen título puede
hacer leer un artículo.

Frecuentemente los estudiantes de periodismo que se inician en la tarea de
titular se preguntan si es bueno titular antes de redactar la noticia o hacerlo al
final, cuando ya hemos desarrollado el texto informativo.

En la tarea de la titulación, como en la construcción de un texto informativo, un momento clave es la *dispositio*, es decir, la disposición ordenada de todos
los elementos informativos de acuerdo con un orden que el periodista considera
oportuno para cada caso concreto.

Por eso, antes de comenzar la redacción de una noticia, es muy importante jerarquizar los datos en un orden que habitualmente es decreciente de interés. Cuando un periodista aborda la redacción de una noticia y piensa en construir un titular informativo para ella, lo habitual es que antes de iniciar la redacción del texto ya tenga claro por dónde va a comenzar a escribir la información y, por lo tanto, sabe qué idea o ideas van a expresarse en el primer párrafo de la noticia y, por consiguiente, en el titular. Por lo tanto, da igual que deje la redacción final del título para el último instante porque anticipadamente tiene que tener claro cuál será la idea que va a quedar expresada en ese titular.

Un periodista está perfectamente capacitado para redactar el titular antes de iniciar la redacción del texto o dejarlo para el final.

Para los estudiantes de periodismo podemos decir exactamente igual. Si procedemos a ordenar con precisión los datos informativos, tarea imprescindible para abordar la redacción de una noticia, podemos titular al principio o dejar perfectamente la titulación para el final, ya que teniendo clara la idea que queremos reflejar, la titulación se puede abordar sin dificultad.

2. Clases de titulares

Normalmente los periodistas gozan de una libertad casi absoluta para titular correctamente sus informaciones. Los límites están marcados tanto por los objetivos que pretenda alcanzar con su texto, como por las normas recogidas en cada medio de comunicación en los libros de estilo.

En algunas ocasiones, a la hora de titular, el periodista decide que lo más apropiado para su texto es explicar con claridad el tema sobre el que trata la noticia. Otras veces, sin embargo, el periodista puede decidir que lo más oportuno es destacar elementos llamativos mediante palabras impactantes que atraigan la atención del lector. También puede hacer que el titular apunte el tema sobre el que trata la noticia, pero no dé información detallada sobre ella.

Nos encontramos así ante titulares expresivos, que no aportan información sobre los hechos; titulares apelativos, que aportan información temática general, y titulares informativos, que identifican de forma singular una determinada acción contemplada en el texto (Núñez Ladevéze, 1991: 219-241).

a) *Titulares expresivos*

Decimos que un titular es expresivo cuando el periodista se despreocupa de suministrar información acerca de un hecho y sus circunstancias concretas. Estamos pues ante un titular no temático, ya que ni informa ni tan siquiera apunta el tema sobre el que trata la noticia.

Gramaticalmente se construye utilizando palabras sueltas, siempre impactantes, que buscan ante todo reclamar la atención del lector. En ocasiones, las palabras del titular pueden ir acompañadas de signos ortográficos. Por ejemplo, signos de interrogación o exclamación.

Es un titular que tiene como misión fundamental apuntar en mayor o menor grado un hecho. Para su identificación exige que el lector tenga grandes conocimientos contextuales sobre la noticia. Es decir, se da por hecho que conoce ya la información, por lo que una simple palabra puede servir de elemento de identificación.

En este tipo de titular el periodista utiliza unos exiguos recursos lingüísticos para comunicar la idea que desea transmitir. Muchos títulos de la primera página de un diario deportivo del Estado responden a este planteamiento que estamos explicando aquí.

Aquí tenemos dos titulares que son claramente expresivos. El periodista ni tan siquiera apunta los temas tratados en las noticias.

Sabemos que son temáticas deportivas, no por los titulares, sino porque están publicadas en sendos diarios deportivos, pero ninguno de los dos ofrece ni siquiera una pista sobre el tema del que informan.

Para identificar la acción desplegada por el titular «Ducha fría» hay que observar la fotografía de Pep Guardiola, lo que hace que identifiquemos la noticia con una derrota del Barcelona. Exige, por consiguiente, grandes conocimientos contextuales. El público debe saber lo acontecido el día anterior.

El titular «Los Pajaritos» tampoco ofrece información sobre el tema. Simplemente hace referencia al nombre del campo de fútbol del Numancia. Exige también grandes conocimientos contextuales para su interpretación. El público debe saber que el Numancia venció 1 a 0 al Barcelona en el campo de Los Pajaritos.

b) *Titulares apelativos*

Un titular es apelativo cuando apunta o menciona superficialmente un tema pero no suministra información completa sobre él. Habitualmente se redacta con frases muy cortas, formadas por dos o tres palabras, con la finalidad de utilizar el lenguaje para llamar la atención sobre un hecho del que no se informa en profundidad.

No existe una diferencia muy grande entre un titular apelativo y uno expresivo. Desde un punto de vista práctico podemos decir que los titulares apelativos incluyen alguna pequeña referencia acerca del tema sobre el que trata la noticia; es decir, algún elemento de identificación temática, ya sea sobre el tipo de juicio que merecen los hechos al periodista o bien porque se incluye alguna referencia a las circunstancias que rodean al hecho.

Para utilizar un titular apelativo en una información, el periodista debe tener en cuenta que el público necesita un cierto conocimiento contextual sobre el tema para poder entender perfectamente la información.

Es un tipo de titulación frecuente en los diarios sensacionalistas, o los dedicados a sucesos y noticias de las llamadas de interés del público. Aunque es un tipo de titulación que cada vez se utiliza más en los textos informativos, normalmente es el titular característico de los géneros interpretativos y de opinión.

Éste es un típico titular apelativo. El periodista apunta el tema sobre el que trata la noticia, pero no informa sobre él.

Petróleo es la referencia temática. De esta forma sabemos que la información trata sobre ese tema, pero no sabemos exactamente sobre qué se informa.

Para interpretar esta noticia el público debe tener un cierto conocimiento contextual. En el caso de esta noticia, debe saber que hace años se buscó petróleo con mejor o peor resultado en la provincia de Burgos.

También puede haber en el texto algo, al margen del titular, que ayude a interpretarlo. Ese papel, en este caso, lo juega el dibujo de la máquina extractora de petróleo.

El conocimiento contextual y el dibujo juegan un papel de identificación del tema porque el titular, por sí mismo, no ofrece información suficiente.

c) *Titulares informativos*

Son aquellos que informan detalladamente acerca del tema central de la noticia. Sirven para identificar de forma clara e inequívoca una acción concreta.

En la mayoría de las ocasiones, el titular informativo expone una idea completa a través de una oración gramatical simple, compuesta por sujeto, verbo y complemento y redactada ajustándose a la necesaria economía lingüística. En ese caso nos encontramos ante titulares eminentemente temáticos que tienen como finalidad transmitir información al lector. Por eso, la exposición que hacen de los hechos está libre de interpretaciones y evaluaciones.

Los títulos informativos buscan siempre informar acerca de una determinada acción y su protagonista, de ahí que respondan a las preguntas ¿quién? y ¿qué?: ¿quién es el protagonista de nuestra historia? y ¿qué ha dicho o hecho ese protagonista? Los periódicos que titulan sus textos respondiendo a estas dos preguntas son los que más posibilidades tienen de que sus informaciones sean comprendidas solamente con la lectura del titular.

Se llaman también titulares temáticos porque informan con precisión acerca del tema central de la noticia. El problema de este tipo de titular está en acertar en la elección de ese elemento esencial de la información.

Aquí tenemos dos ejemplos concretos de titulares informativos. Por un lado, identifican una acción de forma singularizada. El lector conoce desde el primer instante el elemento esencial sobre el que orbita la noticia. También identifican de forma singularizada al protagonista de la noticia. Por eso decimos que es un tipo de titular que responde a las preguntas ¿qué? y ¿quién? ¿Quién es el protagonista de nuestra acción?: Garzón. Y ¿qué dice o hace Garzón?: abre una causa general para perseguir los crímenes franquistas.

En ocasiones el periodista puede decidir redactar un titular informativo, pero considera oportuno añadir una explicación que sirva para identificar de forma más completa la acción sobre la que trata el titular. En este caso estamos ante un titular informativo explicativo.

Aquí tenemos un titular que es informativo explicativo.

Informativo porque responde a las preguntas ¿qué? y ¿quién?

Explicativo porque incluye al final una explicación que sirve para informar mejor sobre el tema.

¿Quién?: el lehendakari

¿Qué?: transmite su apoyo a las empresas del TAV.

Y, al final, añade una explicación: «pero elude citar a ETA».

Estas diferentes formas de titular acaban también por definir formas diferentes de hacer periodismo. Los periódicos de información general utilizan fundamentalmente titulares informativos, mientras que los periódicos sensacionalistas se inclinan por titulares apelativos y expresivos.

A pesar de esta consideración global, en los últimos años, a raíz de los nuevos diseños periodísticos en la prensa escrita, algunos medios de información general han incorporado a la titulación formas más expresivas, abandonando la titulación exclusivamente informativa. Unos titulares más llamativos, pero no necesariamente sensacionalistas.

d)   *La hibridación de titulares*

Cuando hablamos de titulares informativos, apelativos y expresivos, no nos podemos referir nunca a fórmulas puras o cerradas. Lo habitual siempre es encontrar entremezcladas características propias de estas diferentes formas de titulación. Así, podemos decir que un titular es fundamentalmente expresivo, predominantemente apelativo o esencialmente informativo.

Esta hibridación en las formas de titulación es cada vez más frecuente en los medios de comunicación, tanto los de información general como los diarios más sensacionalistas. En la actualidad, los diarios de calidad buscan también cada vez más la utilización de titulares contundentes y llamativos que, sin llegar al sensacionalismo, sirven para reclamar la atención del lector.

A modo de ejemplo, para dejar constancia de lo que afirmamos, hemos seleccionado un par de titulares caracterizados por esta hibridación de la que estamos hablando:

Titular informativo-interpretativo

En el ejemplo de la izquierda estamos ante un titular informativo, porque responde a las preguntas ¿quién? y ¿qué?

Sin embargo, en este caso, el periodista ha optado por utilizar dos verbos (arremeter y exigir) que incorporan elementos claramente interpretativos.

Exigir, como hemos explicado, es un verbo interpretativo débil, mientras que arremeter significa acometer algo, pero con ímpetu y furia.

Un titular más descriptivo podía haber sido el siguiente:

Solbes **se opone** al modelo de financiación que **pide** Cataluña.

Titular apelativo-expresivo

Aquí tenemos un ejemplo curioso de titular apelativo con grandes dosis de expresividad que sirve perfectamente para explicar la hibridación de los titulares.

Académicamente cumple con los requisitos de un titular apelativo: apunta el tema pero no informa detalladamente sobre él. Sin embargo, en este caso el titular aporta juegos de palabras, tamaños de letra y expresiones que lo convierten también en un titular expresivo.

Éste es un buen ejemplo para demostrar la dificultad de encuadrar la titulación en esquemas cerrados, ya que habitualmente el periodista no utiliza formas puras.

e)   *Otros tipos de titulación informativa*

Una buena parte de los titulares informativos se limitan a reproducir de una forma u otra declaraciones textuales de un orador. Estas declaraciones han podido realizarse de forma oral (por ejemplo a través de una rueda de prensa) o de forma escrita (por ejemplo a través de un comunicado de prensa que recoge declaraciones orales).

Un aspecto esencial de las declaraciones orales es que siempre se efectúan dentro de un contexto concreto que casi siempre es determinante para interpretar correctamente lo que ha querido decir el orador. Además, el lenguaje oral se complementa con gestos, pausas, entonación, etc., aspectos que intervienen directamente a la hora de interpretar la intencionalidad del orador. Por eso debemos entender las declaraciones orales y las escritas como actos en los que se combinan los datos suministrados por una persona y las circunstancias que los rodean y que son determinantes a la hora de interpretar esas declaraciones.

En consecuencia, publicar declaraciones orales y escritas no consiste solamente en reproducir las frases que pronuncia una persona, sino también en vincular esas declaraciones al contexto en que se producen para explicar así posibles intencionalidades no manifiestas que ha tenido el orador al realizarlas.

Existen tres formas típicas para titular los textos que reproducen declaraciones orales y escritas:

— *Títulos en forma de cita textual*
Consiste en reproducir literalmente una cita textual realizada por el orador. El hecho de utilizar una cita textual hace que la vinculación de las declaraciones con su contexto pasen a un segundo plano. El periodista centra su atención en reproducir fielmente una cita del orador.

El único problema del periodista con este tipo de titular es el de elegir sabiamente la cita concreta que represente mejor al conjunto de declaraciones realizadas por el orador. Es decir, seleccionar la frase literal que más interese a sus pretensiones informativas. De entre todas las declaraciones posibles, el redactor selecciona aquella que considera más interesante para el texto informativo que tiene pensado realizar.

Aquí tenemos dos ejemplos de titulares en forma de cita textual. En el de la izquierda el titular recoge no sólo la cita concreta, sino también la identificación del orador. Es decir, el ¿quién? y el ¿qué? Se trata, en consecuencia, de un titular eminentemente informativo.

El titular de la derecha también es típico de los títulos en forma de cita textual. En este caso, sin embargo, no se recoge la identificación del orador. A pesar de que el título recoge exclusivamente la cita (sólo responde al ¿qué?), podemos considerarlo como totalmente informativo, ya que la identificación del orador (el ¿quién?) suele recogerse en el antetítulo.

— *Títulos en forma de cita indirecta*

En este tipo de titular el periodista no reproduce de forma literal las declaraciones del orador, sino que incorpora de forma global aquel aspecto que considera más importante del discurso. Son títulos que seleccionan de entre todo el discurso una única idea básica, la que el periodista considera más interesante, pero no la expresan de forma literal.

En la parte baja de esta portada del diario *ABC* tenemos un típico titular informativo en forma de cita indirecta.

En este caso el periodista identifica al autor de las declaraciones (Bush) y cuenta algo que ha dicho este orador (se aprobará un plan de rescate financiero).

Sin embargo, al no ir la cita entrecomillada, el periodista no tiene por qué contar literalmente lo que ha dicho el orador.

Recoge fielmente el contenido de la idea, pero no la literalidad de las palabras utilizadas por el orador para expresar esa idea.

— *Títulos mixtos de cita directa e indirecta*

Se trata de un tipo de titular en el que el periodista no selecciona una cita completa del orador, sino que sólo recoge literalmente alguna frase concreta que, a su juicio, es importante destacar, respetando la literalidad, porque ayuda a dejar clara una idea o dar fuerza al titular.

Éste es un titular idóneo para recoger declaraciones orales. La cita textual se coloca al final para recoger una declaración interés: «el deber de conocer el catalán».

Se trata, como explicaremos un poco más adelante, de un aspecto importante, ya que este titular permite que se interpreten posibles intencionalidades. Declaraciones que no ha hecho el orador, pero que el periodista interpreta que se pueden deducir del contexto del discurso debido a que el lenguaje oral va acompañado de tonos, ritmos, pausas, etc.

En ocasiones la cita se utiliza exclusivamente para enfatizar una o unas pocas palabras. En este caso, la cita no se utiliza para dejar constancia sobre una parte de un discurso, sino que se hace para reclamar la atención del lector sobre una palabra porque el periodista la considera imprescindible para simplificar un discurso o recalcar un aspecto concreto de un titular.

Aquí tenemos un titular en el que el periodista utiliza la cita directa para enfatizar una palabra.

Mediante este recurso el periodista quiere reclamar la atención del lector enfatizando la palabra «alambrada».

La finalidad del periodista puede ser múltiple. Por ejemplo, en este caso, puede querer fortalecer la idea que Ibarretxe afirma de que en Euskadi no hay libertad, ya que vive rodeada por una alambrada.

De estas tres formas diferentes de titular (cita directa, cita indirecta y titular mixto de cita directa con indirecta), las más completas, y por consiguiente más apropiadas, son las dos últimas, por lo tanto son las que recomendamos para titular las declaraciones orales o escritas.

Ya hemos dicho que en estas declaraciones no solamente hay que tener en cuenta las palabras textuales; es muy importante tener en cuenta también la posible intencionalidad del orador cuando hace unas declaraciones. Es decir, algo que el protagonista de las declaraciones no ha dicho, pero que el periodista interpreta que quería decir, ya que el discurso oral va siempre acompañado de gestos, pausas, entonación, etc.

En los titulares en forma de cita directa, que incluyen una cita textual completa con o sin la identificación de su autor, el periodista reproduce literalmente una frase dicha por el orador, que al ir toda ella entrecomillada, no deja cabida a ninguna posible interpretación. El periodista se limita a reproducir fielmente y de forma literal una parte de un discurso de un orador.

Sin embargo, cuando el periodista utiliza citas indirectas en la titulación no está obligado a reproducir literalmente la totalidad de un mensaje, tal y como sucede con el titular de cita directa, por lo que puede introducir en la titulación interpretaciones acerca de las posibles intencionalidades o enfatizar palabras para dejar constancia de una posible intención más profunda.

En la página de la izquierda tenemos un titular de cita indirecta tal y como apareció publicado en su día en las páginas de *El País*.

Es un titular claramente informativo, porque responde a las preguntas ¿quién? y ¿qué? y es de cita indirecta porque reproduce de forma no literal una declaración de Ibarretxe.

Al tratarse de un titular de cita indirecta, se presta a una posible interpretación de intencionalidades.

En el titular de la derecha hemos modificado el verbo «reclama» por «suplica». El periodista, como las declaraciones de Ibarretxe se hacen en un contexto determinado y con unas pausas, entonación, etc., específicas, puede interpretar que se ha tratado más bien de una súplica.

En este segundo caso se produce una interpretación de posibles intencionalidades. Algo que el orador no ha dicho pero que, vinculado a un determinado contexto, el periodista interpreta que quería decir.

Es una opción arriesgada, pero si se acierta, la información incrementa su valor periodístico.

Cuando en el momento de la titulación el periodista quiere recoger una interpretación acerca de la posible intencionalidad del orador, debe recurrir necesariamente a verbos con un alto componente interpretativo.

Las informaciones sobre declaraciones orales y escritas recogen palabras de personas, por lo que cuando el periodista quiere relatar lo dicho por el orador sin incluir intencionalidades, debe acudir al verbo decir. El periodista reproduce algo dicho por alguien.

Sin embargo, si quiere expresar distintos grados de intencionalidad, el periodista debe acudir a diferentes sinónimos del verbo decir que expresan distintas intencionalidades:

1. Verbos para relatar: decir, comunicar, afirmar…
2. Verbos interpretativos débiles: advertir, avisar, exigir, suplicar…
3. Verbos interpretativos fuertes: acusar, amenazar, etc.

4. Verbos perlocutivos. Son los más interpretativos porque se refieren a los efectos que presumiblemente causan las palabras del que habla sobre un tercero: persuadir, sorprender, desconcertar, etc.

3. Elementos que componen la titulación

Cuando el periodista se dispone a titular una noticia tiene en sus manos varios recursos de diversa naturaleza. La totalidad de estos recursos está compuesta por un conjunto de titulares que un periodista puede utilizar para presentar una noticia. A ese conjunto de titulares se lo conoce con el nombre de encabezamiento o cabeza de titulación.

En consecuencia, cuando hablamos de cabeza o encabezamiento nos estamos refiriendo a diferentes tipos de titulares que tienen como objetivo presentar todos los elementos más destacables de una noticia y llamar la atención del lector acerca del contenido de la información.

El periodista utiliza un conjunto de elementos de titulación porque sabe que es el lugar más adecuado para mostrar los aspectos más importantes de una noticia y para ello utiliza diversos recursos. Así, de esta forma, el periodista despliega en este lugar de privilegio los elementos informativos más importantes. El lector, después de leer los elementos de titulación, debe tener un conocimiento preciso de las partes esenciales de una noticia.

Todos los elementos de la cabecera se complementan entre sí. Cada uno de ellos cumple una finalidad concreta, pero todos en común configuran un todo en el que se destacan los aspectos más importantes de la información. La cabeza o encabezamiento está integrada por los elementos siguientes: antetítulo, título, subtítulo, ladillo y sumario.

a) *El antetítulo*

El antetítulo es un elemento que complementa al titular. Se llama antetítulo porque se coloca por encima del titular y tiene como misión fijar la atención sobre algunos elementos importantes de la noticia. En sus inicios, el antetítulo se utilizaba exclusivamente para indicar de un modo general el tema del que trataba la noticia y también se utilizaba para situarla geográficamente. Estas funciones iniciales se siguen aplicando todavía, aunque la práctica totalidad de los medios de comunicación utilizan ahora el antetítulo como un elemento informativo más completo. En ocasiones se puede utilizar como epígrafe temático o como referencia para una información que lleva varios días.

En la actualidad, el antetítulo puede seguir utilizándose como epígrafe, es decir, como un elemento de fijación temática o geográfica. Sin embargo, hoy en día se utiliza fundamentalmente como un elemento informativo más completo, en el que se destaca un segundo elemento informativo sobre el que se quiere llamar la atención del lector. Este elemento de titulación es tan importante que algunos medios de comunicación utilizan varios antetítulos en una sola información.

EL KREMLIN AMENAZA CON UNA RESPUESTA MILITAR AL ESCUDO DE EE.UU.
Rusia desafía a Occidente al reconocer Osetia del Sur y Abjazia

En el antetítulo de esta información tenemos un ejemplo claro de su utilización como un elemento informativo más. El titular recoge la información que el periodista considera que es la más importante. El antetítulo añade un segundo elemento de interés.

b) *El título*

Es el elemento más importante de la cabeza o encabezamiento. Sirve fundamentalmente para desplegar la idea esencial de un texto y, además, para llamar la atención del lector sobre algún contenido básico del texto informativo. Si el antetítulo se utilizaba para explicar o desarrollar un aspecto importante de la noticia, el titular se utiliza para contar la noticia, su elemento esencial y trascendente.

En un texto informativo suele responder casi siempre a las dos preguntas más importantes: quién y qué. No obstante, cada vez más los diarios buscan destacar en el titular un elemento secundario que contribuya eficazmente a llamar la atención del lector sobre la información que le sigue.

Determinados géneros periodísticos, como el reportaje y, por extensión, la entrevista, así como el artículo de opinión o el comentario, utilizan el titular como elemento de fijación de la atención del lector, dejando en un segundo plano su interés informativo.

Solbes garantiza que los ahorros de los españoles «están seguros» en la banca

Aquí tenemos un titular pensado para informar y no para llamar su atención. Por eso el periodista presenta al lector la que considera idea esencial y lo hace a través de un titular informativo.

c) *El subtítulo*

Este elemento de titulación se llama así porque se coloca siempre debajo del titular. Juega un papel informativo similar al del antetítulo. Sirve para añadir alguna de las particularidades más sobresalientes de lo que después se desarrollará en la noticia. Es decir, un segundo elemento esencial que amplía la información y complementa la labor del título aportando otros aspectos importantes de la noticia. Los subtítulos están pensados fundamentalmente para reavivar la atención del lector.

El subtítulo ha estado, al igual que el antetítulo, sometido a numerosos cambios. En la actualidad, se utiliza fundamentalmente para, tal y como estamos explicando, desplegar el segundo elemento esencial de una noticia.

Garzón abre la mayor investigación de desaparecidos de la Guerra Civil

El juez reclama datos de fosas comunes a las parroquias, a Cultura y a Justicia, y a los alcaldes de Madrid, Sevilla, Granada y Córdoba

Aquí tenemos un subtítulo que juega claramente el papel de ampliar la información presentada en el titular y complementar con detalles aspectos que ayudan a comprender mejor la información desplegada en el título.

Antetítulo y subtítulo han jugado siempre un papel mutuo excluyente. Los diarios que utilizaban el antetítulo para completar al titular no hacían uso del subtítulo, y viceversa. Sin embargo, en la actualidad, empieza a proliferar la utilización de cabezas de titulación formadas por antetítulo, título y subtítulo. Esta forma es tradicional de la prensa italiana y en el Estado español *El Mundo* comenzó a utilizar un sistema similar. En la actualidad, diarios de la importancia de *El País* utilizan esta forma de titulación para la noticia más importante de su portada.

EL SENADO DE EE UU DEBATÍA ANOCHE LAS MEDIDAS PARA SALVAR WALL STREET

La UE prepara su plan de rescate

» Bruselas rebaja los requisitos para dar ayudas de Estado a las entidades financieras
» Francia propone, con el rechazo de Alemania, un fondo común para socorrer bancos

En este caso además del antetítulo y el título el periodista presenta dos subtítulos, para fortalecer una lectura de doble velocidad. Mediante un simple vistazo el lector puede percibir los elementos que el periodista considera que son esenciales de su información.

La tendencia del periodismo moderno a utilizar la casi totalidad de los elementos de titulación que componen la cabeza o encabezamiento exige un conocimiento profundo de las técnicas de titulación y bastante rigor periodístico a la hora de jerarquizar adecuadamente los elementos informativos de una noticia. Habitualmente el orden jerárquico para la titulación es el siguiente: título, subtítulo y antetítulo y ése será el orden en el que el periodista deberá desplegar los elementos informativos más importantes de una noticia.

Cada vez es mayor el número de medios de comunicación que utilizan más elementos de titulación. Esta política informativa permite presentar al lector en un primer impacto visual un resumen muy completo de los elementos esenciales de una información. De esta forma se facilita al público una lectura de doble velocidad. Un simple vistazo a la cabecera ofrece al lector una rápida pero precisa idea de lo que va a relatar la noticia.

d) *El ladillo*

Los ladillos son pequeños títulos que se colocan dentro de una columna del texto y sirven tanto para dividir una información extensa en partes más reducidas (en estos casos con un valor fundamentalmente tipográfico y estético), como para atraer la atención del lector sobre algún dato nuevo que se va a desarrollar en los párrafos siguientes a su ubicación (en estos casos con un valor fundamentalmente informativo).

A pesar de presentar estas dos posibilidades, su función esencial es casi siempre la de aligerar la lectura de una información. Se trata, pues, de un recurso fundamentalmente gráfico. Se colocan siempre separando párrafos del cuerpo de la noticia y pueden ir en un cuerpo mayor al del texto de la información y con una tipografía diferente.

Su nuevo refugio fue Ciudad del Este, junto a lo mejor de la delincuencia internacional. Allí fue de nuevo localizado y la presión a la que fue sometido por EL MUNDO le hizo abandonar la urbe y elegir Buenos Aires como destino.

Más delgado y sin barba

Desde entonces, el cerco en torno a Rodríguez Menéndez comenzó a cerrarse. Para ello fue fundamental la colaboración de la policía argentina, y especialmente del jefe de la Interpol en el país, el señor Vallecas.

Como podemos ver en este ejemplo, el ladillo es un pequeño titular («Más delgado y sin barba») que introduce un giro informativo en un texto largo. Aunque forma parte de la cabeza de titulación, se aloja en el cuerpo de la noticia. Se componen con pocas palabras ya que debe caber en una línea de texto. Se trata casi siempre de titulares apelativos o expresivos, ya que deben tocar una idea con una economía lingüística máxima.

El ladillo es conveniente que sea corto (dos o tres palabras) y que no repita ideas que aparecen en la cabeza de la información (antetítulo, título y subtítulo). Su utilización está supeditada al estilo propio de cada publicación. Sin embargo, se recomienda que aparezcan cada seis o siete párrafos.

e) *El sumario*

El sumario es un titular que sirve para llamar la atención sobre aspectos informativos que están contemplados en el cuerpo de la información, pero que no aparecen en ninguna otra parte del encabezamiento.

Suele estar colocado en cualquier lugar del espacio que ocupa la noticia. Habitualmente, dentro del cuerpo de la información, o también en la base de la noticia. Aunque también se puede encontrar debajo del titular, sustituyendo a los subtítulos.

Éste es un ejemplo claro de la utilización de los sumarios en el comienzo de la titulación. En este caso tres sumarios distintos sustituyen a los subtítulos. Los sumarios pueden encontrarse también en el cuerpo de la noticia, al igual que los ladillos, pero aun en este caso forman parte del encabezamiento o cabeza de titulación.

La finalidad del sumario es la de completar el ciclo informativo del encabezamiento, aportar datos nuevos y facilitar esa lectura «de doble velocidad» de la que hablábamos en párrafos anteriores. El sumario es un elemento informativo típico de las revistas, y que los diarios han incorporado a sus páginas, sobre todo en los reportajes y entrevistas, aunque en estos casos se alojan fundamentalmente en el cuerpo de la noticia.

Algunos medios de comunicación, como es el caso de *ABC* y *El Mundo*, utilizan un tipo de sumario que denominan «de pase» y que se ubica en las informaciones a una columna debajo del titular. Suele ir precedido de un punto negro y juega un papel similar al del subtítulo.

Una cabeza de titulación no tiene necesariamente que poseer todos los elementos explicados. Cada publicación y, dentro de la misma, las secciones, géneros periodísticos, etc., hace un uso diferente de los elementos que componen la cabeza de titulación. La mínima expresión de la cabecera o encabezamiento es el título solo. Es el elemento más importante porque es el único que debe aparecer siempre. La utilización de antetítulos y/o subtítulos, ladillos y sumarios está supeditada al interés de cada medio de comunicación y a la importancia de la noticia.

Cuantos más elementos de titulación utilice el periodista, más dificultades tendrá a la hora de titular. Además de elegir con rigor los datos informativos más importantes de una noticia, debe jerarquizarlos correctamente para saber qué poner en el título y qué en los otros elementos de titulación. Además, nunca debe perder de vista que a la hora de redactar el antetítulo, título y subtítulo no puede repetir palabras, lo que añade nuevas dificultades a la compleja tarea de titular.

Esta cabeza de titulación sirve para comprender la complejidad de la titulación. El periodista, además de utilizar antetítulo, título y subtítulo, coloca por encima de todos ellos cuatro gráficos que muestran la evolución de las bolsas internacionales en esa jornada. Con un rápido impacto visual proporciona al lector información suficiente. Cada vez es más frecuente la utilización de todos estos recursos.

4.   De qué dependen los títulos

Titular una información no es una tarea fácil, ya que el periodista, en el momento de titular, debe atender a múltiples particularidades, algunas de ellas ajenas a las propias características de la información. Así, en términos generales podemos decir que los títulos dependen fundamentalmente:

a)   *Del medio de comunicación*

Cada medio de comunicación titula de una manera diferente. No titulan igual los diarios que los semanarios o las publicaciones de más dilatada periodicidad. Además, entre los diarios, los titulares varían según se trate de periódicos informativos-interpretativos, popular-sensacionalistas, deportivos o económicos. En general, los diarios popular-sensacionalistas buscan una titulación expresiva, mientras que los diarios informativo-interpretativos se inclinan más por una titulación informativa o informativo-interpretativa. El estilo general del diario influye, pues, a la hora de la titulación. Unos periódicos destacan más el aspecto informativo de la noticia, mientras que otros hacen hincapié en los aspectos más atractivos.

La titulación es otra de las peculiaridades que ofrecen los medios de comunicación. Unos son partidarios de presentar titulares estrictamente informativos que sitúen al lector ante el tema central, planteándole sin dudas las ideas básicas de su texto. Otros medios de comunicación prefieren optar por titulares más llamativos, que reclamen la atención del lector hacia la idea que quieren difundir, idea que, por otra parte, quedará explicada en antetítulos, subtítulos o sumarios.

Aquí tenemos un ejemplo concreto de lo que estamos hablando. *La Vanguardia* opta por un titular claramente informativo sin grandes expresividades, mientras que *El Periódico de Catalunya* escribe un titular con claros componentes expresivos. Un mismo tema y dos medios de comunicación con titulares distintos que buscan finalidades diferentes.

b) *Del género periodístico*

El titular está también estrechamente vinculado al tipo de texto que el periodista quiera redactar. Esto es así porque no se titula igual, ni con la misma técnica periodística, una información que una crónica, un reportaje, una entrevista, un comentario o un artículo de opinión.

En el caso de la información, los titulares más habituales suelen ser informativos, aunque también encontramos titulares apelativos o expresivos. Además, en la actualidad se tiende cada vez más a incorporar elementos interpretativos en la titulación.

En el caso de la crónica, al tratarse de un texto en el que la interpretación del periodista juega un papel esencial, habitualmente suelen incorporar elementos interpretativos o valorativos.

En el caso del reportaje, el tipo de titular vendrá dado por las características del mismo. Así, un reportaje fundamentalmente informativo puede llevar un titular que sea reflejo de la información, mientras que un reportaje de ambiente llevará con mayor frecuencia un titular no informativo, es decir, algún elemento secundario que permita suscitar la curiosidad del lector. Es frecuente en el reportaje encontrar titulares apelativos, que anuncian el tema pero no informan de él.

TENNESSEE
....

El voto de la 'basura blanca'

Aquí tenemos un titular típico del reportaje. Tiene unos ciertos tintes que lo alejan claramente de lo estrictamente informativo. Por otra parte, es claramente un titular apelativo: apunta el tema pero no informa sobre él. Para identificar la acción es necesario leer los elementos que complementan al texto: gráficos, dibujos, sumarios, etc., que es donde aparecen las referencias temáticas con los componentes más informativos. La titulación apelativa es típica de los reportajes, excepto en el caso de que queramos confeccionar un reportaje muy informativo.

Por lo que respecta a la entrevista, en unas ocasiones el titular suele recoger frecuentemente una cita del entrevistado y la identificación de la persona. En otras ocasiones la identificación se hace en el antetítulo y en el título se recoge exclusivamente la cita.

> # Rubalcaba: "Ni era una maldición ni los españoles somos unos bárbaros desaprensivos"

Esta forma de titulación responde a las dos preguntas típicas del titular informativo. No es muy frecuente y se utiliza mucho en despieces.

> MARIANO RAJOY Presidente del Partido Popular
>
> # "Zapatero está en Cataluña como el bombero pirómano"
>
> "Quiero un PP que pueda ser votado por quien no defiende el grueso de nuestra ideología" ● Rajoy arranca el curso con ofertas de pacto

Ésta es otra de las formas típicas de titular de entrevista. El título recoge exclusivamente una frase literal del entrevistado, por eso va entrecomillada y se utiliza el antetítulo para identificar al protagonista. El subtítulo o subtítulos (en este caso hay dos) se utilizan para introducir otros elementos informativos de interés.

En el caso del artículo de opinión, lo normal es que el titular sea siempre más corto y sugestivo. Aunque se recomienda que el titular se vincule a algún hecho de actualidad, el periodista posee plena libertad en la titulación y deberá buscar aspectos impactantes y sugestivos que llamen la atención del lector.

c) *De la sección del periódico*

La gran variedad de secciones que hay en los diarios ha traído consigo una forma de titulación específica. De ahí que, en la actualidad, los medios de comunicación titulen los textos de forma diferente según la sección en la que vayan ubicados.

En líneas generales podemos decir que en las secciones eminentemente informativas predominan los titulares que responden al qué y quién. Es decir, los titulares informativos en todas y cada una de sus variables.

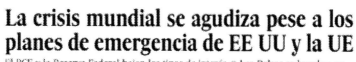

La crisis mundial se agudiza pese a los planes de emergencia de EE UU y la UE
El BCE y la Reserva Federal bajan los tipos de interés ● Las Bolsas se hunden en Europa y Latinoamérica ● El FMI vaticina que España entrará en recesión en 2009

Las secciones informativas de los diarios de información general optan principalmente por una titulación informativa en la que mediante una cierta economía lingüística quede reflejada una idea completa mediante una oración simple.

En las secciones de espectáculos y de ocio nos encontramos con los titulares más vistosos. Se trata de páginas que buscan la distracción del lector y, por consiguiente, adoptan formas especiales en la titulación para conseguir ese fin.

Estrenos fallidos y viejas fórmulas
La audiencia recibe sin entusiasmo la nueva temporada de series en EE UU

En las secciones de espectáculos existe una titulación más abierta, menos rígida. El periodista busca reclamar la atención mediante frases, en muchos casos divertidas, pero sin suministrar información detallada.

En las secciones de arte y cultura nos encontramos con una amplia variedad en la titulación. Es el espacio de los titulares informativos, pero también de titulares más literarios.

¿Spielberg y George Lucas violando a Indiana Jones?
La serie de dibujos animados 'South Park' supera su habitual irreverencia con una polémica escena de abusos sexuales

Las páginas de arte y cultura son el espacio adecuado para que el periodista despliegue en la titulación sus cualidades lingüísticas. En estas páginas encontramos titulares que exigen cierto conocimiento contextual para identificar a los protagonistas.

En las páginas de opinión nos encontramos con los titulares más cortos y sugestivos. En esta sección aparecen, fundamentalmente, los titulares indicativos y referenciales. Se trata de textos de opinión en los que normalmente el titular no tiene una extensión superior a la de cuatro palabras.

Lo sensato en Navarra

Los titulares de opinión, sobre todo de los editoriales, son siempre apelativos. Se apunta el tema, pero no se aporta más información.

En la sección de deportes, junto con los titulares informativos e interpretativos nos encontramos con un tipo de titulares que se caracterizan por su contundencia, por lo que normalmente son más llamativos y, fundamentalmente, apelativos y expresivos.

Paso al heredero de Schumacher

Sebastian Vettel entra en la historia de la F-1 como el más joven ganador al exhibirse en los charcos de Monza

En la sección de deportes se despliegan todas las posibilidades de titulación: informativos, apelativos, expresivos, según el tema y el interés del periodista. El del ejemplo es apelativo.

d) *De la página y el espacio asignado*

Un aspecto que influye notablemente en la titulación es el espacio que se le ha asignado a la noticia en la página de un diario. De ahí que no se titule igual una información a una o dos columnas que otra que ocupe tres, cuatro o cinco columnas.

De la misma forma, no se titulan igual las informaciones que van en las páginas interiores de un diario que las que tienen presencia en la portada del mismo. En los titulares de portada se busca destacar aspectos llamativos que faciliten la conexión con el lector.

e) *De la tradición periodística de los distintos países*

Basta con echar un vistazo a una hemeroteca para darnos cuenta de que un diario español es muy diferente a uno británico y uno norteamericano presenta pocos puntos en común con uno italiano. En un buen número de países el formato sábana ha estado reservado durante muchos años para la prensa seria, mientras que el tabloide era el tamaño usado por los diarios sensacionalistas o populares.

Sin embargo, no todos los sábanas ni todos los tabloides son iguales. Un diario norteamericano se distingue visualmente de uno italiano, al igual que un tabloide español es bastante diferente en su aspecto de uno británico. La forma de titular no es ajena a estar particularidades.

Así, la prensa italiana se ha venido caracterizando por la utilización de titulares muy recargados, hasta el punto de que el peso visual de la página descansaba más en los encabezados que en las fotografías. Aunque en los últimos años los diarios transalpinos han moderado esta tendencia, todavía es habitual el empleo de titulares de varias líneas, acompañados de antetítulos, subtítulos, sumarios y entradillas. Un planteamiento opuesto es el de la prensa británica de calidad: cabeceras de una o dos líneas con un único elemento. En estos casos el peso visual descansa completamente en la imagen. El titular no busca tanto llamar la atención del lector como en el caso italiano. La prensa francesa se encontraría, en general, más cercana al caso italiano. Los diarios estadounidenses, en cambio, titulan en un estilo más similar al británico: no tan sobrio, pero evitando recargar el título principal con otros elementos.

La prensa británica (a la izquierda *The Guardian*) se caracteriza por sus titulares sobrios. Todo lo contrario ocurre en la prensa italiana (en el centro *La Repubblica*) que utiliza unas cabeceras muy recargadas y con distintos elementos. Los diarios de Estados Unidos (a la derecha *Los Angeles Times*) se encontrarían más cercanos al modelo inglés, aunque sus titulares no son tan sobrios.

5.   Sugerencias para una buena titulación

1.   Un verbo, expresado o en elipsis, deberá aparecer siempre en el titular. Los verbos de los titulares se escriben preferentemente en tiempo presente, a pesar de que en la prensa escrita diaria la noticia tiene lugar el día anterior a la

aparición del periódico. La utilización del tiempo presente contribuye a incorporar inmediatez a la información. Esto quiere decir, por ejemplo, que los hechos ocurridos hoy y que el lector leerá mañana se redactan en pasado, normalmente en pretérito indefinido, pero el titular se hará en presente.

Alemania garantiza todos los depósitos

El verbo en presente del titular acerca temporalmente la información al lector. Da sensación de instantaneidad.

Ocasionalmente, cuando la información así lo exige, se escribirá en tiempo futuro.

Solbes propondrá subir el dinero garantizado si quiebra un banco

El tiempo futuro casi nunca se utiliza en la titulación porque las cosas que no han sucedido son difícilmente noticia, excepto en temas especiales, como es el que proponemos, en el que se informa de algo que va a suceder.

En el titular no aparecen adverbios de tiempo, excepto cuando el elemento temporal es determinante en la información.

2.   En el titular deben utilizarse siempre palabras exactas y concretas. No debe caerse en la vaguedad, la generalidad, ni utilizar adjetivos. Sólo se adjetiva en los títulos cuando no hay otro modo sustantivo posible para resumir un hecho.

PÁNICO EN LOS MERCADOS LA CRISIS BANCARIA
El Gobierno aumentará la garantía de los depósitos para calmar a los ahorradores

Es muy importante que el titular informativo exprese con claridad la idea central que el periodista desea transmitir. Ésa es la finalidad de este tipo de titular y es también el objetivo que debe alcanzar el periodista.

3.   En la titulación informativa se prefiere la afirmación a la negación. Sólo en casos excepcionales aparecerá en los titulares la palabra «no». Esto es así porque, normalmente, es noticia lo que ocurre, y menos frecuentemente lo

que no ocurre. Si lo que no ocurre es noticioso, es mejor utilizar una expresión afirmativa.

4.   Una buena información es la que se resuelve con un título corto. Una noticia con un titular largo puede no resultar atractiva. Para titular informativamente una noticia no tienen por qué utilizarse demasiadas palabras. Pensamos que, a modo simplemente orientativo, 13 palabras son suficientes para un buen titular. En todo caso, la extensión depende del espacio para ubicar la noticia. No se titula igual una información a dos columnas que a cinco.

Zapatero acelera su plan en medio de la debacle →28?

La economía lingüística es muy importante en la titulación. Es así porque debemos contar ideas concretas en espacios muy reducidos, lo que obliga a sintetizar sin perder claridad. Un titular corto tiene más problemas para recoger la idea básica. Si se dispusiera de más espacio, el titular del ejemplo podría haber concretado mejor la idea central, ya que de esta forma, para interpretar el titular, hace falta conocimiento contextual, algo que no debe ser así en los titulares informativos.

5.   El mejor titular es el que no precisa de signos de puntuación como la coma o el punto y coma. Sin embargo, no hay que olvidar que cuando el verbo está en elipsis debe ser sustituido por una coma.

El PNV, dividido por el plan para subir el IRPF y dejar el Impuesto de Patrimonio

Los titulares informativos no precisan de signos de puntuación. En el ejemplo es obligatorio, porque el verbo está en elipsis y tenemos que poner una coma, pero se trata de una excepción.

6.   En los titulares no se utilizarán siglas salvo que se presuponga que son sobradamente conocidas por la generalidad de los lectores.

PNV y EA no tendrán el apoyo del PP para poder aprobar su pacto fiscal en Gipuzkoa

Las siglas sólo se utilizarán cuando sean conocidas por el público. Aun así, no deben aparecer demasiadas en un titular. Las tres del ejemplo son suficientes; más, sería excesivo.

7.   Antetítulo, título y subtítulo no deben repetir palabras. Esta norma, frecuentemente, se suele emplear incluso entre los titulares de una misma página, o de dos páginas que aparecen enfrentadas.

Entre los elementos de la cabeza de titulación no deben repetirse palabras. Si es necesario buscaremos sinónimos. Esta norma se aplica también entre los distintos titulares de una página o entre los de páginas enfrentadas.

8.   La economía lingüística en la titulación hace que cualquier cantidad pueda expresarse en cifras, incluso al principio de un título.

Los 1.182 desempleados más de septiembre dejan la cifra de paro más alta en 12 años

Debido a que hay que titular ajustándose de forma rigurosa a un determinado espacio, las cantidades numéricas se reflejan en cifras. También es posible comenzar el titular directamente con una cifra. En este ejemplo, el titular no puede exceder de las tres líneas; por eso el periodista está obligado a utilizar cifras.

Tareas:
1.   Recoger un acontecimiento importante del día en el que se incluyan declaraciones y redactar unos titulares: informativo, apelativo, expresivo, de cita directa, de cita indirecta y de cita mixta directa e indirecta.

Bibliografía

Bastenier, M. A. (2002). *El blanco móvil. Curso de Periodismo.* Ediciones El País, Madrid.

Begini, J. (2004). *Más allá de la noticia. La filosofía detrás de los titulares.* Cátedra, Madrid.

Cantavella, H. y Serrano, J. F. (2004). *Redacción para periodistas: informar e interpretar.* Ariel, Barcelona.

Casasús, J. M. (1988). *Iniciación a la Periodística.* Teide, Barcelona.

El Mundo (1996). *Libro de Estilo.* Madrid.

El País (1980). *Libro de Estilo,* Madrid.

Fontcuberta, M. (1980). *Estructura de la noticia periodística.* ATE, Barcelona.

Gómez Mompart, J. L. (1982). *Los titulares en prensa.* Mitre, Barcelona.

Gomis, L. (1992) «Los titulares en prensa», en *Estudios de Periodística.* Sociedad Española de Periodística, Universidad Complutense, Madrid.

La Vanguardia (2004). *Libro de la Redacción.* Ariel, Barcelona.

Martín Vivaldi, G. (1990). *Curso de redacción.* Paraninfo, Madrid.

Martínez Albertos, José Luis (1983). *Curso general de redacción periodística*, Mitre, Barcelona.

Núñez Ladevéze, L. (1991) *Manual para periodismo*. Ariel, Barcelona.

Suárez, J. C. y Moreno, P. (2000). *Curso de Redacción Periodística en prensa, radio y televisión*. Editorial Mad, Sevilla.

Van Dijk, T. A. (1983). *La ciencia del texto*. Paidós, Barcelona.

Capítulo 6

El primer párrafo de la información

Competencias
1. Adquirir conciencia de la importancia que tiene el primer párrafo en los textos periodísticos, y sus diferencias en los distintos géneros periodísticos.
2. Conocer en profundidad las características del primer párrafo de la información: su redacción y su estructura de acuerdo con la respuesta a una serie de preguntas esenciales.

1. Características

El primer párrafo de un texto informativo es, después de los elementos de titulación, la parte más importante de la estructura de una noticia. De ahí que le dediquemos un capítulo especial para su estudio.

Entendemos el primer párrafo de una información como el lugar donde el periodista presenta los elementos esenciales de la noticia, por eso lo llamaremos también de forma indistinta «arranque», por considerar que cuando este párrafo se configura como parte de un texto eminentemente informativo es donde arranca la información.

Al recoger los elementos informativos esenciales, el primer párrafo se redacta como un relato que es de por sí autosuficiente. Es un párrafo con una autonomía plena, una plataforma que el periodista utiliza para desplegar los elementos básicos de su texto, que posteriormente explicará y ampliará en el resto de los párrafos de la información, es decir, en el cuerpo de la noticia.

Detenido un edil del PSE por intentar agredir sexualmente a su escolta

EL PAÍS, **Bilbao**

La Ertzaintza detuvo en la tarde de ayer al concejal del PSE-EE de la localidad vizcaína de Iurreta Fernando Borja Ulibarri, acusado de un supuesto intento de agresión sexual a su escolta femenina. El detenido se presentó como independiente en la candidatura socialista en las elecciones municipales del año pasado, según confirmaron fuentes del PSE, partido que le ha reclamado la entrega inmediata del acta de concejal.

En el recuadro de la derecha tenemos un primer párrafo tradicional, que amplía y desarrolla la idea anticipada en el titular. Además, responde a las preguntas tradicionales (qué, quién, cuándo, dónde, cómo y por qué) que, tal y como explicaremos en este capítulo, sirven para la redacción de estos primeros párrafos.

Por eso el primer párrafo no es una introducción informativa en la que se resumen o enumeran los temas que posteriormente se van a desarrollar en el texto que encabeza. En algunas ocasiones, excepcionalmente, puede coincidir con un resumen temático de la información, pero no es ésa su función esencial.

El primer párrafo no se redacta como si se tratara de un complemento o introducción que sintetiza el texto informativo del que forma parte; el primer párrafo es ya en sí mismo texto informativo. Es, en definitiva, el arranque del texto de la información. Un párrafo que adquiere una importancia tan grande en el texto informativo que sin él no es posible entender la esencia de la información que encabeza. De ahí que podamos decir que el texto de la información es un desarrollo complementario del primer párrafo.

En ocasiones puntuales, decidir qué idea va a recoger el primer párrafo –y, por extensión, el titular– es relativamente sencillo. Por ejemplo, en un suceso de gran importancia en el que fallecen varias personas está claro que ese dato es el que debe recoger el primer párrafo y el titular de la noticia.

El temporal hace encallar dos buques en la bahía de Algeciras y uno de ellos se parte

De uno de los tanques del 'Tawe' sale un vertido que ha afectado al Parque Natural del Estrecho

CÁDIZ.- Las fuertes lluvias y vientos que se registraron ayer en la mitad sur de España causaron heridas a cuatro personas, varios destrozos materiales y la rotura en dos del buque *Fedra*, de bandera liberiana, que encalló con 31 tripulantes a bordo la noche del viernes frente a Gibraltar. Horas después, el buque *Tawe*, también con una enseña de la misma nacionalidad, embarrancó con 22 tripulantes en Punta San García, en la bahía de Algeciras (Cádiz).

Uno y otro barco ocasionaron vertidos al mar. Las fuentes consultadas por Efe aseguraron que el carburante del *Fedra* no ha llegado a ninguna playa de Algeci-

En las informaciones de sucesos es normal que el titular recoja los elementos informativos más importantes. En este caso, aunque se trata de un temporal en casi toda la península, el periodista destaca sus dos consecuencias más importantes: el accidente sucedido a dos buques en Algeciras.

En estas informaciones el primer párrafo recoge también los elementos esenciales anticipados en el titular, de ahí que se amplíen los datos sobre los dos siniestros habidos en aguas de Algeciras.

Sin embargo, en la mayoría de las informaciones, la tarea de decidir qué va a ir publicado en el primer párrafo no es nada sencilla. Es más, podemos decir que la elección del tema central que va a ir publicado en el primer párrafo es, junto con la titulación de una noticia, la tarea más importante del trabajo de un periodista cuando asume la tarea de redactar una información. Hay que tener en cuenta que en la elección de este primer párrafo encontramos en numerosas ocasiones la clave para diferenciar una buena de una mala información.

Al igual que sucedía con el titular, un buen primer párrafo debe cumplir con dos requisitos básicos: situar al lector ante los elementos fundamentales de una noticia y captar y mantener su atención. La finalidad no es exclusivamente la de suministrar información, sino que el primer párrafo debe convertirse en una puerta abierta para que el lector entre en el texto.

Si un buen título es una puerta abierta para que el lector se introduzca en el primer párrafo, una buena entrada es una puerta abierta para que el lector se adentre en la lectura de la información.

El primer párrafo de cualquier relato periodístico juega un papel esencial en la estructura del texto. Martín Vivaldi (1990: 381) afirma que uno de los elementos esenciales de la buena narración es arrancar bien el relato. Según este autor, «arrancar bien significa que el principio –el buen comienzo– es esencial en toda narración. Evítense los principios blandos, explicativos, lentos. Búsquese, desde la primera línea, un hecho, una idea, una escena o un dato significativos, que atraigan la atención del lector».

Para insistir en la importancia del comienzo del relato en cualquier narración, Martín Vivaldi (1990: 381) cita a Albalat cuando afirma que «la exposición debe ser lo más rápida posible; abreviar los preliminares, ir derecho al grano, entrar rápidamente en materia, sacrificar lo inútil y desdeñar los preámbulos».

A pesar de que el primer párrafo juega un papel especial en cualquier trabajo periodístico, es en la información donde adquiere una importancia capital y decisiva, ya que en este género periodístico busca exponer inmediatamente los elementos esenciales de una noticia. Una presentación que permite entender la globalidad de la información simplemente con su lectura. En el primer párrafo de la información se destacan la esencia o los datos más sobresalientes del hecho del que se quiere informar.

El decreto que obliga a rotular en euskara afecta a más de 8.000 empresas vascas

Los establecimientos sujetos a la norma deberán adaptarse en cuatro años con la amenaza de multas de hasta 600.000 euros

Aquí tenemos un titular y un primer párrafo con una clara correspondencia temática. La idea central del titular se recoge y amplía de forma clara en el primer párrafo del texto de la noticia. Es un comienzo de texto típico de las informaciones corrientes.

O. TORRES
VITORIA.– El decreto del Gobierno vasco que obliga a comercios y empresas a rotular en euskara y a dirigirse a clientes y usuarios en este idioma, si el cliente lo pide, afectará en los próximos cuatro años a más de 8.000 establecimientos del País Vasco, en los que trabajan más de 68.000 empleados.

Las cifras, facilitadas por la consejera vasca de Industria, Ana Aguirre, en una reciente respuesta parlamentaria, superan con mucho las anunciadas en julio por el Ejecutivo de Ibarretxe, que estimó entonces que las empresas afectadas no superarían las 2.000.

En otros géneros periodísticos, sin embargo, podemos encontrar primeros párrafos que juegan diferentes papeles. De ahí que sea oportuno hacer una pequeña distinción entre el primer párrafo de la información y el de los otros géneros periodísticos.

CARMEN REMÍREZ DE GANUZA MADRID.– Huevos escalfados, carne y vino tinto para un almuerzo mano a mano que, aunque «cordial» –más distendido de lo que muchos aventuraban, y en el que no faltó el puro–, terminó en auténtico fracaso. Ni Rajoy convenció a Sanz ni Sanz convenció a Rajoy. Al final de dos horas en el reservado de un restaurante de Madrid, el combate culminó como había empezado, pero con la perspectiva, todavía, de un nuevo asalto.	MANUEL SÁNCHEZ MADRID.– Dicen que en política nada sale gratis. Dicen que las facturas se terminan pagando o cobrando. Dicen que siempre hay que poner las *luces largas* (esto lo suele decir Zapatero). Y algo de razón habrá en estas consideraciones tras escuchar ayer al vicesecretario general del PSOE, José Blanco, quien recordó expresamente al presidente de Navarra y máximo responsable de

En estos dos ejemplos, el periodista ha preferido entrar con un párrafo donde cuenta aspectos circunstanciales de la información. Lo hace para ambientar el hecho antes de entrar en el tema de la noticia o, simplemente, para dar color al texto. La respuesta a los elementos esenciales de la información aparecerá en los párrafos siguientes, sin seguir un orden específico aunque teniendo relativamente en cuenta el principio general de confeccionar un texto con una tensión decreciente de interés.

Si en la información el primer párrafo debe llamar la atención del lector pero fundamentalmente suministrar información básica, en el reportaje, la entrevista o la crónica el primer párrafo busca ante todo atraer la atención del lector, cautivarle mediante algunos recursos propios del oficio periodístico. De ahí que en estos géneros no tenga por qué ser eminentemente informativo. En unos casos incluirá aspectos informativos, pero en otros resaltará aspectos sugestivos –de colorido o ambiente– o bien una cita llamativa, es decir, elementos no estrictamente informativos pero que sirven para crear una atmósfera adecuada al relato y atraer la atención del lector.

Una noticia completa requiere titular, primer párrafo y cuerpo de la información. En el titular se expone el elemento esencial de la noticia. En el primer párrafo se amplían y detallan los aspectos esenciales de la noticia que aparecen anticipados en el titular. En el cuerpo de la información se explican y amplían los datos anticipados en el primer párrafo y se incorpora –si lo hay– el material secundario. En el cuerpo de la noticia se amplían los datos anticipados en el primer párrafo, pero no se repiten como si de un hecho nuevo se tratara.

Si en el cuerpo de la noticia no se habla de lo anticipado en el primer párrafo, para ampliarlo y explicarlo, el arranque no es bueno, o el cuerpo de la noticia no cumple con su función primordial. Cada hecho anticipado en el primer párrafo puede y debe ser desarrollado con detalle en el cuerpo de la noticia.

La redacción de una noticia que arranca con un primer párrafo facilita la lectura rápida del texto, por lo que se constituye en una fórmula útil para el público. Para las personas que no pueden dedicar mucho tiempo a la lectura del periódico bastará con que lean el título y subtítulo y el arranque de una información para hacerse una idea global y bastante concreta del tema sin necesidad de concluir con la lectura de todo el texto.

A la pregunta de cuál es el mejor primer párrafo podemos responder que variará del género periodístico, así como también del tipo de información que pensemos redactar. Sin embargo, en general podemos decir que el mejor primer párrafo es el que dirige rápidamente la atención del lector hacia lo que el periodista cree que es el punto esencial o el ángulo más importante de la noticia.

A la hora de redactar el primer párrafo no debemos olvidar nunca sus dos tareas esenciales: suministrar información esencial y captar la atención del lector. De ahí que para cumplir con estas dos tareas consideremos necesario que el primer párrafo cumpla con las siguientes características:

a)   *Presentar la información básica*

Para que el primer párrafo informativo cumpla su función es necesario que recoja la idea central de un acontecimiento o de un discurso. Se trata de presentar en primer plano la carga informativa del texto que vamos a redactar. La información que aparece en el primer párrafo ya no se abordará de nuevo en el cuerpo de la noticia. El cuerpo de la información se utilizará para explicar los datos que rodean a esa idea central.

FERNANDO GAREA
Madrid

El Congreso de los Diputados ha pedido a 67 de sus miembros que aclaren sus ingresos, para poder certificar que su actividad privada es compatible con el escaño. Sólo 45 de los 350 diputados (el 12,8% del total) no desempeñan ninguna actividad al margen de la Cámara, según los datos a los que ha tenido acceso este periódico.

El Congreso pide a 67 diputados que aclaren sus ingresos privados

El 10% de los parlamentarios ejercen como abogados con autorización

Éste es un ejemplo típico de un primer párrafo que entra de lleno en la información y la presenta en un primer plano. La correspondencia entre el titular y el primer párrafo es total. El titular recoge la idea básica y esa misma idea queda reflejada en el momento de redactar el primer párrafo. El periodista refleja la información básica en primer lugar.

b) *Hacerlo cuanto antes*

Como veremos a continuación, dentro del primer párrafo existe también un orden de prioridades, una jerarquía. Es importante que la idea central quede expresada en primer lugar para que el primer párrafo adquiera la fuerza que necesita para reclamar la atención del público. Por eso es siempre positivo relegar a un segundo plano los elementos secundarios y los detalles para ofrecer una idea concreta que sea comprendida inmediatamente.

Si no se presenta rápidamente la idea central, el primer párrafo entra de lado en la esencia de la información y corre el riesgo de sufrir una pérdida de tensión.

MADRID.– El nuevo periplo de Emilio Rodríguez Menéndez, fugado desde el pasado 22 de agosto, cuando no regresó a la cárcel de Teixeiro (La Coruña) tras un permiso penitenciario, tocó ayer a su fin. El ex abogado fue detenido en Buenos Aires a las 15.20 horas (20.20 h. en España) por varios agentes de la policía argentina, cuando salía de una casa que había alquilado recientemente.

Rodríguez Menéndez había llegado a la capital del país procedente de Ciudad del Este, en Paraguay, donde había sido localizado por última vez.

Cuando el primer párrafo no entra de lleno en la idea central se corre el riesgo de ocasionar una pérdida de tensión en el relato. En el ejemplo de la izquierda el periodista podía haber optado por una entrada directa como la siguiente:

«El ex abogado Emilio Rodríguez Menéndez fue detenido ayer en Buenos Aires por varios agentes de la policía argentina cuando salía de una casa que había alquilado recientemente. De esta forma termina el nuevo periplo de Rodríguez Menéndez, fugado desde el pasado 22 de agosto, cuando no regresó a la cárcel de Teixeiro (La Coruña) tras un permiso penitenciario.»

c) *Hacerlo con precisión y claridad*

Claridad y precisión, dos cualidades que atribuíamos necesariamente al titular, deben estar presentes también en el primer párrafo de la información. Para incrementar la claridad del primer párrafo es necesario hacer una exposición nítida de las ideas que queremos expresar. Hay que utilizar frases breves pero plagadas de contenido. La precisión se consigue utilizando las palabras justas y adecuadas para exponer las ideas que deseamos transmitir.

E. COLOM / E. URREIZTIETA

PALMA.– El ex consejero insular de Territorio de Unió Mallorquina Bartomeu Vicens usó su «despacho del *Consell*» para solicitar a su contable particular que buscase una empresa que le emitiese facturas falsas «de gastos» y justificar así ante el fisco que su sociedad *tapadera* Metalumba –a través de la que cobró al menos 770.000 euros provenientes de la venta de parcelas de Son Oms mientras gobernaba– tenía alguna actividad mercantil.

Vicens ordenó «en su despacho del 'Consell'» la emisión de facturas falsas para Son Oms

El ex consejero balear de Territorio usaba su oficina para estos fines, según revela su contable al juez

Este ejemplo nos sirve para ilustrar cómo un primer párrafo hace una entrada con precisión y claridad hacia la idea central. Lógicamente debe existir, como sucede aquí, una correspondencia entre el titular y el primer párrafo, ya que el título recoge la idea central que queda también reflejada en el primer párrafo. Además, la idea básica queda expuesta con claridad.

2. El origen del primer párrafo informativo

La estructura de las noticias se ha ido modificando debido fundamentalmente a dos factores. Por un lado, los avances tecnológicos que han contribuido a cambiar la estructura del relato periodístico; por otro lado, los cambiantes criterios de carácter profesional que han ido asentándose a lo largo del tiempo.

Habitualmente se vincula la aparición del primer párrafo a la implantación de la tensión decreciente representada por la pirámide invertida. Sin embargo, autores como Josep Maria Casasús afirman que podemos encontrar primeros párrafos protoperiodísticos en los textos de la antigüedad. Así, tal y como afirma este autor, el Génesis comienza su relato con la frase «Al principio creó Dios los cielos y la tierra». A continuación comienza el relato, figuradamente cronológico, del proceso de creación del cielo y la tierra. Es decir, el Génesis comienza su exposición con una fórmula inicial de arranque del relato similar a la que en la cultura anglosajona de los siglos XIX y XX se conocía con el nombre de *lead* y que nosotros denominamos aquí «arranque» o «primer párrafo» de la información.

Por su parte, Mar Fontcuberta (1981: 27) realiza un pequeño recorrido histórico sobre la utilización del primer párrafo en los textos informativos. Durante la segunda mitad del siglo XIX y el XX, el primer párrafo alcanza su máximo esplendor, de la mano de la cultura anglosajona y de los importantes desarrollos tecnológicos que se producen en el campo de la producción periodística.

En los comienzos de la prensa escrita, el estilo de los artículos era ingenuo y coloquial. Se consideraba que el lector leía todo el periódico y que por lo tanto no era necesario estructurar las informaciones para acrecentar su interés.

En 1840, con la aparición del telégrafo, las noticias sufren el primer cambio profundo en su estructura. Durante algún tiempo, coexistieron en los diarios las informaciones que provenían del telégrafo con las que se recogían por métodos más tradicionales a través de articulistas y reporteros.

Sin embargo, la Guerra de Secesión americana iba a modificar sustancialmente la estructura de los periódicos. Los corresponsales en los campos de batalla iniciaron una nueva forma de escribir y de enviar noticias a través del telégrafo.

Después de una contienda importante, los corresponsales desplazados a los campos de batalla pedían preferencia al encontrarse en las oficinas del telégrafo. Para ganar tiempo, los periodistas no daban su opinión ni suministraban excesivos detalles al transmitir las noticias. Se limitaban a intentar informar de los acontecimientos más importantes que se habían registrado.

Ante esta situación, los operadores de telégrafo idearon un método para lograr dar preferencia a todos los corresponsales a la vez. El sistema consistió en hacer una rueda de informadores en la cual cada uno podía dictar un párrafo, el más importante, de su información. Al acabar el turno se iniciaba el dictado del segundo párrafo, y así sucesivamente hasta el final.

Había nacido la pirámide invertida de la noticia. En ella, el primer párrafo es la parte más importante, la que contiene el núcleo de la información y va al principio del relato, y los detalles que complementaban la noticia descienden a continuación en orden de mayor a menor importancia hasta el final.

Al mismo tiempo que se incorporaba el telégrafo a la vida del periódico, dos nuevos inventos entraron en las redacciones de los diarios: el teléfono y la máquina de escribir.

El teléfono puso en contacto a los periodistas de forma inmediata con los lugares más apartados. El teléfono penetró en los despachos y lugares más recónditos, donde la vida política y social se gestaba a diario.

A partir de ese momento, los periodistas pudieron hablar a diario con personalidades públicas que hasta entonces habían permanecido inaccesibles. Y todo ello sin moverse de la mesa de redacción.

La máquina de escribir, por su parte, conseguía unas copias de los originales perfectamente legibles y se convirtió inmediatamente en un objeto imprescindible en las redacciones de los diarios.

De la fusión del telégrafo y la máquina de escribir surge un invento que revolucionó la redacción de los medios de comunicación: el teletipo. Después de 1913, fecha de su invención, las condiciones y el estilo de las noticias cambiaron radicalmente.

El teletipo enviaba a los periódicos las noticias perfectamente copiadas y estructuradas, dispuestas para ser tituladas si era necesario. La noticia enviada por el teletipo se ajustaba al esquema de la pirámide invertida y el primer párrafo se estructuraba con las características propias de un arranque perfectamente delimitado.

Hasta los años 50, cuando el auge de la televisión obligó a la prensa escrita a replantearse su estructura, se mantuvo en alza la pirámide invertida y con ella la estructura del primer párrafo. Sin embargo, a partir de los años 50, la televisión, y un poco más tarde la aparición de la prensa *underground*, hizo cambiar en profundidad las antiguas formas periodísticas. Así, hoy en día, las informaciones redactadas de acuerdo con una estructura piramidal y con un primer párrafo informativo coexisten con otras que no se escriben de acuerdo con estas recomendaciones clásicas. De hecho, la consolidación en los últimos años de nuevos formatos informativos como la prensa gratuita o los diarios digitales, caracterizados por la brevedad de los textos, ha supuesto una revitalización tanto de la entrada de 5 W como de la estructura de pirámide invertida.

3. **La fórmula de las cinco W**

La elección de los datos que deben aparecer en el primer párrafo es, en circunstancias excepcionales, bien sencilla. En los sucesos de gran trascendencia es muy fácil identificar el o los elementos esenciales que deben estar presentes en el arranque de la información.

En las informaciones normales, la elección de ese elemento es bastante más compleja, debido a que en ocasiones no existe un único elemento que sobresalga con claridad por encima de los demás.

En ambos casos, la selección de los datos que van a aparecer en el primer párrafo es, al igual que cualquier actividad periodística, una opción interpretativa. El periodista interpreta la totalidad de los datos disponibles para la elaboración del texto, los interrelaciona entre sí, los vincula con el contexto en el que se producen esos datos y, finalmente, decide cuál o cuáles va a destacar en el primer párrafo de la información.

Una vez que el periodista ha seleccionado los datos más importantes, debe pensar cómo hay que presentar esos datos para que su texto sea eficaz informativamente y capte con rapidez la atención del lector.

Un método práctico eficaz para la redacción de ese primer párrafo es la técnica denominada de las «cinco W»; es decir, la explicación en ese párrafo inicial de los elementos que responden a las preguntas: quién, qué, cuándo, dónde y por qué.

Hay ocasiones en las que para redactar ese primer párrafo surge una sexta pregunta: el cómo, es decir, la manera o forma de producirse el hecho. En otras ocasiones, sin embargo, la respuesta a esta pregunta está contenida en el qué o en el porqué.

De ahí que para redactar ese primer párrafo sea importante incluir la respuesta a esa sexta pregunta siempre que no esté incluida en las cinco preguntas anteriores.

Si en el momento de elaborar el primer párrafo de la información el periodista acude a la fórmula de las «cinco preguntas», aunque el lector no continúe con la lectura de la información habrá captado unos datos genéricos suficientes para comprender el contenido global de la información.

Un buen arranque puede dar respuesta en una única frase o en un único párrafo a estas cinco preguntas tradicionales, pero no tiene por qué ser necesariamente así. En algunas ocasiones, al intentar agrupar todos estos elementos en una única frase o párrafo se construyen oraciones excesivamente largas, de difícil comprensión para el lector, de ahí que sea oportuno utilizar más de un párrafo para su redacción.

Lo determinante a la hora de redactar este tipo de arranque no es responder por igual, en un mismo nivel, a todas las preguntas en un único párrafo, sino comprender que entre todas las preguntas siempre hay alguna que destaca en importancia. Esa pregunta que centra el interés informativo es la que sí debe aparecer al inicio del arranque de la información. La respuesta al resto de las preguntas se puede distribuir en un par de párrafos, para obtener así una claridad superior en la exposición.

De la aplicación de esta norma se deduce que podemos identificar el primer párrafo con el arranque de la información, pero eso no quiere decir que ese arranque de la noticia quede siempre resuelto en un único párrafo. Esto es así porque, tal y como hemos expuesto, en ocasiones resulta imposible recoger en un único párrafo las respuestas a todas las preguntas.

Desde esta perspectiva, debe quedar también perfectamente claro que un primer párrafo o arranque de la información no está agotado hasta que se hayan contestado a todas las preguntas pertinentes. En caso de que utilicemos dos párrafos para responder a todas las preguntas, el arranque comprenderá esos dos párrafos. A partir del tercer párrafo comenzará el cuerpo de la noticia.

En el momento de redactar un primer párrafo informativo, el periodista debe tener perfectamente claro cuál es la pregunta más importante, que es la que deberá aparecer al comienzo de la información. La elección del elemento esencial suele ser, en ocasiones, sencilla. Sin embargo, en otros casos se trata de decisiones más complicadas en las que el periodista deberá relacionar la información con su contexto para elegir la pregunta más importante.

Teniendo en cuenta que muchas noticias tratan de cosas o personas, las preguntas más utilizadas en la redacción de arranques corrientes son el qué y el quién. El cuándo y el dónde suelen ser frecuentemente las preguntas menos importantes. Por su parte, el cómo y el porqué son más relevantes en el periodismo de interpretación que en el eminentemente informativo.

a) *El qué*

Es el elemento central en las noticias corrientes y se emplea con más frecuencia que las demás preguntas. Un buen primer párrafo rara vez puede prescindir del qué, ya que casi siempre lo más importante lo escribiremos preguntándonos ¿de qué trata la noticia?, ¿qué hechos principales relata?

La integración del qué en el primer párrafo se resuelve fácilmente. Suele hacerse casi siempre a través de una breve síntesis del hecho fundamental.

Cuando el qué es la pregunta más importante, es oportuno comenzar el primer párrafo con la respuesta a esa pregunta.

JOSÉ MANUEL ROMERO
Madrid

Más poder para los 3.976 secretarios judiciales, que asumirán nuevas competencias, y menos trabajo para los 4.543 jueces, que se librarán de algunas tareas burocráticas que ahora tienen encomendadas. Ésa es la intención de un proyecto de ley que el Consejo de Ministros aprobará en las próximas semanas y que cuenta de antemano con el visto bueno del Consejo General del Poder Judicial.

El Poder Judicial avala la ley del Gobierno para una profunda reforma en los juzgados
La norma descarga de trabajo a los jueces y da más competencias a los secretarios

Este primer párrafo comienza con el qué. La pregunta esencial de la información es especificar las medidas concretas del nuevo proyecto de ley del Consejo de Ministros para reformar los Juzgados. La información comienza especificando el incremento de poder para los nuevos secretarios judiciales y la reducción de tareas para los jueces. Es decir, con las medidas concretas que debatirá el Consejo de Ministros. De esta forma, el periodista decide situar ante el lector la respuesta a la pregunta qué, por delante del quién.

b) *El quién*

La frase inicial del primer párrafo de una noticia suele contener con mucha frecuencia un quién, ya que la representación del elemento humano puede magnificar el carácter de una noticia. En la mayoría de las ocasiones, un nombre conocido suele encabezar la noticia aunque sea más importante el qué. En cualquier caso, el quién deberá encabezar muchas veces el primer párrafo ya que representa el sujeto de la oración gramatical que vamos a construir para redactar el primer párrafo.

N. C.
BARCELONA.- Sólo queda un miembro de los Maragall en política, Ernest, consejero de Educación del Gobierno de la Generalitat. Y se ha encargado de que una parte de la memoria de la familia no llegue a las librerías en forma de libro: *Pasqual Maragall, el hombre y el político*, de Esther Tusquets y Mercedes Vilanova (Ediciones B), una biografía que intenta explicar la figura del ex presidente de la Generalitat y que, para ello, se remonta a la historia de su familia y reproduce fragmentos de una autobiografía inédita de su padre, Jordi Maragall.

El 'conseller' Ernest Maragall logra que una editorial censure una biografía de su familia

Ediciones B destruye los ejemplares originales de 'Pasqual Maragall, el hombre y el político'

Éste es un primer párrafo en el que la pregunta quién adquiere una relevancia capital. Lo esencial de esta información son las gestiones de Ernest Maragall para evitar que salgan publicadas las memorias de su hermano y ex presidente de la Generalitat, Pasqual Maragall. La relevancia del papel jugado por esta persona es tan grande que ocupa el eje central del arranque de esta información dejando en un segundo plano el resto de elementos o preguntas, incluso la respuesta a la pregunta qué.

En ocasiones, un primer párrafo que presenta en primer plano la pregunta quién puede magnificar excesivamente este elemento, y acabar por distorsionar la redacción de ese primer párrafo.

Cuando escribimos un primer párrafo como el de al lado, nos encontramos ante una clara distorsión en el arranque de esa noticia, porque no contiene los elementos esenciales de la información, sino una burocrática descripción de los protagonistas. Responde a la pregunta quién, pero en esta información lo determinante no es el quién, sino cuáles son las críticas que el PSE-EE hace al PNV.

BILBAO (Europa Press).- El secretario general del PSE-EE en Vizcaya, José Antonio Pastor, replicó ayer al presidente del PNV, Iñigo Urkullu, que "el gran pacto pendiente en Euskadi es entre vascos de diferente ideología" y criticó que, en el concierto que el dirigente peneuvista propugna, "no existen los vascos no nacionalistas". En este sentido, denunció que "las frases alambricadas y retóricas" del dirigente nacionalista "esconden el mismo empeño imposible" del lehendakari, Juan José Ibarretxe.

La mayoría de las veces, estas distorsiones equivalen a entrar de costado, no de frente, en los elementos centrales de la información. Esta circunstancia suele darse habitualmente cuando el periodista no ha sabido valorar y jerarquizar de forma conveniente los elementos centrales de la información.

c)   *El cuándo*

El cuándo es más importante en la radio, en la televisión y en el periodismo digital que en la prensa escrita porque la noticia en radio, televisión y en la red llega a la audiencia mucho más rápidamente y porque el hábito de poner el acento en la inmediatez ha llegado a ser la característica distintiva de las noticias en esos medios de comunicación. En la prensa escrita, rara vez el cuándo tiene una relevancia capital, ya que en pocas ocasiones el elemento temporal es el más significativo de la noticia.

Azaña ya tiene tumba digna en Montauban

Francia realza el lugar donde yace el ex presidente español

IGNACIO CEMBRERO, **Madrid**

Los visitantes se quejaban de lo difícil que era de localizar su tumba en el cementerio municipal de Montauban (al sur de Francia). Izquierda Republicana lamentaba en su página web que estuviera mal señalizada. Desde el pasado sábado, el lugar donde yace Manuel Azaña, el último presidente de la II República, se identifica con más facilidad.

En este texto la pregunta cuándo (desde el pasado sábado) tiene una gran trascendencia, ya que desde esa fecha Azaña tiene en el cementerio municipal de Montauban una tumba perfectamente localizable.

En este apartado existen algunas excepciones en las que la pregunta más importante responde al cuándo. En estos casos, y solamente en éstos, está justificada la redacción del comienzo del primer párrafo respondiendo a la pregunta cuándo. Aquí presentamos dos ocasiones en que la pregunta cuándo adquiere una relevancia especial:

1.   Las noticias que tratan sobre temas cuyo desenlace se presenta en un tiempo futuro suelen incluir el cuándo en el arranque de la información.

OLGA R. SANMARTIN
MADRID.- Mientras el Gobierno inventa fórmulas para hacerles volver a casa, los inmigrantes se cuelan obstinadamente por las rendijas de la crisis y llaman a la puerta de los empleos que nadie quiere. No van a dejar de venir a España. Incluso con el cataclismo financiero más terrible, llegarán a nuestro país entre 250.000 y 300.000 nuevos extranjeros cada año.

Entre 250.000 y 300.000 nuevos inmigrantes llegarán a España cada año pese a la crisis

Un estudio sostiene que se necesitan al menos 430.000 extranjeros cualificados hasta 2012

Es una noticia que no es demasiado usual, ya que está planteando un tema cuya evolución tendrá lugar en un tiempo futuro. Esto es así porque noticia es más lo acontecido que lo que está por suceder, ya que en este último caso cabe la probabilidad de que finalmente no suceda, lo que provocaría que nos moviéramos en el campo de la pura especulación.

2. En las informaciones en las que estaba previsto que algo sucediera y finalmente sucede, el elemento temporal se presenta como la pregunta más importante de la noticia, por lo que debe dársele toda la relevancia posible al cuándo.

EUROPA PRESS.- Tras un maratoniano encuentro de seis horas, ayer terminó sin acuerdo la reunión entre el presidente colombiano, Álvaro Uribe, y los representantes de las comunidades indígenas del Cauca concentrados en el resguardo La María, en el municipio de Piéndamo, cerca de Cali. Al no haberse alcanzado un mínimo acuerdo los indígenas han anunciado que proseguirán con las movilizaciones emprendidas en las últimas semanas para reclamar derechos y tierras, por lo que seguirán con la llamada Minga de resistencia.

En ocasiones, cuando está previsto que algo va a suceder y finalmente sucede, el periodista excepcionalmente puede optar por comenzar el primer párrafo con la respuesta a la pregunta cuándo. Se trata de una situación que no es corriente, porque el elemento temporal casi nunca tiene la importancia suficiente para encabezar el primer párrafo.

d) El dónde

Funciona de forma parecida al quién. El lugar del suceso siempre reviste importancia, en el sentido de que la proximidad es uno de los factores que más influyen en el interés de los lectores. Sin embargo, al igual que lo que pasaba con el cuándo, no es frecuente ver el dónde en la frase inicial del primer párrafo de la información. Las referencias de tiempo y lugar –el cuándo y el dónde– pueden darse la mayor parte de las veces en una misma frase.

CARLOS ALBERTO QUIROGA
Reuters / EL MUNDO
LA PAZ.- El Congreso de Bolivia aprobó ayer al mediodía la convocatoria a un referendo constitucional el 25 de enero, desatando de inmediato un festejo callejero del presidente Evo Morales y miles de sus seguidores.
La ley que convoca al referendo quedó sancionada tras un debate de 18 horas, que fue cerrado por el vicepresidente Álvaro García con el anuncio de que entregaría de inmediato la norma a Morales, quien esperaba en las afueras del Palacio

Bolivia convoca para enero su referéndum de la Constitución

El Congreso acordó la medida tras 18 horas de debate gracias al pacto entre el Gobierno y la oposición

El dónde siempre tiene relevancia, ya que el público necesita saber el lugar donde ha acontecido lo que le estamos relatando. Además, hay noticias en que la pregunta dónde es especialmente relevante, ya que el lugar en el que acontecen los hechos tiene mucha importancia.

Cuando el dónde sea lo más importante, o bien sea el elemento que el redactor quiera destacar en primer lugar, por ejemplo para enfatizar el lugar de los hechos, se puede colocar al comienzo de la primera frase del arranque.

EIBAR.- La localidad guipuzcoana de Eibar se convirtió ayer en trágica protagonista después de que un accidente de ferrocarril ocurrido a primeras horas de la mañana de ayer acabara con la vida de cinco personas y dejara heridas a otras quince. El tren, que minutos antes había abandonado la estación del barrio eibarrés de Azitain, por causas desconocidas, se salió de las vías y chocó contra un muro.

En ocasiones especiales el periodista, a consecuencia por ejemplo de la proximidad, puede querer destacar como elemento esencial de la información el lugar donde se produce el acontecimiento. En ese caso es importante destacar la respuesta a esa pregunta al comienzo del primer párrafo de la información. Ése es el caso del ejemplo que presentamos al lado.

e)   *El porqué y el cómo*

Si se sigue el esquema tradicional de las cinco preguntas, el porqué y el cómo no suelen aparecer frecuentemente en el principio del primer párrafo. Normalmente, la respuesta a estas dos preguntas se aplaza hasta el cuerpo de la noticia. Contestar a estas dos cuestiones en el comienzo de los textos es una de las técnicas más utilizadas en una modalidad de periodismo que más se utiliza en estos momentos: el periodismo de interpretación.

En ocasiones, también en las informaciones corrientes se responde al comienzo del primer párrafo a alguna de estas dos preguntas, fundamentalmente al cómo.

El fiscal investiga por prevaricación a un alcalde de Ciudad Real

JOAQUÍN MANSO
MADRID.- Están las calles, con su asfaltado, sus aceras, sus pasos de peatones pintados en el suelo, sus señales de tráfico y sus farolas. Incluso sus rampas para minusválidos. Y en medio de cada una de las 57 retículas que forma ese conjunto, no hay nada: un solar vacío lleno de malas hierbas donde debía haber un chalé de 200 metros cuadrados. Todos están vendidos ya hace tiempo, pero la promoción está parada desde hace meses.

En esta información el periodista, antes de entrar en el tema anticipado por el titular, prefiere narrar cómo han quedado las calles de la ciudad a consecuencia del presunto delito de prevaricación del alcalde.

4.   Tipos de primer párrafo informativo

Para iniciar un relato informativo existe una amplísima variedad de arranques. Vamos a destacar aquí algunos de los tipos de primeros párrafos más comunes en la redacción de informaciones. De entre los más importantes, podemos destacar:

a)   *Arranque directo*

Es el tipo de primer párrafo tradicional que corresponde al inicio de las informaciones directas con una estructura convencional. Se caracteriza porque recoge los elementos básicos de la noticia en el primer o los primeros párrafos. En ocasiones responde a las 5 preguntas en un único párrafo. En ese caso condensa en pocas frases cortas los datos más esenciales de la noticia. En otras ocasiones utiliza dos o tres párrafos para responder a todas las preguntas esenciales.

Son los arranques característicos de los textos que se presentan con fines primariamente informativos. Tratan los hechos con mayor inmediatez y menor interpretación. Informan de lo que tiene interés puntual para el lector, de lo que ocurre y de lo que ha ocurrido.

Muere un niño al caer de un piso imitando a Spiderman

TOLEDO.- Un niño de nueve años falleció ayer tras precipitarse por una de las ventanas de su casa, situada en el cuarto piso de un bloque de edificios de la céntrica calle del Rosario, en Albacete.

La Policía Local baraja la hipótesis de que el pequeño, que padecía una ligera discapacidad, pudiera haber pretendido emular a Spiderman, dado que llevaba puesta una careta del famoso personaje de cómics y de cine.

Aquí tenemos un típico primer párrafo de arranque directo, ya que va inmediatamente al elemento central de la noticia anticipado en el titular. El arranque responde a las preguntas quién, qué, cuándo, dónde, lógicamente preservando la identidad del menor. En el segundo párrafo, inmediatamente después, responde a la pregunta por qué. Contesta así rápidamente a todas las preguntas esenciales de un comienzo de información.

Dentro de los arranques directos podemos diferenciar los siguientes tipos:

— Primer párrafo de un elemento o simple. Es un tipo de arranque que corresponde a las informaciones simples, en las que destaca un único hecho esencial. El primer párrafo, en este tipo de informaciones, recoge ese elemento principal y se redacta junto con el resto de las preguntas pertinentes.

AGENCIAS.- Una persona falleció ayer y otra se encuentra en estado grave debido, según los primeros indicios, a la inhalación de monóxido de carbono en una casa rural del Penedés (Barcelona). En el accidente han resultado heridas otras cinco personas. El fallecido, un hombre de 57 años, tenía alquilada una habitación de la casa rural. La herida grave es una mujer de 49 años, que fue trasladada al Hospital Dos de Mayo de Barcelona, donde se someterá a un tratamiento con cámara hiperbárica.

Éste es un ejemplo de un primer párrafo de un único elemento o simple. La noticia se refiere a un suceso en una localidad de Barcelona en el que muere una persona y otras varias resultan heridas. Las informaciones con un único elemento central suelen arrancar con una fórmula similar a la aquí presentada.

— Primer párrafo de varios elementos o múltiple. Es el tipo de arranque que corresponde a una noticia múltiple, es decir, a una información que hace referencia a varios hechos al mismo tiempo. El primer párrafo, en este tipo de informaciones, recoge una síntesis de los hechos más importantes de la noticia y se presenta como una especie de resumen que recoge varios aspectos esenciales.

La tercera riada en Melilla en un mes aísla la ciudad y tira la valla fronteriza

La lluvia desborda tres cauces, inunda el aeropuerto y destruye carreteras

---

Este ejemplo sirve perfectamente para ilustrar lo que son los primeros párrafos múltiples. Informan sobre un mismo tema central, pero dada la importancia del tema y las derivaciones informativas que tiene es necesario poner en un mismo plano varios aspectos informativos relacionados todos ellos con la idea central. En este ejemplo concreto, el periodista se refiere a los efectos de una riada en la ciudad de Melilla que produjo:
– La inundación de la ciudad por tercera vez en menos de un mes.
– La caída de más de 30 metros de la valla fronteriza con Marruecos y los problemas derivados de esa circunstancia.
– El aislamiento de la ciudad durante varias horas por tierra, mar y aire.
– El desbordamiento de los tres cauces fluviales de la ciudad.
– La necesidad de movilizar al Ejército para participar en los trabajos de ayuda a los ciudadanos.

TOÑY RAMOS
Melilla

Las lluvias torrenciales que cayeron ayer sobre Melilla inundaron la ciudad por tercera vez en menos de un mes, tiraron más de 30 metros de la valla fronteriza con Marruecos y mantuvieron la ciudad autónoma aislada por tierra, mar y aire durante prácticamente todo el día. Los más de 110 litros por metro cuadrado que cayeron entre las once de la mañana y la una desbordaron los tres cauces fluviales de la ciudad, dieron al traste con el sistema de alcantarillas y obligaron a movilizar al Ejército para restablecer la normalidad.

b) Arranque indirecto o aplazado

Es un tipo de primer párrafo característico de los reportajes y las crónicas y se denomina arranque aplazado porque en el comienzo del texto no aparece la respuesta a las preguntas esenciales que el periodista plantea en el título o el subtítulo del texto.

Se caracteriza porque no da la información básica en el primer párrafo, sino que la coloca en el cuerpo de la información, según las necesidades del relato. Parte de una innovación estructural, y por eso no respeta estructuras cerradas ni incorpora inicios tradicionales. Es el tipo de arranque que cada vez se va utilizando más en los textos informativos de calidad y en los géneros interpretativos.

A pesar de que en el género información se suele utilizar frecuentemente un primer párrafo que tenga correspondencia con su titular, en la actualidad los medios de comunicación se inclinan por utilizar arranques que no respondan directamente a esas preguntas esenciales.

También en otros géneros periodísticos el arranque aplazado ha ido ganando terreno y cada vez aparece más frecuentemente en los medios de comunicación. Así, en la actualidad, sobre todo a raíz del fuerte impulso que está adquiriendo el periodismo de interpretación, es fácil encontrar este tipo de arranque en los reportajes y en las crónicas.

Holanda pide a Sarkozy estar en la cumbre financiera como España

Polonia acude directamente a EE UU para reclamar su presencia en la reunión

MIGUEL GONZÁLEZ
Madrid

"Lo que no me cabe en la cabeza es estar de pie. En alguna silla hay que estar", ironizó ayer el jefe del Gobierno español, José Luis Rodríguez Zapatero, cuando se le preguntó por la posibilidad de que el presidente francés, Nicolas Sarkozy, le ceda una de las dos sillas a las que Francia tiene derecho en la Cumbre del 15 de noviembre en Washington, como miembro del G-7 y presidente de turno de la UE.

El arranque aplazado, como podemos observar en el texto de al lado, se caracteriza porque no recoge la idea esencial del título, sino que el periodista prefiere entrar de lado en el tema destacando otros aspectos de interés. El desarrollo del tema anticipado en el titular se deja para el cuerpo de la noticia.

c)   *Arranque interpretativo*

Es un primer párrafo que contienen elementos interpretativos (no de opinión) que contribuyen a dar una dimensión mayor a la información. Es el tipo de primer párrafo que emplean los periodistas que analizan y explican las noticias. Generalmente se estructura con datos de análisis o estimativos, de ahí que se lo conozca con el nombre de interpretativo. Es un párrafo que lleva a los lectores a analizar la noticia desde el primer momento.

Se trata del tipo de arranque más característico de los textos de interpretación, es decir, de esas informaciones que relacionan el hecho con otros que se han producido anteriormente o con simultaneidad. Al relacionar los hechos entre sí se producen en esas informaciones una explicación y un análisis, y se incorporan valoraciones personales del periodista.

SALUD HERNÁNDEZ-MORA
Especial para EL MUNDO

BOGOTÁ.- Tiene la suerte del campeón. Cuando la contestación social y un escándalo de espionaje le habían sumido en un mar turbulento que amenazaba con succionar pedazos de su inmensa popularidad, aparece un salvavidas y el presidente colombiano, Álvaro Uribe, vuelve triunfante a la superficie.

Sobre las 8.00 horas de ayer, el ex congresista Óscar Tulio Lizcano llegó sano y salvo a un Batallón del Ejército en el departamento del Chocó, al oeste del país, en la Cordillera Occidental.

El ex congresista Óscar Tulio Lizcano huye de las FARC tras ocho años de cautiverio

El primer párrafo de esta información comienza con una interpretación del periodista que antes de informar sobre los hechos que anticipa en el titular, cosa que hace a partir del segundo párrafo, prefiere interpretar acerca de las horas bajas por las que atraviesa en esos momentos el presidente colombiano, Álvaro Uribe, a causa de la contestación social o los escándalos de espionaje. Según el periodista, esta situación cambia favorablemente para el presidente a consecuencia de la huida de las FARC del ex congresista Óscar Tulio Lizcano. La información y detalles sobre esta huida comienzan en el segundo párrafo, después de las interpretaciones que aparecen en el primer párrafo.

5. Normas para redactar un buen primer párrafo

La redacción del primer párrafo de la noticia no es un trabajo sencillo. El primer paso para acometer esta tarea es tener perfectamente claro qué se quiere destacar en primer lugar y hacerlo de forma clara, concisa y precisa. Algunas recomendaciones para afrontar esta tarea podrían sintetizarse en las siguientes:

1. Recabar todos los datos, incluso detalles. Un buen primer párrafo nace de la posesión de datos precisos para su elaboración. El periodista que posea los mejores datos, los más detallados, las mejores citas, etc., estará en posesión del material necesario para redactar un primer párrafo de calidad, mucho más noticioso y brillante.

2. Sujeto, verbo y predicado. Las frases bien ordenadas son inmediatamente inteligibles. Un buen primer párrafo tiene que ser inteligible. No se puede convertir esta regla en absoluta, ya que a veces es necesaria una estructura menos sencilla: arranques que responden a las preguntas cuándo o dónde, por ejemplo, con sus participios en primer plano. Pero siempre son preferibles las oraciones más naturales.

3. Brevedad. Los primeros párrafos interminables no contribuyen en absoluto a lograr su fin primordial, que es el de enganchar de inmediato al lector con lo más importante de la información.

4. Colocación escueta de la atribución. Cuando el periodista tiene su información principal de una valiosa fuente, que en sí misma es noticia, conviene colocar muy arriba, en el primer párrafo, una breve atribución. Más adelante se podrá ampliar. El peso de una acusación de financiación ilegal de un partido no es igual si la realizan fuentes que exigen el anonimato que si la hace algún tesorero de ese partido que se deja identificar.

5. Ojo con las citas. No confeccionar un primer párrafo informativo con una cita excesivamente larga. Se trata de un defecto bastante frecuente en el periodismo del Estado y se conoce con el nombre de primer párrafo de cita. Una cita larga de varias líneas desplaza algunos elementos importantes de la noticia, no resuelve el problema de las cinco W y demuestra falta de elaboración en la confección del texto. Esto no quiere decir que en el primer párrafo no deban aparecer citas, pero siempre breves y, a ser posible, sin que encabecen el primer párrafo.

6. Oraciones claras. Todas las recomendaciones que se han dado para la redacción de noticias son aplicables para la redacción de un buen primer párrafo. Oraciones claras, concisas, fluidas y frases breves son reglas de oro para conseguir una buen arranque informativo.

Tareas

Redactar un primer párrafo de una información destacando en un primer plano la respuesta a las diferentes preguntas: qué, quién, cuándo, dónde y por qué.

Bibliografía

Begini, J. (2004). *Más allá de la noticia. La filosofía detrás de los titulares.* Cátedra, Madrid.

Benavides, J. L. y Quintero, C. (2005). *Escribir en prensa.* Pearson Prentice Hall, Madrid.

Casasús, J. M. (1988). *Iniciación a la Periodística.* Teide, Barcelona.

El Mundo (1996). *Libro de Estilo.* Madrid.

El País (1980). *Libro de Estilo*, Madrid.

Fontcuberta, M. (1980). *Estructura de la noticia periodística.* ATE, Barcelona.

Gómez Mompart, J. L. (1982). *Los titulares en prenso.* Mitre, Barcelona.

Gomis, L. (1992) «Los titulares en prensa», en *Estudios de Periodística.* Sociedad Española de Periodística, Universidad Complutense, Madrid.

La Vanguardia (2004). *Libro de la Redacción.* Ariel, Barcelona.

Martín Vivaldi, G. (1990). *Curso de redacción.* Paraninfo, Madrid.

Martínez Albertos, José Luis (1983). *Curso general de redacción periodística*, Mitre, Barcelona.

Núñez Ladevéze, L. (1991) *Manual para periodismo.* Ariel, Barcelona.

Salas, C. (2006). *Manual para escribir como un periodista.* Áltera, Barcelona.

Secanella, P. (1980). *El lid, fórmula inicial de la noticia.* Mitre, Barcelona.

Capítulo 7

El cuerpo de la noticia

Competencias
1. Familiarizarse con la estructura externa de la noticia así como con los tipos más característicos de estructuras que adoptan los textos periodísticos.
2. Aprender por qué la estructura de pirámide invertida es importante para iniciarse en la redacción de informaciones.

1. Introducción

Cuando el periodista ha redactado la cabeza de titulación y el primer párrafo debe proceder a redactar los elementos informativos que completan la noticia. Es en este momento, justo antes de empezar a redactar, cuando el periodista debe decidir si va a acomodar o no estos datos de acuerdo con una determinada estructura que facilite la lectura del texto.

En el caso de la información lo más oportuno y habitual es que el periodista decida presentar los datos ordenados de acuerdo con una determinada estructura. Se trata de un orden textual que sigue una pauta común para cada uno de los géneros periodísticos y que puede servir para diferenciar al texto informativo de los demás textos periodísticos.

Cuando hablamos de organizar los párrafos de una información de acuerdo con una estructura hay que tener en cuenta que se trata de una cuestión opcional. Es decir, no existe ninguna norma que obligue al periodista a utilizar una estructura cerrada para organizar sus textos. Sólo el hecho de que lo considere adecuado para que el lector capte mejor las ideas que desea exponer, hace que los textos periodísticos se estructuren de acuerdo con unos esquemas más o menos convencionales y que son diferentes para cada uno de los géneros periodísticos.

En un relato breve o en una narración literaria, es decir, en los textos que no son periodísticos, cuando el escritor decide contar una historia lo normal es acudir a un tipo de relato que habitualmente se organiza de acuerdo con un orden cronológico.

Sin embargo, este orden cronológico, habitual en los textos literarios, se quiebra cuando lo que se pretende es construir un texto periodístico. Cuando pretendemos organizar internamente textos periodísticos, y fundamentalmente aquellos que corresponden al campo del género información, la sucesión temporal de los hechos, su desarrollo cronológico, no tiene importancia y carece de interés, de ahí que el periodista busque una estructura de presentación de los datos ajena al acontecer temporal.

A veces, para contar una historia, el periodista elige determinados géneros periodísticos en los que la estructura habitual es la ruptura del orden cronológico para contar los hechos.

Por ejemplo, si queremos informar sobre un suceso, lo normal es situar en un primer plano el desenlace final del mismo y no su desarrollo cronológico, puesto que lo más importante aparece al final, en el momento de efectuar el balance de los daños causados.

Si queremos informar sobre un pleno parlamentario lo lógico es comenzar por el resultado final; es decir, por el resultado de la votación que aprueba o rechaza una ley, para proseguir posteriormente con los debates y puntos de vista que los distintos partidos políticos han defendido hasta llegar a ese resultado final.

En los relatos deportivos esta norma es todavía más fácil de comprender. Nunca comenzamos una información de acuerdo con el desarrollo cronológico de ese acontecimiento deportivo, y sí con su resultado final.

Cuando el periodista redacta informaciones, lo normal, lógico y más adecuado es presentar en primer lugar lo más importante, aunque haya sucedido al final, y vaya ubicando en los párrafos posteriores los hechos de interés y desechando los datos de escasa importancia, aunque cronológicamente hayan sucedido en primer lugar.

Ya hemos dicho que estas normas son fáciles de comprender cuando el periodista informa sobre hechos normales, del tipo de los que hemos explicado con unos ejemplos. Sin embargo, son más difíciles de comprender cuando se trata de informar sobre declaraciones, ruedas de prensa, conferencias, charlas, comunicados de prensa, etc.

En estos casos, el orden en el que el orador va exponiendo los hechos no coincide casi nunca con el interés periodístico. El periodista debe recoger en un corto periodo de tiempo, habitualmente menor a una hora, un número considerable de datos, réplicas, afirmaciones, críticas, etc., que ordena siguiendo el orden cronológico de exposición utilizado por el orador. El periodista hace sus anotaciones al tiempo que el declarante expone sus consideraciones. Es decir, mediante un orden cronológico.

Sin embargo, el orden de presentación de los hechos por parte del orador no es casi nunca el oportuno para afrontar la redacción del texto, ya que el orden de importancia de los hechos no coincide nunca o casi nunca con el orden de exposición cronológica.

Por ello, el periodista está obligado a diseccionar la totalidad del mensaje del orador y ordenar los datos de acuerdo con un criterio de interés. En el momento de ordenar los datos debe tener presente que los aspectos más importantes han podido ser expuestos al principio, en el intermedio o al final de la disertación. Es más, en muchas ocasiones, los elementos informativos de interés pueden surgir después de la exposición, en el momento de los debates o preguntas y respuestas que suceden habitualmente a este tipo de actos.

Una de las mayores dificultades que encuentran los periodistas noveles es detectar de entre todas las declaraciones las más importantes, aquellas que por su interés el periodista deberá exponer en la primera parte de su relato.

Una de las claves que el periodista puede poner en práctica para detectar los aspectos esenciales es relacionar la totalidad del mensaje con el contexto en que se produce.

De la vinculación de esas declaraciones con el contexto informativo general en el que se han producido derivan casi siempre los elementos informativos de mayor interés. La vinculación con el contexto no siempre es determinante para detectar el interés informativo de unas declaraciones, pero sí ofrece importantes pistas para valorar con precisión la importancia de los diferentes elementos que se van a relatar en esa información.

Una vez seleccionados y ordenados los datos de acuerdo con un orden de interés informativo, el periodista procede a exponerlos de acuerdo con un esquema que habitualmente coincide con una tensión decreciente.

Para ello, redacta el texto en lo que denominamos el cuerpo de la información; es decir, en una sucesión de párrafos en la que aparece en primer lugar lo más importante y se relega al final los datos informativos de menor interés. Una estructura de la información que se corresponde con un orden de tensión decreciente y una pérdida progresiva del interés de la narración, de ahí que se conozca con el nombre de pirámide invertida.

Sin embargo, antes de iniciar la redacción del cuerpo de la noticia, el periodista puede optar por colocar uno o dos párrafos que ayudan a explicar mejor los datos que aparecen en el cuerpo. Es lo que se denomina cuello de la información.

Por eso, un esquema completo de lo que sería el cuerpo de una información clásica podría ser el siguiente:

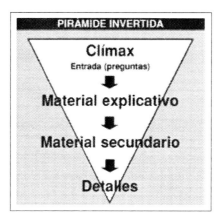

2. El cuello de la información

El cuello de la noticia suele funcionar unas veces como apoyo al primer párrafo y otras como complemento necesario para el cuerpo de la información. No aparece en todas las informaciones, solamente en aquellas que precisan, por determinadas circunstancias, de un tratamiento específico. Sin embargo, es aconsejable utilizarlo siempre que sea oportuno. El cuello consiste en redactar uno o dos párrafos ubicados inmediatamente después del arranque de la información; es decir, como primer párrafo del cuerpo de la noticia, con las siguientes finalidades:

– Descargar en un segundo párrafo identificaciones que serían muy extensas para el primer párrafo. Si colocáramos esas identificaciones en el arranque estaríamos escribiendo un párrafo desmesurado, que atentaría contra la propia esencia del primer párrafo periodístico. Se utiliza, por ejemplo, cuando tenemos varios protagonistas y necesitamos identificarlos a todos juntos con los cargos que ocupan.
– Añadir detrás del primer párrafo uno o dos hechos que son secundarios, pero que pueden ser significativos para la historia que vamos a relatar. Se trata de elementos informativos que si mantuviéramos una tensión decreciente en el cuerpo podrían ubicarse en los últimos párrafos. Sin embargo, el periodista opta por colocarlos al principio, en el cuello, detrás del arranque, para crear ritmo o porque son elementos que ayudan a ambientar la información o dotarla de colorido.
– En las noticias de continuidad, es decir, en informaciones que forman parte de un proceso informativo que dura varios días, el cuello puede servir para vincular la noticia del día con hechos publicados en días anteriores y que nunca podemos presuponer que han sido leídos por el público. En este caso el cuello es necesario para comprender en profundidad el hecho publicado.
– Como un elemento que sirve para anticipar al lector la existencia en el cuerpo de la información de material de antecedentes. Los antecedentes son

hechos pasados que se utilizan para vincular el hecho del que se informa con otros sucedidos con anterioridad. Entendido así, como elemento contextualizador o de enlace entre el primer párrafo y el cuerpo de la información, el cuello es de capital importancia para una buena estructura de la noticia.

3. La organización de los párrafos

Nada que no sea la conveniencia obliga al periodista a utilizar una determinada estructura para distribuir los datos informativos a lo largo de un texto. Si adoptamos un esquema para la organización de los textos es porque consideramos que se trata de algo oportuno para distribuir adecuadamente los datos informativos. De ahí que podamos decir claramente que cuando el periodista utiliza un esquema cerrado para componer un relato periodístico lo hace simplemente porque considera que se trata de una propuesta adecuada para redactar un texto.

Cuando el periodista decide acomodar los datos periodísticos en una estructura textual, tiene varios recursos a su alcance:

– Estructura cronológica: A través de esta estructura el periodista decide acomodar los hechos en el mismo orden en el que van sucediendo. Se trata de un esquema escasamente periodístico, ya que lo importante casi nunca coincide con el orden de sucesión de las cosas. Sólo excepcionalmente el orden cronológico puede coincidir con el orden de sucesión. Por eso, sólo excepcionalmente se utiliza este esquema para confeccionar las noticias. Hay un determinado tipo de noticias, las cronológicas, que excepcionalmente pueden seguir este esquema.

Por ejemplo, en una noticia donde se informa de la concesión del premio Nobel de Literatura a una determinada persona, podemos colocar un texto complementario (despiece) con un texto cronológico en el que aparecen las fechas con la publicación de sus obras más importantes.

– Estructura homérica o nestoriana, llamada también de reloj de arena: Es un esquema de principio y final. Es decir, una organización en la que el periodista presenta al comienzo –en los primeros párrafos– unos datos importantes y reserva para el final otros datos que tienen también interés. Los párrafos intermedios se convierten así en una transición desde un comienzo intenso hasta un final intenso también.

Es un esquema que no es demasiado apropiado para las noticias, pero sí que se suele utilizar frecuentemente en los editoriales, reportajes y crónicas.

– Estructura creciente: El esquema de tensión creciente se llama así porque se ubican los datos informativos en una sucesión habitualmente creciente de interés. Es decir, se parte de los datos secundarios y poco a poco se va incrementando la tensión hasta llegar a los párrafos finales, lugar en el que se ubican los elementos más importantes.

Es el típico esquema adecuado para los relatos breves y las obras de creación literaria novelescas, dramáticas o narrativas, pero no es excesivamente adecuado para la información, ya que el lector puede abandonar el texto sin haber llegado a los datos esenciales.

En este tipo de estructura el clímax se sitúa al final de la acción, mediante la técnica habitual del suspense mantenido. El relato novelesco se organiza internamente según el clásico patrón de los tres tiempos fundamentales: planteamiento (detalles), nudo (datos de interés secundario) y desenlace (clímax del relato).

– Estructura decreciente: Finalmente, el periodista puede presentar los datos en un orden de tensión decreciente de interés. Una estructura en la que los elementos fundamentales se presentan al inicio del texto y va decreciendo la importancia de los elementos conforme se incorporan nuevos párrafos al relato informativo. Se trata de un esquema que en la práctica periodística se reconoce con el nombre de pirámide invertida y se considera adecuado para la organización de los datos de las informaciones.

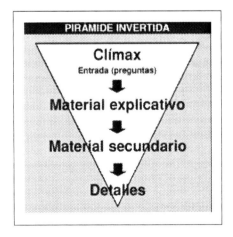

4. La pirámide invertida

La pirámide invertida se basa en la concentración del máximo interés informativo y de actualidad en el primer párrafo, y en el descenso gradual de estos factores a lo largo del cuerpo del texto, mediante la incorporación sucesiva de componentes esenciales, datos secundarios y detalles referidos al hecho que se explica.

El sistema de la pirámide invertida facilita la lectura de los elementos esenciales de la información ya que el lector sabe que en los primeros párrafos hallará los contenidos más importantes de la noticia. Esta ventaja resulta particularmente significativa en una etapa histórica caracterizada por un descenso en los índices de interés en la lectura periodística atribuido a las exigencias de la vida laboral moderna, que impone una lectura rápida de los periódicos.

Además, la estructura piramidal facilita el trabajo periodístico en el proceso de elaboración de los textos informativos. Ayuda a sistematizar los datos y a modificar rápidamente el texto original con la inclusión de nuevos giros informativos.

Sin embargo, a pesar de estas innegables ventajas, en el periodismo moderno existe una tendencia a abandonar los clichés un tanto cerrados que ofrecen estas estructuras, para volcarse más hacia una forma cada vez más personal en la redacción de los textos informativos.

Esta tendencia se ha ido acrecentando a lo largo de los últimos años, sobre todo desde la incorporación de la radio y la televisión a la difusión de noticias y la reciente irrupción de la prensa digital. Cuando un lector se acerca al periódico para leer una información ya conoce a través de la radio, la televisión o las consultas a los diarios digitales los elementos fundamentales de las noticias, por lo que no tiene una necesidad urgente de que el relato informativo le ponga rápidamente ante los aspectos esenciales de la información.

El hecho de tener un conocimiento amplio de lo acontecido diariamente antes de acercarse a los medios escritos para informarse, hace que el periodista no se plantee con urgencia suministrar los datos esenciales de su información, ya que puede dar por hecho que esos datos ya son conocidos por el público. De ahí que se plantee como prioridad hacer un buen relato informativo, personal, peculiar, literario y deje en segundo plano la respuesta urgente a las preguntas más importantes.

Que el periodista no se plantee con urgencia contestar a las preguntas esenciales no quiere decir que otras estructuras como la tensión creciente o novelesca o la estructura cronológica sean mejores para confeccionar los textos. Quiere decir, sin más, que el periodista cada vez se ajusta menos a estructuras cerradas y utiliza composiciones más abiertas y libres, textos más literarios para intentar contar mejor sus historias.

El sistema de la pirámide invertida tiene en la actualidad muchos detractores, tanto en las culturas periodísticas del sur de Europa como en los EE.UU. Generalmente las personas críticas con este esquema opinan que ubicar los datos esenciales en un primer párrafo impide crear un comienzo de texto que sea creativo y agudo. También critican el esquema de pirámide invertida porque no fomenta la creatividad en los periodistas sino que, más bien al contrario, lo habitúan a un estilo mecánico y esquemático.

Buena parte de estas críticas son absolutamente ciertas. Sin embargo, a pesar de estas observaciones de partida, es necesario afirmar que la utilización de esta estructura para informar es tan estrictamente exacta para el género informativo que si se desarrolla con precisión se podrá conseguir el objetivo inicial de aprender a redactar noticias.

Por eso, desde el punto de vista pedagógico, consideramos oportuno que los alumnos estudien y comprendan la estructura de la pirámide invertida por dos motivos esenciales:

– Ayuda a presentar los datos en un orden fácilmente comprensible para los alumnos en unos momentos en los que se están iniciando en la redacción de noticias.
– Obliga al alumno a hacer un esfuerzo para proceder a ordenar los datos en un determinado orden periodístico, de acuerdo con una jerarquía. Ésta es una faceta muy importante porque a los alumnos les cuesta pensar que informativamente los datos que tienen en sus manos no poseen el mismo valor y que la vinculación de los hechos que acontecen con el contexto informativo diario ayuda a ordenar las informaciones y los datos de acuerdo con un interés periodístico.

5. Los párrafos de contexto

Un elemento fundamental en el cuerpo de la noticia son los párrafos de contexto o relato de antecedentes. Se trata de una serie de párrafos que en el periodismo anglosajón se denominan *background* y se utilizan para realizar un relato de antecedentes; es decir, para ubicar en el cuerpo de la noticia una serie de elementos pasados que sirven para dar mayor alcance y perspectiva a la información. Se trata pues de unos párrafos que se utilizan para hacer mucho más comprensible la información que se publica.

Estos párrafos de contexto tienen como propósito ayudar al lector a ubicar la noticia en el contexto que la circunda, de ahí que aporte elementos que dan pistas al lector para efectuar una cabal comprensión de la información.

Al tratarse de unos párrafos que ayudan al lector a comprender la información, hay que tratarlos con exquisito cuidado, ya que bastará con enfatizar unos aspectos u omitir otros para crear un relato que pueda conducir al lector hacia interpretaciones interesadas.

Los párrafos de contexto son oportunos, por ejemplo:

– En las informaciones de sucesos, sobre todo en los sucesos importantes en los que es oportuno relacionar el hecho acontecido con otros ocurridos con anterioridad. La relación del suceso actual con otros iguales producidos en el pasado ayuda al lector a ubicar perfectamente la información y comprobar su alcance.

– En las noticias de continuidad; es decir, en las noticias con una actualidad que perdura a lo largo del tiempo. El periodista que escribe una noticia de estas características debe tener siempre presente que el lector no tiene por qué estar al tanto de los elementos informativos publicados en días anteriores.

Al no tratarse de un material que aporta hechos actuales, en una información en la que incorporamos datos de contexto ubicaremos en primer lugar los datos eminentemente informativos, actuales, y, por consiguiente, más informativos y relegaremos a los últimos párrafos de la información el material de contexto, los párrafos de antecedentes.

En ocasiones el contexto de una información no aparece en el mismo cuerpo de la noticia, sino que, mediante la utilización de un despiece, se ubica en la base del texto central, en un relato separado con su correspondiente titular. En muchos de estos casos el relato de contexto se realiza mediante un texto que sirve para ofrecer al lector información contextual, hechos sucedidos con anterioridad, vinculados al elemento informativo actual, y redactados de forma cronológica.

6.   Los recuadros de apoyo

El recuadro de apoyo, llamado también despiece, es un elemento informativo que en los últimos años ha encontrado un espacio habitual en las informaciones complejas de la prensa escrita. Se incorpora a las informaciones importantes para informar sobre un único aspecto que siempre está relacionado con el tema central de la información.

El recuadro de apoyo hay que entenderlo como una información breve, dependiente de un texto informativo de cierta extensión y complejidad, que se utiliza para ampliar los datos publicados en la noticia central, también para liberar al texto central de elementos complejos que dificultarían su rápida comprensión o, simplemente, para contextualizar la información publicada. Habitualmente el recuadro de apoyo suele ser monotemático y va acompañado de su propio titular, casi siempre apelativo, ya que se complementa con el titular central. El recuadro de apoyo es imprescindible para la redacción de un buen número de noticias.

En la página izquierda tenemos un despiece acompañado de pequeños anagramas gráficos en el que se explican algunas prácticas para aprovechar más los alimentos en época de crisis. Se trata de un despiece singular, con profusión de elementos gráficos, pero que juega el papel del característico texto de apoyo.

En la página de la derecha, debajo de las fotografías, tenemos un despiece clásico, titulado *Ellos compraron esta semana*. La presentación es la típica de un despiece o texto de apoyo. Titular apelativo, monotemático y editado con un cambio de amplitud de columna respecto al texto central y, además, alineado con bandera derecha, para diferenciarse más del texto central.

Tareas

1. Redactar una noticia completa con su correspondiente título, subtítulo, primer párrafo y cuerpo de la noticia estructurándola de acuerdo con las recomendaciones realizadas para la utilización de la pirámide invertida.
2. Seleccionar un reportaje corto y convertirlo en una información para comprender en la práctica las grandes diferencias que existen en el lenguaje y en la estructura de estos dos géneros periodísticos.

Bibliografía

Alarcos Llorach, E. (1977). *Lenguaje en el periodismo escrito*. Fundación Juan March, Madrid.

Benavides, J. L. y Quintero, C. (2005). *Escribir en prensa*. Pearson Prentice Hall, Madrid.

Cantavella, H. y Serrano, J.F. (2004). *Redacción para periodistas: informar e interpretar*. Ariel, Barcelona.

Casasús, J. M. (1988). *Iniciación a la Periodística*. Teide, Barcelona.

Dary, David (1976). *Cómo redactar noticias*. Ediciones Marymar, Buenos Aires.

El Mundo (1996). *Libro de Estilo*. Madrid.

El País (1980). *Libro de Estilo*, Madrid.

Fontcuberta, M. (1980). *Estructura de la noticia periodística*. ATE, Barcelona.

— (1993). *La noticia. Pistas para percibir el mundo*. Paidós, Barcelona.

Gregorio, Domenico de (1966). *Metodología del Periodismo*. Rialp, Madrid.

La Vanguardia (2004). *Libro de la Redacción*. Ariel, Barcelona.

Martín Vivaldi, G. (1990). *Curso de redacción*. Paraninfo, Madrid.

Martínez Albertos, José Luis (1983). *Curso general de redacción periodística*, Mitre, Barcelona.

Núñez Ladevéze, L. (1991). *Manual para periodismo*. Ariel, Barcelona.

Randall, D. (1999). *El periodista universal*. Siglo XXI, Madrid.

Reyes, G. (2005). *Cómo escribir bien en español: manual de redacción*. Arco Libros, Madrid.

Salas, C. (2006). *Manual para escribir como un periodista*. Áltera, Barcelona.

Van Dijk, T. A. (1983). *La ciencia del texto*. Paidós, Barcelona.

Capítulo 8

La valoración de las noticias

Competencias:
1. Aprender los instrumentos que los profesionales utilizan frecuentemente para valorar las noticias y proceder a su elección para ser publicadas.
2. Hacer especial hincapié entre las cualidades internas del hecho noticioso y los criterios de elección ajenos al hecho en sí.

1. La agenda temática. Los *gatekeepers*

Tal y como hemos ido reiterando a lo largo de este libro, la actividad periodística está marcada por la constante elección. Elección de informaciones, de datos y de vocablos. Elección de espacios, de material gráfico y de ubicación. Una compleja actividad que obliga a los medios de comunicación a mantener unos periodistas encargados de decir qué informaciones se publican, cuál es el enfoque más oportuno, qué espacio van a ocupar, en qué lugar van a ir ubicadas y el apoyo gráfico que van a recibir.

Los jefes de sección, redactores jefes, subdirectores y director son los que tienen en sus manos la responsabilidad fundamental de analizar, valorar y decidir sobre lo que se debe publicar. Son periodistas que forman parte del *staff* de la dirección de un diario y que en la prensa anglosajona se les conoce con el nombre de *gatekeeper*. Un término que en castellano podemos traducir por «portero» o «guardabarreras», que tiene como misión fundamental la de elegir las noticias que se van a publicar, por lo que les reconoceremos aquí con el nombre de «selector» y que han sido frecuentemente utilizados por autores americanos que han estudiado la producción de las noticias, como Gaye Tuchmann o Denis McQuail.

Los selectores de noticias son los encargados de fijar diariamente la *agenda setting* del periódico; es decir, el temario diario o la «agenda temática» de noticias que los periodistas deben trabajar y que contempla la elección de las informaciones publicables, la selección de las fuentes adecuadas, los enfoques más oportunos y el espacio final que va a ocupar esa información. Los selectores tienen, pues, una doble actividad. Por un lado, seleccionan los temas y, por otro, dirigen el trabajo de los periodistas para alcanzar los fines diarios propuestos en la correspondiente agenda.

Los selectores son las personas que deciden si dejan pasar o bloquean la información. Dentro de sus tareas está la codificación de los mensajes, la selección, la formación del mensaje, la difusión, la programación y la inclusión o exclusión de todo el mensaje o de alguna de sus partes.

A la hora de tomar estas decisiones, los selectores no utilizan exclusivamente criterios periodísticos vinculados a la noticiabilidad de los hechos, sino que ponen en circulación un conjunto de criterios entre los que se encuentran algunos profesionales, vinculados al carácter noticioso de los hechos, y otros más directamente productivos, relacionados con la necesidad de elaborar diariamente un determinado número de noticias para completar el ciclo informativo diario de cada medio de comunicación. Por eso, las noticias que obstaculizan el proceso productivo, porque exigen una dedicación especial para su producción, pueden ser más fácilmente rechazadas por los selectores que las que apenas exigen un esfuerzo para su puesta en circulación.

De hecho, algunos estudios realizados desde el campo de la investigación sociológica determinan que a la hora de proceder a esta selección, los criterios vinculados a su contexto profesional-organizativo influyen en los selectores, en ocasiones mucho más que los propios criterios de noticiabilidad.

Así, cuando se afirma que los periodistas eligen las noticias que interesan a su público no es exactamente cierto. Eligen en parte las noticias que intuyen que interesan al público de su medio de comunicación, pero su elección se sustenta también, y mucha, en las rutinas productivas y en la aceptación de su grupo profesional y de sus superiores.

Es interesante recordar aquí lo que Noelle-Neumann denomina espiral del silencio, a través de la cual una persona que forma parte de un colectivo tiende a ocultar o modificar sus puntos de vista cuando no son los dominantes en el colectivo y tiende así a aceptar los puntos de la mayoría como propios por la dificultad que arrastra el mantener criterios contrarios a los dominantes.

Los periodistas, en el desarrollo de su actividad, forman parte de un colectivo profesional y empresarial que les induce a mantenerse en sintonía con los responsables de la empresa. Los motivos de supeditación a la colectividad pueden ser varios: el respeto a la autoridad y a las sanciones que pueda aplicar, los sentimientos de obligación y estima hacia los superiores, las aspiraciones profesionales, la ausencia de fidelidades de grupo contrapuestas a los órganos de decisión, la naturaleza del trabajo cuando forma parte de un empleo profesionalmente satisfactorio, etc.

La conclusión es que los periodistas, en el transcurso de su actividad, además de utilizar criterios de noticiabilidad profesionales, emplean sistemas de elección influidos por su pertenencia a un colectivo y a una organización empresarial.

Parte de los efectos de esta situación es lo que algunos autores denominan «distorsión involuntaria». Es decir, una cierta «deformación» de los contenidos informativos que no es achacable a la violación de la autonomía profesional, sino más bien a la forma en la que está organizada e institucionalizada la profesión de periodista.

Este enfoque de la distorsión involuntaria se aleja del concepto de manipulación. No estamos diciendo que los medios de comunicación no pongan en práctica mecanismos voluntarios de manipulación, pero muchos de los mecanismos selectivos derivan de esta distorsión inconsciente.

El concepto de manipulación, entendida como la distorsión deliberada de las noticias con fines políticos o personales, implica que las noticias pueden ser eliminadas o modificadas a causa de la influencia o del complot de los que tienen poder político y comercial. Sin embargo, atribuir las distorsiones exclusivamente a la manipulación deja de lado la importancia que también tiene en el criterio de selección la distorsión involuntaria que deriva de las prácticas profesionales, de las rutinas productivas o de los valores profesionales aceptados por formar parte de cierta colectividad profesional.

1.1. LA ELABORACIÓN DE LA AGENDA TEMÁTICA

Cuando hablamos de la agenda temática nos referimos al conjunto de temas que un medio de comunicación recopila diariamente y que recoge los aspectos informativos más importantes de cada jornada con la intención de planificar su cobertura informativa. La agenda temática es el temario informativo en el que se recopilan las informaciones, reportajes, entrevistas, crónicas, textos de opinión, fotografías, infográficos y espacio publicitario que cada jornada tiene previsto elaborar el periódico para completar sus páginas.

Las informaciones que diariamente llegan a un medio de comunicación a través de fuentes de información comunes (agencias de información, gabinetes de prensa e imagen, etc.) y fuentes propias (contactos personales de los periodistas) constituyen el punto de partida para la elaboración de la agenda temática.

En la configuración diaria de esta agenda intervienen las previsiones informativas de los periodistas del medio de comunicación. En su trabajo diario, los periodistas siguen los temas de actualidad, buscan nuevos enfoques, nuevas fuentes y estudian los posibles giros que pueden tomar algunas informaciones. En este proceso, el periodista recoge los temas que puede trabajar cada día y anota las informaciones previsibles a corto y medio plazo.

Todas estas informaciones diarias, así como las previsiones a corto y medio plazo, las recogen los responsables del medio de comunicación para centralizar las previsiones y decidir qué temas van a formar parte de la agenda diaria y cuáles van a ser completados por los periodistas.

Una parte importante de la agenda temática está constituida por informaciones previsibles, es decir, temas que el medio de comunicación conoce con anterioridad que iban a suceder y, por consiguiente, ha podido valorar con antelación su importancia y planificar su cobertura.

Con todos estos datos en la mano, el medio de comunicación está en condiciones de decidir sobre qué temas va a trabajar de forma prioritaria, atendiendo a la previsible importancia de la información y a las posibilidades de personal disponible para trabajar cada tema.

La agenda temática de una jornada cualquiera comienza a elaborarse el día anterior. Finalizado el trabajo en las diferentes secciones, el jefe de cada sección del diario introduce en una agenda electrónica los temas previstos para el día siguiente y, junto con los redactores jefes, decide qué temas deben ir acompañados de material gráfico del día y deben ser cubiertos desde la mañana por los fotógrafos del diario.

La agenda temática recibe así sus primeras pinceladas durante las últimas horas de la jornada anterior. Esta primera aproximación se perfila más o menos definitivamente en la reunión de dirección, que en la mayoría de los medios de comunicación tiene lugar al mediodía.

En esta reunión, en la que están presentes los responsables del diario, se deciden los temas más importantes de la jornada y la cobertura informativa que el medio de comunicación va a prestar a cada uno de ellos. Para tomar las decisiones oportunas, cada sección presenta su agenda de temas, que previamente ha debido completar con las informaciones que se conocen ya a primeras horas de la mañana. La agenda temática que se presenta en esta reunión recoge la práctica totalidad de los temas que a lo largo de esa jornada van a trabajar los periodistas en sus respectivas secciones.

Diseñados ya los temas esenciales de cada área, los jefes de cada sección junto con el correspondiente redactor jefe y el subdirector de información decidirán la extensión de cada tema, su ubicación o no en la apertura de sección, si va a ir en página par o impar, etc. Para realizar este trabajo cada sección deberá tener en cuenta las páginas que tiene asignadas durante esa jornada, teniendo en cuenta la publicidad contratada por el diario para ese día y la que va a ir ubicada en su correspondiente sección.

Sin embargo, la agenda temática no permanece inmóvil a lo largo de la jornada, sino que habitualmente sufre constantes cambios. Hay que tener en cuenta la importancia de las informaciones imprevistas, que surgen intempestivamente y que alteran cualquier planificación de trabajo efectuada con anterioridad.

La planificación de las informaciones a tratar, sus espacios, etc., dependen siempre de la importancia de los temas imprevistos que surjan a lo largo de la jornada. Sucesos de importancia, acuerdos políticos de última hora, etc., obligarán a modificar los planes de trabajo y la correspondiente agenda.

Así, la agenda temática se va modificando permanentemente a lo largo de la jornada hasta que termina por recoger los temas que cada medio de comunicación considera esenciales para ese día. La agenda temática se convierte en un compendio de la realidad que cada medio de comunicación recrea y presenta a su público.

El resultado final de la agenda temática de cada día se refleja en la reunión de portada que cada medio de comunicación realiza a media tarde. En esta reunión, en la que están presentes los responsables informativos del periódico, se deciden los temas que aparecerán en la portada: cuál se utilizará para la apertura del periódico porque se considera que es el más importante del día y cuáles le acompañarán para completar ese mosaico diario que el medio de comunicación presenta a su público a través de la portada.

La elaboración de la agenda temática es una actividad compleja en la que intervienen múltiples factores, algunos ajenos al alcance de la información y vinculados con lo que cada medio de comunicación, en función del espacio social que desea ocupar, decide como más importante.

Cada medio de comunicación representa un espacio dentro del universo informativo. De ahí que la agenda temática no tenga por qué coincidir. Normalmente, coincide en los grandes temas. Así, toda la prensa española abrió su portada con el inicio de la «Guerra del Golfo». Sin embargo, no tienen por qué coincidir en la elección de temas de menor importancia, ni en el espacio que les dedican, ni en el enfoque informativo.

A través de la agenda temática el medio busca conectar con su público. Si se produce esa conexión, estará capacitado para ampliar su influencia social y orientar de forma destacada al público indicándole sobre qué temas debe pensar, pero también qué pensar sobre cada uno de esos temas.

Se trata, por lo tanto, de un proceso interpretativo y jerarquizador a través del cual los media crean su propia realidad. Una realidad que se estructura también sobre la base de la omisión de aquellas informaciones que considera que no son oportunas. Así, de esta forma, el público acaba por conocer la realidad que los medios le presentan, pero desconoce las otras fracciones de la realidad que éstos, por una u otra causa, le omiten.

La decisión de cada medio sobre el contenido de su agenda temática no es una operación inocente. Por regla general hay temas que entran con mucha facilidad a formar parte de la agenda. Temas relacionados con la política institucional, económica, partidos políticos y otros similares que contribuyen a fortalecer la imagen democrática institucional del país encuentran fácilmente su hueco en las respectivas agendas de la prensa. Por el contrario, los temas relacionados con sectores sociales marginales o grupos políticos minoritarios encuentran serias dificultades para buscar un espacio adecuado. La agenda temática contribuye así a perpetuar los valores dominantes en la sociedad.

Desde esta perspectiva, los medios de comunicación no son meros vehículos transmisores de información, sino que contribuyen a consolidar y definir pautas políticas y sociales. La reitcración de temas en una agenda temática juega el papel de auténtico goteo social. Las personas acaban por hablar sobre aquellos temas que los emisores reiteradamente exponen y acaban por pensar lo que los medios influyentes desean que piensen.

1.2. Las fuentes estables y la agenda temática

Para que una secuencia del acontecer diario se acabe por poner a disposición del receptor es necesario que concurran dos circunstancias: que sea comunicable, es decir, que cumpla unos requisitos que la conviertan en óptima para convertirse en información, y que intervenga un periodista que la seleccione y la transforme en noticia puesta a disposición del público. Se establece así una pugna inestable entre hechos que por sus circunstancias pueden ser comunicados al público y la elección final de temas comunicables que exige la intervención de un periodista seleccionador.

La recogida del material informativo es una actividad que está estrechamente relacionada con el trabajo del periodista y el medio de comunicación con las fuentes de información. En el periodismo actual podemos decir que si bien hubo una época en que eran los periodistas los que iban en busca de las noticias, ahora son las noticias y las fuentes de información las que buscan a los periodistas.

En la mayoría de los diarios las noticias llegan a través de fuentes estables que suministran material informativo fácilmente incorporable al proceso productivo de la redacción. Un ejemplo incuestionable es la importancia que los medios otorgan a las fuentes institucionales o a las noticias emitidas por las agencias de información ya que, sólo con algún retoque circunstancial, se convierten rápidamente en noticias.

La supeditación de los medios a estas fuentes de información tiene importantes consecuencias para la agenda temática en varios aspectos:

a)   La homogeneidad de los mensajes: La dependencia de los medios de comunicación a un número limitado de agencias de información acaba por determinar una fuerte homogeneidad y uniformidad sobre lo que los medios de comunicación acaban por presentar al público.

b)   La noticiabilidad: El criterio de noticiabilidad que aplican los medios está supeditado al material disponible. Como las agencias hacen llegar a los medios ingentes cantidades de información, el criterio de lo que es o no es noticia está influenciado directamente por estas fuentes.

c)   La cobertura informativa: Los medios de comunicación que tienen posibilidades de organizar su propia cobertura informativa lo hacen también dependiendo de las agencias de información. Las agencias, a través de los temas que presentan diariamente, influyen directamente en las pautas informativas estratégicas que planifican los medios de comunicación en su cobertura informativa diaria.

1.3.   LOS EFECTOS DE LA AGENDA TEMÁTICA

Un aspecto esencial de los estudios de comunicación de masas es la teoría de los efectos sobre las audiencias, es decir, conocer las reacciones del público frente a las informaciones que difunden los medios de comunicación.

El estudio de los efectos ha sido cambiante a lo largo de la historia y ha oscilado entre la influencia total y directa hasta casi la irrelevancia de los efectos de los mensajes en el público.

En los años 30 del siglo XX se impone en los estudios de los efectos la teoría hipodérmica, conocida también con el nombre de la bala mágica o teoría de la reacción en cadena. De acuerdo con los defensores de esta teoría, los individuos se encuentran aislados y responden de forma individualizada a los mensajes, lo que les convierte en vulnerables e indefensos. Según esta teoría existe una relación causa-efecto entre mensaje y público.

La teoría hipodérmica fue superada por el modelo de Laswell, propuesto en 1948, y en el que se formulaba que para describir un acto de comunicación era necesario responder a las siguientes preguntas: quién dice qué, a través de qué canal, a quién y con qué efecto. Este modelo se basa en la teoría hipodérmica, aunque tiene alcances más grandes.

En la década de los 40 del siglo pasado se impone la teoría de los efectos limitados formulada por Paul F. Lazarsfeld. Esta teoría plantea que el público no se encuentra tan aislado, ya que entre el emisor y el receptor existen múltiples factores sociales, familiares, políticos, económicos, etc., que influyen en las decisiones del público más allá de los efectos directos de los medios.

A partir de 1972 se impone la teoría de la *agenda setting* formulada por McCombs y Shaw. La teoría de la *agenda setting* defiende que los medios de comunicación reciben un caudal informativo superior a lo que pueden comunicar, por lo que efectúan una elección de las noticias publicables a través de una jerarquización y confeccionan un temario que será el que finalmente impactará en la audiencia. Los *gatekeepers* juegan un papel esencial en la puesta en práctica de esta teoría.

Noelle-Neumann en 1974 propuso la teoría de la espiral del silencio. Según esta autora, puesto que las personas viven en sociedad temen quedarse aisladas de la opinión mayoritaria y tienden a identificarse con lo que opina el público en general. Cuanto más se difunde una opinión dominante, más tienden las personas a ocultar sus puntos de vista contrarios, con lo que las opiniones mayoritarias van tomando cada vez más peso.

En la actualidad se entiende que los media no intervienen de forma directa, sino que tienen un efecto acumulativo, que se va sedimentando poco a poco hasta intervenir como un fenómeno más, dentro de otros muchos, en la configuración de la opinión pública.

Dentro de este marco de los efectos acumulativos, la influencia de los medios de comunicación se debe a que los medios seleccionan, filtran y enfatizan temas y estructuran el presente social de cada jornada. Además, la gente tiende a incluir y a excluir de su campo de conocimiento los temas que los medios de comunicación ocultan o publican. Esto es así porque el público no vive directamente multitud de temas, sino que para su conocimiento depende exclusivamente de la intervención de los medios de comunicación.

Los lectores tienen una dependencia cognoscitiva de los emisores para multitud de temas, por lo que la *agenda setting* provoca un impacto e influencia directa sobre la audiencia, aunque los resultados no aparezcan de forma inmediata sobre los destinatarios.

La audiencia termina por conocer exclusivamente lo que los medios le presentan y jerarquiza esos temas en un orden de interés que coincide con la jerarquía que los medios de comunicación exponen. Esta dependencia de la audiencia respecto a los media en lo que respecta al conocimiento de los temas de interés y su jerarquía tiene un efecto acumulativo que se manifiesta a largo plazo.

La agenda temática también se estructura de acuerdo con la penalización u omisión de temas por parte del medio de comunicación, ya que el público desconoce lo que los medios de comunicación no publican o lo hacen parcialmente omitiendo aspectos esenciales de la información.

La influencia de los medios sobre la audiencia depende de varios factores:

a)   Las características de cada medio: Los distintos medios de comunicación tienen un poder diferente sobre la audiencia. Así, algunos estudios han demostrado que los efectos de la televisión son menores que los que se alcanzan a través de la publicidad o de la prensa escrita. Las noticias de televisión son demasiado breves y presentan una realidad excesivamente fragmentada, desvinculada de contextos y en un formato temporal muy limitado.

b) La importancia de los temas: Ante los temas importantes existe un interés mayor de la audiencia por acercarse a los medios para conocer sus puntos de vista, por lo que el efecto de la agenda temática es más intenso y prolongado.

c) El grado de conocimiento de la audiencia sobre los temas: Cuanto menor es la experiencia directa que una persona tiene sobre un determinado tema, más depende de los medios de comunicación para acercarse al conocimiento de determinadas áreas temáticas, por lo que queda más expuesto a la dependencia de los medios de comunicación y a los efectos de su agenda.

d) La valoración que haga un medio sobre el tema: En general, podemos decir que cuando un tema es valorado fuertemente por un medio de comunicación tiene casi todas las probabilidades de que el lector también lo valore. Sin embargo, por el contrario, un tema escasamente valorado por un medio de comunicación puede, en determinadas circunstancias, y a consecuencia de muy variados factores, ser valorado ampliamente por el lector.

e) La complejidad de los temas: Cuanto más complejo es el tema presentado por los medios, más dificultades encuentra para influir en el público. Esta dificultad de comprensión es, además, mayor en determinados medios. Los consumidores de prensa escrita tienen más facilidades para alcanzar la comprensión.

f) La frecuencia de aparición del tema: A pesar de que no se puede vincular exclusivamente el impacto de un argumento entre el público a su reiteración, es obvio que los argumentos penetran con mayor facilidad si se incrementa su frecuencia. La frecuencia influye directamente sobre el proceso de memorización de la información y se convierte así en un elemento más que interviene sobre los efectos de la *agenda setting*.

2. Criterios para la valoración de las noticias

Para llevar a cabo la valoración y selección de informaciones es necesario disponer de unos sistemas de evaluación que recojan de forma rápida y sencilla unos criterios para seleccionar entre el material disponible en la redacción las unidades informativas que se consideran dignas de ser incluidas en el producto final. Se trata de criterios que aplica el periodista para elegir la informaciones que va a publicar.

Una selección que en ocasiones se puede mostrar como extremadamente compleja dada la variedad de elementos que intervienen. Unos elementos, además, que se complementan entre sí. De ahí que sea la combinación de distintos elementos lo que finalmente conducirá a la selección o no de un hecho para su publicación.

Los elementos para la valoración de las noticias son también guías con las que se sugiere qué es lo que hay que enfatizar, lo que hay que omitir y la prioridad en la preparación de las noticias que se presentan al público. Se trata, en definitiva, de un compendio de reglas prácticas cuya relativa ausencia o presencia recomienda la inclusión de una noticia en el producto final informativo. Cuantas más cualidades exhiba un hecho, mayores serán las posibilidades de ser incluido en el producto final.

Los criterios de elección no son referencias estáticas, como tampoco lo son las apetencias informativas del público. Van modificándose a lo largo del tiempo, ya que la misma consideración de lo que es o no noticia va cambiando de acuerdo con la misma evolución de las costumbres de la sociedad.

En todas y cada una de las diferentes etapas del proceso informativo el periodista está obligado a actuar con extremada rapidez. También el proceso de selección de informaciones está gobernado por la necesidad de tomar decisiones con urgencia, de ahí que las reglas que aplica el periodista deban adoptarse casi mecánicamente, sin necesidad de reflexionar demasiado.

Para poder desempeñar este trabajo selectivo de forma eficaz, el periodista precisa de unos criterios que sean flexibles, es decir, que puedan adaptarse a la gran variedad de hechos que diariamente analiza. Los criterios de selección permitirán al periodista relacionar y comparar las informaciones disponibles y tomar decisiones con gran rapidez en el mismo tiempo, esfuerzo y coste económico.

No todos los criterios son importantes de la misma manera, ni para cada noticia. Si lo fuesen, los periodistas no podrían desempeñar su trabajo, porque no tendrían tiempo para tomarlos todos en consideración. Algunos de ellos son casi siempre importantes, pero varía el número y la combinación para cada noticia.

En la elaboración de su agenda temática los periodistas seleccionan aquellas informaciones que, inicialmente, piensan que pueden interesar más a su público. Para llevar a cabo este trabajo, evalúan las informaciones comparándolas entre sí para decidir cuáles deben aparecer publicadas.

En este proceso selectivo siempre es necesario descartar temas. Para que una información sea publicada es necesario que otras muchas queden fuera, sencillamente porque en un periódico o en un informativo no hay espacio suficiente para publicar todas las noticias que llegan diariamente a una redacción.

La selección de una secuencia del acontecer en relación con la totalidad de los hechos sucedidos en una jornada es un proceso interpretativo. Para completar la agenda temática es necesaria una previa jerarquización: el periodista evalúa, compara, descarta y, finalmente, elige los temas que van a convertirse en información.

Esta selección no es producto del azar, sino que la realiza un periodista responsable que toma decisiones aplicando unos criterios que considera pertinentes y que depende de múltiples elementos. Unos, emergen de las características internas del hecho mismo y otros, simplemente, de las peculiaridades de cada medio de comunicación.

En esta actividad práctica, el problema esencial al que se enfrenta el periodista es el de delimitar qué criterios va a aplicar en el proceso de elección. Dicho de otra manera: qué características esenciales tiene que tener una secuencia del acontecer para ser seleccionada y finalmente publicada.

El periodista se convierte así en un intérprete del acontecer que actúa en diferentes niveles en los que intervienen múltiples elementos, algunos más concretos, y por tanto de fácil aplicación práctica, y otros más genéricos y difíciles de sistematizar.

En general suelen utilizarse múltiples criterios al mismo tiempo, aunque todos ellos son sobre el papel relativos y, por tanto, discutibles. En ocasiones actúa un único elemento como el componente fundamental; en otras ocasiones, sin embargo, es la interrelación de varios de ellos la que otorga notoriedad a la información. Entre los criterios que actúan con mayor intensidad podemos citar los siguientes:

1.   *La actualidad*

El tiempo es un elemento básico para distinguir la noticia de otros textos periodísticos. De ahí que una de las actividades centrales de la función periodística sea la selección y difusión de los llamados hechos de actualidad.

Además, la actualidad no es un concepto cerrado. Una revista semanal, un diario, un informativo televisivo, etc., mantienen apreciaciones diferentes del concepto actualidad. Para adentrarnos en la complejidad de este concepto es oportuno comprender que los medios de comunicación, a través de sus publicaciones, crean su propia actualidad. Los diarios crean una actualidad periódica que se va modificando día a día. Una actualidad que comienza desde el mismo instante que saca a la luz unos temas y que termina cuando se completa el ciclo informativo al día siguiente mediante la publicación de nuevos textos. Este mismo ciclo se repite en los semanarios o las revistas mensuales. De ahí que digamos que cada medio de comunicación crea su propia actualidad y que ésta tiene vigencia mientras dura el ciclo informativo de cada publicación.

La actualidad es, pues, un concepto relativo que contribuye determinantemente a configurar lo que entendemos por noticia. Este carácter relativo hace que en los medios de comunicación encontremos diversos tipos de actualidad. Así, podemos decir también que un hecho será actual más tiempo cuantas más expectativas despierte o consecuencias produzca.

Además, es importante aclarar que existen distintos tipos de actualidades:

– Actualidad reciente: Hablamos de actualidad reciente para referirnos a unos hechos que han sucedido o han sido descubiertos en este mismo instante.

Por ejemplo, los sucesos o los temas del periodismo de investigación se enmarcan dentro de este concepto de actualidad.

– Actualidad prolongada: Existen noticias en las que el elemento actual se prolonga en el tiempo porque su importancia trasciende y se desarrolla a lo largo de varias jornadas. Por ejemplo, un suceso de cierta relevancia tiene inicialmente una actualidad reciente y si es importante y se prolonga a lo largo de varios días se convierte en una noticia de actualidad prolongada.

– Actualidad permanente: Se trata de noticias tan interconectadas con la realidad social de cada momento que siempre son actuales. En este momento temas como el paro juvenil, los malos tratos a las mujeres o el desempleo son temas de permanente actualidad.

– Actualización: Hace referencia a temas que en su día formaron parte de la actualidad periodística pero que, por unas u otras causas, han dejado de ser actuales y han vuelto a adquirir relevancia en un determinado momento merced a la incorporación de aspectos novedosos por parte del medio de comunicación.

2.   *La temporalidad*

El tiempo es un elemento básico para diferenciar la noticia de otras informaciones. La noticia es un producto altamente perecedero, que sólo es bueno cuando es fresco y tiene en el tiempo a uno de sus mayores enemigos. Tan importante es el elemento temporal que el paso de una o dos horas puede cambiar o destruir el valor de una información.

La esencia de la información se sustenta en el relato de hechos recientes, tanto en lo sucedido en cada instante, es decir, en el acontecer reciente, como en el descubrimiento reciente; algo que ha sucedido hace tiempo pero que se descubre en este instante.

Existen tres aspectos importantes que podemos relacionarlos estrechamente con la temporalidad: la novedad, la tempestividad y la inmediatez.

– *La novedad:* Hay que entenderla como el surgir de un hecho noticioso que podía estar previsto con anterioridad o no. Sea o no conjeturable, desde el mismo instante de su aparición se convierte en novedoso y constituye un elemento importante para la valoración de las noticias.

Desde la perspectiva de la novedad hay que matizar que los periodistas valoran este concepto a partir de si una noticia les resulta nueva para ellos, asumiendo que si es así también lo será para el público. Muchas historias relacionadas, por ejemplo, con descubrimientos científicos o nuevas modas, pueden ser ya viejas respecto a sus fuentes, pero no serlo para los periodistas.

– *La tempestividad:* Es un concepto vinculado a la novedad y define el irrumpir de algo imprevisto que surge intempestivamente y se convierte en un hecho con un alto nivel de noticiabilidad. Se trata de un hecho que es novedoso, pero que no podía conjeturarse previamente porque era totalmente desconocido.

Cuando surge lo hace de forma intempestiva ya que no entraba a formar parte de los planes previos del medio de comunicación. Cuando en los diarios se otorga un plus de valoración a las noticias de última hora significa que se han apreciado unos altos índices de tempestividad.

– *La inmediatez:* Hace referencia al tiempo que tarda un hecho noticioso desde que se produce hasta que es difundido a través de los medios de comunicación de masas.

El valor de la noticia aumenta con la inmediatez. Su valor es superior cuanto menor es el tiempo que utiliza un medio de comunicación para difundirla. La inmediatez no existe en la prensa escrita, excepto en las versiones digitales, ya que siempre se ve aventajada en rapidez por la radio y la televisión. De ahí que la prensa escrita esté obligada a buscar enfoques nuevos a la información, ya que cuando la pone a disposición del público la radio y la televisión ya ha emitido las características más destacadas de esa información.

3. *La proximidad*

Habitualmente, el público tiende a demostrar un mayor interés por las informaciones que se producen en su entorno. De ahí que la proximidad entre los hechos noticiosos y el público sea un aspecto al que los medios de comunicación dedican una especial atención a la hora de seleccionar sus informaciones. Tanto es así que podemos considerar la proximidad como un elemento vital para la valoración de una noticia.

Así, un accidente aéreo o una catástrofe natural que concierne a un número ilimitado de personas, pero que ocurre cerca, es más noticiable que el mismo tipo de acontecimiento que implica a muchas más víctimas pero que sucede bastante más lejos.

Sin embargo, debemos entender la proximidad no sólo como la cercanía espacial o geográfica, sino que existen también otros tipos de proximidades. Por ello, para comprender este concepto en toda su extensión, diferenciamos fundamentalmente tres tipos de proximidades:

– Proximidad espacial o geográfica: Alude a lo que se encuentra cerca y concede valor a lo vecino y local. Según la teoría de la proximidad informativa, el interés, la capacidad de captación y, por ello, la utilidad individual de los mensajes, decrecen a medida que el canal comunicativo se hace más distante y complejo.

– Proximidad afectiva: Es la que corresponde a aquello que nos atañe y toca de cerca, ya sea moral o físicamente. Es decir, aquellas informaciones que afectan directamente a nuestros sentimientos, por lo que el público las siente cercanas afectivamente.

– Proximidad temática: Hace referencia a la relación entre el público y la temática de la que trata la noticia. Los estudiantes sienten como cercanos temas que hacen referencia a sus materias docentes a pesar de que se produzcan en lugares geográficamente lejanos.

Una de las mayores atenciones que prestan los diarios es a las informaciones que tienen proximidad con el lector, con el objetivo de incrementar el interés del público por la noticia. La importancia de la proximidad es tal que las secciones de un periódico se clasifican geográficamente, además de temáticamente. En ocasiones, sin embargo, la proximidad puede jugar un papel distorsionador en un diario, ya que los periódicos suelen dedicar más espacio a noticias relativamente triviales, pero próximas, dejando al margen grandes noticias que objetivamente sean más importantes.

4. *La exclusividad*

Es uno de los criterios de selección más importantes. Los medios de comunicación tienden a favorecer las noticias que tienen en exclusiva. Es decir, aquellos acontecimientos que han conocido a través de sus propias fuentes de información y que, por consiguiente, desconocen los diarios de la competencia.

En general cada medio trata de buscar su exclusiva, la entrevista única, el documento delator, la denuncia de alguien. Es la originalidad lo que priva, lo que lo diferencia de los demás. Cuanta más originalidad y exclusivas consiga el medio, mayor prestigio y difusión conseguirá. El periodismo de investigación es una veta inagotable para conseguir exclusivas.

Al valorar las noticias exclusivas el medio de comunicación lo hace observando a la competencia, siendo consciente de que los otros medios desconocen lo que va a publicar y, por consiguiente, si sus lectores quieren conocerlo deberán acudir al medio de comunicación que publica la exclusiva.

5. *El interés*

No todas las informaciones que publican los medios de comunicación responden al interés general. Las noticias no interesan a todos los lectores por igual. Hay lectores que se interesan exclusivamente por unos temas y apenas acuden a determinadas secciones porque esas informaciones carecen para ellos de interés. Por consiguiente, cada medio valora el interés general en función de la audiencia concreta a la que se dirige.

Por eso, dentro de lo que entendemos genéricamente por interés, debemos recoger tres aspectos muy diferenciados: el interés público, el interés del público y el factor servicios.

– El interés público: Son noticias que derivan de la necesaria convivencia de las personas en el marco de una sociedad. De ahí que hagan referencia a temas comunes como lo político, social, asociativo, etc. También agrupamos aquí las noticias con impacto sobre la nación y el interés nacional.

– El interés del público: Se trata de noticias que buscan ante todo entretener al público, de ahí que se refieran fundamentalmente a temas en los que se recogen aspectos relacionados con el entretenimiento y la psicología de las personas.

– El factor servicios: Dentro de este apartado, y con una relevancia especial, podemos agrupar a aquellas noticias que tienen consecuencias directas para el público porque están orientadas a ofrecerle un servicio.

Cuando hablamos de periodismo de servicio nos referimos a un tratamiento periodístico que hace hincapié en explicar cómo las noticias afectan a los lectores personalmente, ofrece pautas sobre cómo pueden hacer frente a un problema, cómo prevenirlo y cómo resolverlo.

6. *La excepcionalidad*

La excepcionalidad hay que entenderla como una infracción o desviación del curso normal de las cosas. Cuanto más negativas sean las consecuencias de un hecho, más posibilidades tiene de ser noticia, cuanto más cruento e insólito es el espectáculo, mayor es su valor noticia.

Lo excepcional está vinculado periodísticamente a lo raro, lo insólito y poco frecuente y es casi siempre noticia porque rompe con el esquema normal de funcionamiento de las cosas. Sin embargo, hay que tener cuidado en no caer en un culto desmedido hacia lo raro, ya que de lo contrario se puede derivar inevitablemente en el sensacionalismo.

7. *La genericidad*

El mayor o menor índice de genericidad está determinado por el mayor o menor número de personas afectadas por el hecho. Normalmente, los periodistas asignan importancia a las noticias que se refieren a muchas personas. Cuanto más elevado es el número de personas implicadas en un desastre o la presencia de personas de relevancia en una ocasión formal, mayor es el valor noticia de esos acontecimientos.

8. *La circulación*

Además de la temporalidad, algunos autores destacan la circulación como un elemento esencial para valorar una información. Entre dos informaciones se considerara como más relevante aquella que el periodista suponga que va a impactar más en el público y que por lo tanto será más comentada.

Sin embargo, la circulación no depende siempre de las cualidades objetivas de los hechos noticiosos, sino de la reacción subjetiva que esos hechos noticiosos producen en los lectores. Además, los comentarios que una noticia provoca entre los lectores se pueden conocer después de haber sido publicada. El periodista siempre selecciona las informaciones que cree que van a interesar al público; lo que sucede es que no todas las informaciones interesan a todo el público por igual, ni provocan las mismas reacciones.

9. *Consecuencias para el público*

Hay noticias que traen consigo una serie de consecuencias directas para la vida particular y privada de las personas. Se trata de noticias que tienen mucha importancia porque los lectores las siguen con interés porque inciden en su día a día.

Normalmente, las noticias con consecuencias ocupan un lugar importante en las páginas de los periódicos. Son noticias que informan, por ejemplo, de la subida de precios, de la gasolina, de los impuestos... También podemos agrupar en este apartado aquellas informaciones que suponen un progreso o beneficio para la humanidad –descubrimiento de una vacuna–, y que por lo tanto tienen consecuencias importantes para los lectores.

10. *La relevancia de los actores*

Hay ocasiones en las que las personas, por sí mismas, son capaces de ser noticia. Lo que hacen o dicen personas conocidas por el público son, a menudo, noticia. Más incluso por lo que son que por lo que dicen.

Por ello, cuando un hecho se refiere a personas que ocupan lugares de relevancia, mayor es la posibilidad para convertirse en noticia. De hecho, las jerarquías institucionales y las personas que forman parte de las élites económicas, sociales o políticas tienen abiertas las páginas de los medios de comunicación.

La importancia de algunos acontecimientos viene fundamentalmente determinada por el grado del poder institucional o la importancia y el peso social de otras jerarquías sociales y económicas no institucionales.

11. *La pugna entre las partes*

El conflicto o pugna entre las partes es un elemento importante para la valoración de las noticias. La pugna trae consigo siempre una transgresión de la norma y del normal discurrir de los acontecimientos, por lo que tiene un claro valor periodístico.

Sin embargo, debemos entender el conflicto entre partes o pugna desde una perspectiva amplia. No se trata solamente de guerras, sino también de protestas (una huelga), o cuando algunas personas se enfrentan entre sí por motivos políticos. Cuanto más relevantes sean las personas que intervienen en el conflicto y mayor sea el alcance de éste, mayor será la importancia de la noticia.

12. *La evolución futura de los hechos*

Un hecho del que se prevé una posible evolución futura es más importante para el periodista que va a escribir sobre él, por lo que será más fácilmente seleccionado que otro del que no se prevé que perdure en el tiempo.

En ocasiones, en la posible evolución de los hechos se pueden abrir puertas al suspense. Es decir, situaciones en las que su desarrollo final no es fácilmente previsible, lo que crea una necesidad de continuidad informativa en el lector. El suspense agrega un elemento importante en la valoración de la noticia. Un ejemplo típico de noticias con suspense son las que se refieren, por ejemplo, a un secuestro, cuya evolución siempre suele ser seguida con interés por el lector.

El análisis de la posible evolución futura de los hechos es un sistema de valoración que está relacionado con el concepto de actualidad prolongada. Es decir, hechos que por su trascendencia el periodista sabe que no se agotan en una jornada, sino que debe acudir a ellos una y otra vez a lo largo de los días siguientes.

13. *Los modelos de diarios*

No todos los medios de comunicación utilizan los mismos sistemas de valoración. Cada periódico se dirige a un espacio social y su elección está siempre determinada por la audiencia con la que pretende conectar.

– Los diarios informativos-interpretativos, por ejemplo, basan su sistema de valoración y de selección de noticias en un interés por lo político, lo moral, la macroeconomía, lo científico, lo artístico, etc., sin olvidar, por supuesto, los otros ámbitos de interés, aunque en una proporción menor. Es decir, destacan aspectos que están relacionados con lo que hemos llamado interés público.

– Los diarios populares-sensacionalistas, por su parte, aprecian sobre todo los hechos insólitos y mantienen su interés por lo vital, lo humano, lo sobrenatural, lo microeconómico, lo famoso, lo morboso, lo catastrófico, etc.

14. *La disponibilidad de material*

La noticiabilidad de un acontecimiento depende también de que el medio de comunicación disponga de buen material para su elaboración. Acontecimientos importantes de los que se disponen pocos datos informativos se publican con mayor dificultad que acontecimientos menores de los que el medio tiene mucha información. Este factor es especialmente relevante en los medios audiovisuales, en los que es frecuente que noticias importantes vayan acompañadas de un soporte visual poco significativo, con imágenes rutinarias que acaban por distraer al televidente del contenido de la información sin aportar nada por sí mismas.

15. *La calidad de la historia*

Cuanta más calidad tiene la historia que vamos a relatar, más facilidad tiene para que sea finalmente publicada por los medios de comunicación.

Podemos decir, por ejemplo, que una noticia tiene calidad cuando observa los hechos de forma dinámica, ilustra acciones, posee un buen ritmo narrativo, aporta puntos de vista globales, observa los hechos desde perspectivas diferentes, aporta relatos de personas que han sido testigos de los acontecimientos y relata el hecho con un lenguaje periodístico claro, conciso y dinámico.

16. *El equilibrio global de la información*

El equilibrio informativo general puede referirse tanto a la similitud de los temas (una historia similar a otra previamente elegida es desechada con facilidad para que no se produzca una reiteración temática), como también a una cobertura geográfica (dos noticias pertenecientes a una misma área geográfica tienden a eliminarse entre sí), como a una cobertura social (se tiende a valorar más positivamente aquellas noticias que puedan interesar a amplios estratos sociales de la población).

17. *La expectativa recíproca*

A la hora de seleccionar determinados acontecimientos, los medios de comunicación se observan entre sí para dejar pocos espacios exclusivos a los medios de la competencia. En ocasiones, acontecimientos que podrían no ser elegidos por un medio de comunicación, son finalmente seleccionados porque el medio piensa que quizá la competencia lo elija. Así, acontecimientos que para un medio no son especialmente relevantes acaban por ser publicados ya que el medio considera que la competencia puede incluirlos en su agenda diaria.

En otras ocasiones los medios de comunicación observan, no a sus competidores, sino a los diarios referencia, para elegir sus informadores. El prestigio de determinados diarios entre las audiencias hace que sean considerados referencia, tanto para el público como para la audiencia en general. En ocasiones, los medios de comunicación seleccionan acontecimientos porque consideran que serán elegidos por los diarios que en ese momento son referencia.

Tareas

1. Estudiar una jornada de la sección de política de los diarios vascos y analizar los diferentes mecanismos de elección que han puesto en práctica cada uno de ellos para la elección de los hechos publicados. Dedicar una atención especial a los criterios externos que son ajenos a las cualidades del hecho noticioso en sí.

Bibliografía

Böckelmann, F. (1983). *Formación y funciones sociales de la opinión pública.* Gustavo Gili, Barcelona.

Borrat, Héctor (1989). *El periódico, actor político.* Gustavo Gili, Barcelona.

Bryant, J. y Zillman, D. (compiladores) (1996). *Los efectos de los medios de comunicación. Investigadores y teorías.* Paidós, Barcelona.

Casasús, J. M. (1988). *Iniciación a la Periodística.* Teide, Barcelona.

Diezhandino, M. P. (1994). *El quehacer informativo. El «arte de escribir» un texto periodístico.* UPV-EHU, Leioa.

Dovifat, Emil (1960). *Periodismo*. Uteha, México.

El País (2004). *Libro de estilo*. El País, Madrid.

Fontcuberta, M. (1993), *La noticia. Pistas para percibir el mundo*. Paidós Comunicación, Barcelona.

Fraser Bond, F. (1979). *Introducción al periodismo*. Limusa, México.

Gomis, Lorenzo (1987). *El medio media. La función política de la prensa*. Mitre, Barcelona.

Gomis, Lorenzo (1991). *Teoría del periodismo. Cómo se forma el presente*. Paidós, Barcelona.

La Vanguardia (1986), *Libro de la Redacción*, La Vanguardia-Tisa, Barcelona.

McQuail, Denis (1991). *Introducción a la teoría de la comunicación de masas*. Paidós, Barcelona.

Martínez Albertos, J. L. (1983). *Curso general de redacción periodística*, Mitre, Barcelona.

McCombs, M. (2006). *Estableciendo la agenda. El impacto de los medios en la opinión pública y en el conocimiento*. Paidós, Barcelona.

Noelle-Neumann (1995). *La espiral del silencio*. Paidós, Barcelona.

Rodrigo Alsina, Miguel (1993). *La construcción de la noticia*. Paidós, Barcelona.

Scolari, C. (2008). *Hipermediaciones. Elementos para una Teoría de la Comunicación Digital Interactiva*. Gedisa, Barcelona.

Tuchman, Gaye (1983). *La producción de la noticia. Estudios sobre la producción de la realidad*. Gustavo Gili, Barcelona.

Warren, C. N. (1979). *Géneros periodísticos informativos*, Mitre, Barcelona.

Wolf, Mauro (1994). *La investigación de la comunicación de masas*. Paidós, Barcelona.

— (1994). *Los efectos sociales de los media*. Paidós, Barcelona.

Capítulo 9

Las fuentes de información

Competencias
1. Comprender la importancia que tienen las fuentes de información para la confección de los temas que se publican en los medios de comunicación.
2. Familiarizarse con las fuentes de información más características de la práctica periodística.

1.   Definición de fuente de información

Uno de los aspectos más importantes del trabajo periodístico viene determinado por la relación entre el medio de comunicación, el periodista y las fuentes. Las fuentes de información lo impregnan todo y su importancia es tan grande que el trabajo con unas u otras fuentes de información aporta claras pistas sobre la estrategia informativa de los medios de comunicación y la calidad profesional de los periodistas.

En la actividad práctica periodística, habitualmente, existe la tendencia a destacar por encima de todo el trabajo del periodista. Se considera al profesional de la comunicación como el epicentro de un trabajo periodístico en el que los demás elementos orbitan a su alrededor.

Ciertamente, en parte eso es así; sin embargo, aun siendo fundamental el trabajo del periodista, lo que acaba por determinar la calidad de la información que publica es la posesión de una buena agenda. Un periodista no es nada si no tiene buenos contactos, si no tiene acceso a buenas fuentes de información. Las fuentes de información se convierten así en un aspecto esencial de la actividad informativa. El mejor medio de comunicación es el que tiene acceso a las noticias diferenciadas, el que conoce a través de determinadas fuentes lo que no está al alcance de la competencia, el que, en definitiva, está mejor informado; es decir, el que trabaja con las mejores fuentes de información.

En el trabajo diario de un medio de comunicación las fuentes lo determinan todo. La organización del trabajo de una redacción se realiza de acuerdo con los ritmos y las pautas que marcan las fuentes.

Las fuentes de información necesitan de los medios para que sus confidencias aparezcan publicadas, y los medios de comunicación, para su producción periodística diaria, precisan de las fuentes. Las fuentes de información se convierten así en un vértice central de la actividad periodística.

Pero ¿qué son las fuentes de información?:

Las fuentes de información son personas, estructuras organizadas e institucionalizadas, archivos y bancos de datos informatizados o no a los que puede acudir un periodista para conseguir los datos necesarios para elaborar una información.

Las fuentes suministran a los periodistas distintos tipos de información: en unas ocasiones aportan noticias completas; en otras, ponen a su disposición simplemente datos o apuntes para verificar o completar una noticia; en otros casos, sin embargo, ofrecen su punto de vista, su opinión, para ayudar al periodista y al lector a analizar, interpretar y comprender la realidad.

1.1. INFORMANTES Y FUENTES DE INFORMACIÓN

La importancia que otorgan los periodistas a las fuentes de información es tan grande que los profesionales, desde la experiencia diaria de su práctica profesional, tienden a incluir matizaciones sobre lo que habitualmente se entiende como fuente de información y lo que se considera simplemente como informante o confidente.

Normalmente, para considerar a alguien como fuente de información es necesario que exista una relación prolongada y que ofrezca una información de calidad probada. Esto, lógicamente, exige un contacto más o menos estable con el periodista.

Un confidente sería un contacto puntual, nuevo y de credibilidad limitada para el periodista porque es prácticamente desconocido para él y de entrada desconoce la calidad de la información que suministra.

Una fuente de información personal, sin embargo, es alguien que mantiene con el periodista una relación que se ha prolongado a lo largo de un cierto tiempo, ha ofrecido con anterioridad información de calidad, que el periodista pudo contrastar antes de publicar esos trabajos y que suele colaborar con él siempre que se lo solicita.

Para considerar a alguien como fuente es necesario que cumpla una serie de cualidades:

– Que trabaje con el periodista de forma más o menos continuada, con una relación que ha derivado en una mutua confianza, ya que de lo contrario nos encontramos ante un contacto puntual, un confidente.
– También es necesario tener en cuenta la calidad de la información que suministra en la actualidad y que ha suministrado anteriormente al perio-

dista. Podemos considerar a alguien como fuente de información cuando un porcentaje altísimo de la información que nos ha suministrado a lo largo del tiempo hemos podido comprobar que es cierta.
- También podemos considerarla como fuente de información cuando gracias a ella hemos tenido acceso a información privilegiada que se nos estaba vedando a través de otros cauces.

Para profundizar en la diferencia entre informante o confidente y fuente de información es oportuno acudir a Pepe Rodríguez (1994: 98), que aporta las siguientes características:

El informante:
- Mantiene una relación ocasional. Suministra datos puntuales.
- El proceso comunicativo es unidireccional. Es decir, tanto si el periodista acude al informante como a la inversa, el flujo comunicativo se establece de la fuente al profesional.
- El informante es un contacto de enlace, de paso, suministrador de informaciones que constituyen un eslabón más de la cadena que se está investigando.
- En ocasiones, aunque no siempre, con el paso del tiempo un informante se puede convertir en fuente de información del periodista.

La fuente de información:
- Mantiene una relación habitual con el periodista, producto de un contacto más intenso y prolongado. Aporta datos más generales.
- El proceso comunicativo es bidireccional, es decir, una relación fluida marcada por el propio intercambio de información.
- Suele ser un contacto terminal. Se acude a ella para ratificar informaciones que se han comprobado por otros cauces.

Para el trabajo periodístico todas las fuentes de información son importantes, bien sean informantes, o bien sean fuentes de información. Sin embargo, no todas tienen para el periodista la misma validez ni la misma credibilidad. La validez de la fuente depende de la calidad de la información que suministra, pero la mayor o menor credibilidad depende y mucho de la calidad de las informaciones que ha suministrado al periodista en el pasado.

Por eso, no todas las fuentes tienen la misma utilidad para el periodista. Pero en todos los casos, periodistas y fuentes mantienen una relación de mutua necesidad. Necesidad de unos para obtener datos fidedignos con los que elaborar sus informaciones y necesidad de los otros para que se publiquen sus revelaciones.

Sobre el papel podemos decir que cualquier persona que por su situación laboral, económica, social o política tiene acceso a información privilegiada puede constituirse en una potencial fuente de información. En esta actividad de búsqueda de fuentes de información es el periodista el que en última instancia decide sobre la validez de la fuente. Una validez que viene siempre determinada por la calidad de la información que suministra en el presente y le ha suministrado en el pasado.

2. La red de fuentes informativas

El periodista necesita mantener amplios y permanentes contactos con las fuentes de información. Cuantas más fuentes estén a su alcance, mejor. Sin embargo, dada la efervescencia de la práctica profesional diaria, sólo puede conservar estrechos contactos con grupos más o menos reducidos de fuentes. Dentro del amplísimo abanico de fuentes a las que tiene acceso el periodista, siempre es necesario elegir y, lógicamente, tiende a seleccionar preferentemente a aquellas fuentes que con anterioridad le han proporcionado datos fiables.

A través de esta elección el periodista y el medio de comunicación van configurando lo que conocemos con el nombre de red de fuentes de información, una red cuya estructura depende de varios factores:

a) *Del interés de la fuente*

A pesar de que periodista y fuente de información mantienen una relación de mutua necesidad, no todas las fuentes de información son permeables ni todas desean con la misma intensidad suministrar información. El interés de la fuente a colaborar o no con el periodista es determinante para que finalmente pase a formar parte de la red del medio de comunicación.

La relación entre medio de comunicación o periodista y fuente de información no es lineal, ni en ocasiones tampoco fácil. No todas las fuentes se acercan con la misma facilidad a los medios de comunicación. Algunas fuentes se pueden acercar sin problemas al periodista y al medio de comunicación; otras, sin embargo, sólo se convierten en fuentes a través de un trabajo arduo y costoso con ellas ya que inicialmente pueden mostrar una fuerte resistencia.

Además, como la relación entre periodista y fuente está marcada por el mutuo interés, no está exenta de conflictos. A pesar de que el periodista sabe que el acercamiento de la fuente al medio de comunicación oculta siempre una intención, aunque sea la simple publicación de sus confidencias, no es fácil conocer siempre la intención de una fuente, ya que cada una puede acercarse al medio con diferente intencionalidad. Lo que no ofrece ninguna duda es que una fuente activa, que adopta ella la iniciativa para acercarse al medio y ofrecerle sus confidencias, es siempre una fuente altamente intencional.

b)   *Del medio de comunicación*

En este proceso de elección de fuentes de información, en ocasiones es el periodista el que decide qué fuente incluye y cuáles excluye de su agenda. En otras ocasiones, sin embargo, son las propias fuentes de información las que jerarquizan a los medios y deciden con quiénes quieren trabajar y con cuáles no.

Las fuentes tienen también sus propias estrategias y demuestran un mayor o menor interés hacia determinados medios de comunicación. No son simples espectadoras, sino que eligen a los medios que consideran más adecuados para que sus confidencias lleguen al público. Las fuentes tienen sus preferencias y no se acercan por igual a todos los medios de comunicación.

Las fuentes, sobre todo las institucionales, penalizan a unos medios y premian a otros, se acercan a los medios con interés o con recelo, o simplemente los apartan como instrumento válido para su comunicación con el público.

Las fuentes institucionales buscarán con mayor interés a los medios de comunicación afines al partido que en ese instante ocupe el poder, mientras que las fuentes de la oposición serán más afines a los medios de comunicación cercanos a los partidos que en ese momento forman parte de la oposición.

El medio de comunicación para el que trabaja el periodista es, por lo tanto, un factor determinante a la hora de acceder a determinadas fuentes.

c)   *Del interés del periodista*

Sobre el papel el periodista desea mantener contactos con el mayor número de fuentes posible. Sin embargo, con el paso del tiempo, lo habitual es conservar un determinado número de contactos estables con algunas fuentes de información. Contactos que provienen del trabajo profesional practicado durante años.

Además de estos contactos estables, nuevos temas, nuevos trabajos, ponen al profesional en permanente contacto con nuevas fuentes de información. La práctica profesional diaria obliga al periodista a ampliar su red de influencia, a mantener constantes contactos con nuevas fuentes de información.

Así, poco a poco, entre las fuentes más estables y las que de forma puntual, según los temas de cada instante, se acercan a su influencia, va completando su agenda y tejiendo una red de fuentes de información que está en permanente cambio.

A pesar del interés que tienen en mantener el mayor número de fuentes posible, con el paso del tiempo, y a consecuencia de la presión de la práctica diaria, el medio de comunicación y el periodista van modificando permanentemente su red de fuentes de información. Nuevas fuentes pasan a ocupar el espacio de otras que van siendo desechadas por el periodista. Algunas se van convirtiendo en fuentes permanentes y otras aparecen y desaparecen esporádicamente según los temas que suscitan el interés periodístico del momento.

La agenda del periodista, su red de fuentes de información, se va reconstruyendo permanentemente y configura una red de relaciones que está en continuo cambio. Cada nuevo tema le abre las puertas a nuevas fuentes de información, mientras que otras, con las que ha estado trabajando en el pasado, se alejan de su influencia. El periodista incluye y excluye constantemente fuentes de una agenda que no adopta nunca un esquema definitivo ni cerrado.

d) *Del proceso productivo*

El proceso productivo al que necesariamente está sometida la información acaba por determinar también la estructura de la red de fuentes con las que trabaja el medio de comunicación.

Dentro de la actividad práctica de un medio de comunicación, la producción diaria de un determinado número de noticias es esencial. El medio necesita completar un ciclo productivo de información y en esta actividad la productividad juega un papel prioritario.

Por eso, los medios de comunicación tienden a trabajar preferentemente con aquellas fuentes de información que les proporcionan materiales ya acabados, que no precisan de un trabajo posterior. Por eso las fuentes de información comunes (agencias de información, gabinetes de prensa, gabinetes de comunicación, etc.) tienen tanta importancia en los medios de comunicación.

Las informaciones que deben ser trabajadas por los periodistas, que precisan ser contrastadas a través de varias fuentes o simplemente que surgen a través de la iniciativa del periodista, arrastran un esfuerzo y trabajo añadidos, por lo que, salvo que se trate de informaciones de relevancia, encuentran más dificultades para ser publicadas.

Las informaciones programadas, que precisan de poco esfuerzo, o las que llegan elaboradas y redactadas, encuentran mayores facilidades para su publicación.

3. La atribución de las fuentes

En ocasiones el periodista accede a una información proveniente de una fuente sin que medie ningún tipo de pacto o condición. Sin embargo, esto no es siempre así. Muchas veces, para que la fuente se muestre dispuesta a decir lo que sabe, es necesario previamente pactar con ella, llegar a algunos acuerdos para que se sienta salvaguardada y se muestre dispuesta a colaborar con el periodista.

Nos encontramos así con una serie de reservas o condiciones que determinan distintas formas de relación entre el periodista y la fuente. Los pactos que se contraen pueden ser muy variados, aunque los más comunes son los siguientes:

a) *Informaciones con atribución directa* (On the record)

Cuando la fuente de información suministra sus datos sin que medie reserva ni condición alguna, nos encontramos ante lo que podemos denominar una atribución directa. En este caso, el medio de comunicación puede publicar los datos revelados por la fuente de información e identificarla de forma clara, concreta e inequívoca.

Todos los datos que han sido suministrados por la fuente pueden ser publicados total o parcialmente y además atribuidos a ella, de forma que el público conoce en todo momento la procedencia de los datos que publica el periodista.

La atribución directa es la situación ideal para el ejercicio del periodismo. El periodista publica sus revelaciones y cita con nombres y apellidos a la fuente suministradora de los datos. El texto es altamente creíble y se ve incrementado su valor informativo.

En determinadas especialidades periodísticas, como por ejemplo el periodismo de investigación, suele ser difícil conseguir confidencias bajo la fórmula del *on the record*, ya que en muchas ocasiones suele suceder que la fuente de información no quiere aparecer citada con nombre y apellidos en la información que suministra.

b) *Informaciones con atribución reservada*

En muchos casos, una fuente de información suministra datos al periodista a condición de que no se le identifique en el texto que va a publicar. Nos encontramos así ante una fórmula del trabajo con las fuentes de información que se conoce con el nombre de atribución reservada.

Para publicar la información suministrada por la fuente, el periodista no tiene más remedio que enmascarar su identidad a través de atribuciones ambiguas: «fuentes cercanas a», «fuentes próximas», «fuentes gubernamentales», «fuentes judiciales», «fuentes militares», etc.

La atribución reservada es un método muy utilizado en determinadas prácticas periodísticas y el periodista debe ser muy cuidadoso cuando la utiliza, ya que la exigencia del anonimato es un método muy utilizado por fuentes de información que ponen en circulación intoxicaciones informativas. Por ese motivo es importante recoger con extremadas reservas las informaciones que se obtienen bajo esta fórmula. En caso de utilizarla se recomienda siempre una especial prudencia y hacerlo solamente cuando no exista otra posibilidad para acceder a la información.

— *Polémica sobre la atribución reservada:*

La atribución reservada suscita no pocas polémicas entre los periodistas y estudiosos de temas de comunicación. Hay autores que consideran imprescindible publicar siempre informaciones de fuentes que se dejen identificar. La lógica de este planteamiento se basa en el hecho de que la fuente que suministra datos casi siempre lo hace por interés, porque las revelaciones que hace, o bien le benefician, o bien con ellas puede perjudicar a un tercero.

Según afirman estos autores, un texto es más riguroso, de mayor calidad informativa, si aparece identificada la fuente de información. Desde esta perspectiva, se considera que con el anonimato se secuestra al lector un elemento esencial para valorar el alcance de las revelaciones que el periodista publica. O, lo que viene a ser lo mismo, se sostiene que el lector tiene derecho a conocer la identidad de la fuente de información. Esto es así porque para el lector el texto final tiene un alcance diferente si aparece citada la fuente o no.

En el campo de la profesión periodística también existen claros defensores de la utilización de fuentes que no se dejan identificar. Estos periodistas remarcan que durante la práctica de su actividad la única posibilidad que tienen en numerosas ocasiones para conseguir datos importantes es pactar la reserva de identidad con la fuente de información.

Es más, alegan que si esas fuentes consienten en aportarles información es porque confían en el periodista y saben que no les va a identificar nunca, pase lo que pase. Desde esta perspectiva, se considera prácticamente imposible que una fuente suministre información confidencial, secreta y de alto riesgo dejándose identificar. Esos periodistas afirman que trabajar solamente con fuentes que se dejan identificar sería el fin del periodismo.

Con todas las cautelas posibles, podemos afirmar que si la información que el periodista publica es verdadera, la fuente de información pasa a un segundo plano. Lo determinante de una información no es si aparece o no citada la fuente de información; lo realmente importante es si es veraz o no lo que publicamos.

Con esto no queremos decir que el valor de un texto no se vea incrementado si aparecen citadas las fuentes de información. Un texto tiene mayor calidad si junto con las revelaciones el periodista identifica a la persona que las realiza. Sin embargo, además de reconocer esto, decimos que lo determinante para publicar un texto es la veracidad de lo que se afirma.

Aun así queremos dejar claro que para el periodismo informativo es importante que los periodistas utilicen cada vez más fuentes de información que se dejen identificar y sólo puntualmente acepten la reserva de su identidad.

c) *Información para el uso del periodista* (Off the record)

Entendemos el *off the record* como la información dada al periodista y que no puede publicar. Son informaciones ofrecidas para el conocimiento exclusivo del periodista. Es una fórmula que se utiliza mucho con los comentaristas políticos y una base fundamental para la práctica de determinas especialidades periodísticas como son el periodismo de investigación o el periodismo confidencial.

Como no se puede publicar, estamos ante un material que es para la información y el uso exclusivo del periodista. Su utilidad práctica consiste en que aporta datos al periodista para la interpretación correcta de lo que está pasando, le aporta claves para iniciar posibles investigaciones y le ofrece pistas muy valiosas para el trabajo del periodismo de opinión.

Cuando trabajamos con el *off the record*, la fuente de información que proporciona los datos bajo esta reserva debe ser consciente de que si el periodista llega a confirmar a través de otras fuentes de información menos reservadas los datos que ha recibido tiene el derecho de publicar, si así lo desea, las informaciones efectuadas inicialmente bajo la fórmula del *off the record*.

Además, si la fuente de información desea pactar con el periodista algún tipo de reserva, hay que tener en cuenta que es siempre la fuente la que debe tomar la iniciativa y señalar el carácter de la confidencia. Siempre con anterioridad a realizarlas, y para evitar confusiones, debe expresar con claridad bajo cuál de estas tres premisas que hemos descrito efectúa sus declaraciones.

La obligación que tiene la fuente de avisar previamente bajo qué formula realiza sus confidencias, si es bajo el *off the record* o no, crea no pocos conflictos en la relación entre el periodista y la fuente que informa. En ocasiones la fuente realiza confidencias al periodista sin avisar que lo hace bajo la fórmula del *off the record* y cuando se da cuenta de que sus confidencias pueden perjudicarle avisa con posterioridad al periodista que la información que le estaba suministrando era para su uso personal, y no para ser publicada. En este caso el periodista debe saber que si quiere puede publicar las confidencias que le han realizado y que está exclusivamente en sus manos el hacerlo o no, ya que el *off the record* no se aplica retrospectivamente.

— *Polémica sobre el* off the record:

La práctica del *off the record*, así como su propio significado, suscita grandes malentendidos y controversias entre los profesionales de la información, ya que hay periodistas que opinan que la información dada bajo esta premisa se puede hacer pública si se mantiene la reserva de la fuente de información. Es decir, entienden el *off the record* como una información que se puede publicar pero sin revelar la identidad de la fuente de información (lo que nosotros hemos llamado atribución reservada).

Frente a esta actitud «abierta» del *off the record* nos encontramos con otros autores y periodistas que defienden precisamente todo lo contrario y entienden el *off the record* como la información suministrada por una fuente al periodista y que no se puede publicar.

Esta concepción «cerrada» del *off the record* la encontramos también en algunos libros de estilo de los medios de comunicación. Así, son varios los diarios que exponen que sus redactores deberán siempre cumplir el compromiso con la fuente cuando le haya proporcionado información para no difundirla (*off the record*), aunque podrá hacer pública esa información si la obtiene y verifica a través de otras fuentes o por otros medios.

4. **Los pactos con las fuentes**

La relación entre el periodista y la fuente de información se suele sustentar habitualmente en la existencia de pactos. Los pactos que se contraen pueden ser múltiples y muy variados. Una fuente puede suministrar información a un periodista y pactar con él, por ejemplo, la fecha de la publicación del texto resultado de sus confidencias. Si el periodista no acepta esa condición, la fuente puede negarse a suministrarle la información.

La relación entre fuente y periodista suele ser habitualmente inestable y cambiante, ya que los intereses de unos y otros no tienen necesariamente por qué ser coincidentes. En ocasiones será la fuente de la información la que marque la pauta de la relación. En otros casos puede ser el periodista el que haga valer sus condiciones. En otras ocasiones, la relación puede estar marcada por el equilibrio, sobre todo cuando los intereses del periodista y la fuente son más coincidentes.

El tratamiento que el periodista o el medio de comunicación da a las fuentes de información no depende, pues, de su libre decisión unilateral, sino que deriva de unas reglas de juego compartidas entre medio y fuente. Unas normas, además, que son cambiantes, que se van modificando a lo largo del tiempo.

Por eso los pactos entre periodista y fuente son tan importantes y por eso también es necesario analizar siempre la conveniencia de contraerlos.

Dentro de las reglas de juego más habituales en la relación entre fuente de información y periodista, uno de los pactos más habituales es, como hemos apuntado, el de mantener en secreto la identidad de la fuente informadora. En bastantes ocasiones el trabajo informativo se sustenta en la confidencia de fuentes que desean permanecer en el anonimato.

Se trata de un acuerdo al que hay que acudir frecuentemente, ya que tanto si la fuente es una persona privada o alguien que ocupa un puesto de responsabilidad pública, puede salir gravemente perjudicada si en sus respectivos trabajos se conoce que se ha convertido en una fuente de información.

Por eso, uno de los aspectos más importantes a la hora de trabajar con estas fuentes es garantizar el anonimato siempre que ellas lo exijan y el periodista lo desee y acepte. A través de este anonimato el periodista garantiza la protección de su fuente de información.

Cuando el periodista obtiene datos de una fuente y le garantiza el anonimato hay que llevar esta protección hasta las últimas consecuencias. Si ha habido pacto de anonimato con la fuente de información el periodista deberá mantener ese pacto.

Hay que tener en cuenta que el mantenimiento del silencio está íntimamente relacionado con la propia credibilidad del periodista en su trabajo con las fuentes de información. Si el profesional rompe el silencio pactado no sólo corre el riesgo de perder a esa fuente de información, sino que incluso otras fuentes se mostrarán siempre reservadas para hablar con ese periodista.

El trabajo con las fuentes puede llegar a límites tan complejos que hay periodistas que casi nunca hablan con fuentes que no se dejan identificar públicamente. Es decir, prefieren un trabajo más costoso o incluso menos completo antes que trabajar con fuentes que desean permanecer en el anonimato.

La importancia de la reserva de identidad de las fuentes de información tiene una relación estrecha con el secreto profesional, un derecho del periodista que todavía no está regulado por la legislación española y que ya hemos tratado en otro apartado de este libro.

5. La relación con las fuentes

Dado que la relación entre periodista y fuente de información adquiere siempre una dimensión peculiar, hemos considerado oportuno explicar, a modo de guía, unas pautas generales que deben gobernar esta singular relación.

De entrada es necesario comprender que la actitud que el periodista debe mantener con una fuente depende de si existía o no una relación anterior con la fuente de información y de la implicación que la fuente tenga con el tema del que informa. No es lo mismo tratar con fuentes que están directamente implicadas en los hechos sobre los que se informa, o la relación con fuentes que no tienen ninguna implicación directa con el tema. Tanto el acercamiento como la forma de tratar a cada uno de estos dos grupos son totalmente diferentes.

La peculiaridad de esta relación hace que sea imposible plasmar en un decálogo el comportamiento y la actitud que debe mantener el periodista en su contacto con las fuentes de información.

La profesionalidad y la experiencia serán, finalmente, los factores decisivos a la hora de tratar con las fuentes de información. El trabajo con las fuentes no es uniforme, como tampoco lo son las propias fuentes de información. La conducta frente a una fuente activa no tiene por qué ser igual a la que el periodista debe mantener frente a una fuente que se resiste a comunicar lo que conoce.

En cualquier caso, y a modo simplemente orientativo, vamos a citar algunas normas generales que deben presidir estos contactos:

a) *La confianza*

Es una de las características más importantes que debe regir la relación entre el periodista y la fuente de información. La fuente de información debe confiar en el periodista y saber que éste va a cumplir siempre con los acuerdos que ambos pacten en caso de que se hagan revelaciones bajo condiciones. La confianza deriva siempre de un conocimiento previo, de una relación.

b) *La corrección*

El trato educado y correcto del periodista con la fuente de información es esencial. Una corrección similar a la que debe presidir cualquier conducta social normal. Este trato correcto puede hacer fluir la complicidad necesaria para que se produzca la revelación de lo que la fuente conoce y el periodista busca.

c) *El respeto*

También es importante que el periodista respete a la fuente de información. Hay que comprender que la fuente puede estar revelando datos que causen daño a una persona de su entorno o a una institución. No hay que juzgar nunca a la fuente, ya que nuestra relación es meramente profesional. El respeto mutuo debe presidir una relación tan intencional e interesada como ésta.

d) *La habilidad*

No existen normas concretas, excepto la experiencia, para desarrollar nuestra habilidad en el contacto con las fuentes de información. ¿Hasta dónde se puede presionar a una fuente pasiva para que se abra a la revelación?, o ¿cómo tratar a una fuente activa para que cuente lo que parece dispuesta a decir?, son habilidades que sólo se pueden desarrollar a través de la experiencia. En cualquier caso, siempre es prudente no demostrar un desmesurado interés por lo que pretendemos averiguar.

e) *La independencia*

El periodista, en cuanto profesional de la información, debe mantener una clara independencia frente a la fuente de información. Esta independencia supone que es el periodista el que debe tener en sus manos el control de la relación. Por eso es conveniente que no sea la fuente la que marque las pautas de la relación con el periodista, ni dejar en sus manos los ritmos del suministro de información.

f) *La distancia*

Entre periodista y fuente de información debe establecerse una relación de cierto distanciamiento. No existen normas concretas y la mayor o menor distancia la marcarán siempre las características de la relación. Cuando entre periodista y fuente existan relaciones de amistad, el profesional deberá ser especialmente cauto para no verse influenciado por la fuente de información.

No es conveniente estrechar lazos afectivos con personas con las que existe una relación profesional para conseguir información. Periodista y fuente son dos personas que contactan esporádicamente para transmitirse información. Establecer otro tipo de relación puede poner en peligro la profesionalidad.

g) *La privacidad*

La relación entre el periodista y la fuente de información debe ser siempre confidencial, de ahí que sea importante hablar siempre en privado con ellas. No hay que traicionar nunca los pactos de silencio que se hayan contraído con la fuente y se deben mantener siempre los términos sobre los que se han realizado las confidencias.

h) *Mantener los contactos*

No hay que acudir a las fuentes de información única y exclusivamente para pedirles información. Es conveniente mantener contactos esporádicos, preguntarles alguna cosa, intercambiar información. No es bueno que la fuente tenga la impresión de que lo único que nos interesa de ella es la información que nos pueda suministrar.

6. Tipos de fuentes de información

Hacer una clasificación sobre los distintos tipos de fuentes de información resulta un trabajo casi inalcanzable. Fuentes de información hay muchas, y de muy diversos tipos. Además, una misma fuente, según el papel que adopte en su relación con el periodista, puede encajar en unas u otras clasificaciones. Esto no hace más que añadir dificultades a una clasificación que sobre el papel puede resultar interminable. Por eso, en este apartado vamos a referirnos a aquellas fuentes de información más frecuentes o útiles en el trabajo habitual del periodista.

Cuando un periodista va a iniciar un trabajo, una de las primeras preguntas que se formula es dónde puede encontrar los datos para construir su información. A cuántas fuentes debe acudir, si son fuentes personales, si están dispuestas o no a relatar lo que saben, si tendrá que acudir a bases de datos o a fuentes documentales, etc. Una amplísima gama de fuentes de información que pueden o no estar a su alcance.

Los tipos de fuentes de información son muy variados, por eso al hacer una clasificación hemos huido de la tentación de que sea excesivamente minuciosa y hemos preferido desarrollar una tipología sencilla y práctica de fuentes de información.

A la hora de hacer una clasificación genérica de las fuentes hemos partido de su definición y del reconocimiento de que fuentes son tanto personas como documentos. Por eso, una primera aproximación genérica al tipo de fuentes podemos hacerla agrupándolas en dos grandes bloques: fuentes personales y fuentes documentales o escritas.

6.1. FUENTES PERSONALES

Lógicamente, cuando hablamos de fuentes personales nos referimos a personas que por los motivos que sean, profesión, cargos que ocupan, conocimiento de temas, etc., tienen acceso a determinadas informaciones que desea el periodista. Se trata pues de fuentes que en ocasiones de forma pública, y otras a nivel privado y personal, suministran informaciones al periodista.

Cuando las fuentes personales actúan a nivel privado y personal podemos decir que forman parte del ámbito de relación humana, profesional o social en que se desenvuelve el informador. Las fuentes personales que trabajan privadamente con un periodista son esenciales para determinar su valía profesional. El periodista que accede de forma individual a fuentes personales con informaciones importantes será siempre el mejor informado, el que mejor agenda posea. Una agenda que se constituye en una de sus referencias más acreditadas, en el verdadero capital que puede llevar consigo el periodista profesional.

Las fuentes personales son muy variadas y podríamos hacer de ellas múltiples clasificaciones según las observemos desde unas u otras perspectivas. Una clasificación de las mismas atendiendo a algunos aspectos importantes podría ser la siguiente:

a) *Según la duración de la relación con la fuente*

— *Estables*
En ocasiones entre la fuente de información y el periodista se establece una relación más o menos estable y continuada que permanece en el tiempo. El periodista, siempre que quiere obtener una información o contrastar unos datos, puede tener a su disposición unas fuentes estables para realizar ese trabajo. Se trata de fuentes de información personales con las que el periodista ya ha trabajado con anterioridad y establece una relación profesional que perdura con el tiempo.

Sin embargo, no siempre es el periodista el que se dirige a la fuente para conseguir información. Con las fuentes estables es corriente también que sean ellas las que tomen la iniciativa y se dirijan al periodista para informarle de hechos que ellas tienen interés en que aparezcan publicados. En otras muchas ocasiones el periodista se relaciona con las fuentes estables para intercambiarse información.

No todas las fuentes de información con las que se relaciona el periodista se convierten en estables. Pero, normalmente, con el paso de los años, los profesionales tienen siempre algunos contactos estables con fuentes de información de interés.

— *Provisionales*
Se acercan mucho al concepto que hemos explicado de informante o confidente. Muchos de los contactos que los periodistas tienen con las fuentes perso-

nales no son más que circunstanciales, esporádicos. La fuente de información bajo su iniciativa, o tras la iniciativa del periodista, entra en contacto con un profesional para transmitirse información que hace referencia a un tema puntual. Posteriormente no se establece una relación duradera entre el periodista y la fuente de información. El concepto de fuente provisional se acerca a lo que se entiende como informante.

Puede tratarse de fuentes que se acercan en un momento dado al periodista porque tienen interés en que se publique una información concreta de la que pueden salir beneficiados ambos. O puede también que el periodista se acerque a una fuente para realizar unas consultas puntuales. Posteriormente, la fuente de información puede no mostrarse interesada en continuar el contacto con el periodista. Normalmente, el trabajo profesional de un periodista precisa, además de otras muchas, de la utilización simultánea de fuentes estables y provisionales.

b) *Según la posición desde la que actúa la fuente*

— *Públicas*
Son fuentes que suministran informaciones en representación del cargo público que ocupan y se presentan abiertamente al periodista porque actúan de forma oficial.

Cuando intervienen oficialmente como responsables públicos, lo hacen casi siempre simultáneamente sobre todos los medios de comunicación, porque lo que les interesa es que sus confidencias aparezcan publicadas en el mayor número posible de publicaciones. En estas circunstancias, cuando informan de temas que son de su interés, suelen ser accesibles para la práctica totalidad de los medios de comunicación.

Si intervienen de forma pública y abierta, suelen asumir directamente las informaciones que suministran y, por consiguiente, se pueden identificar en los textos de forma clara e inequívoca. Son fuentes interesadas en que se conozca su trabajo público y utilizan para su comunicación con los periodistas a los gabinetes de prensa, los comunicados de prensa, las ruedas de prensa, etc.

En la práctica del periodismo son fuentes muy apreciadas, porque tienen a su disposición informaciones de gran interés, aunque se suelen mostrar cerradas si lo que se pretende es conseguir información sobre algo que las propias instituciones desean mantener oculto.

— *Privadas*
Decimos que una fuente personal actúa de forma privada cuando no está al alcance de todos los periodistas, sino que su acceso está restringido a un número determinado de ellos.

En estos casos, la fuente de información, por los motivos que sea: confianza, deseo de relacionarse con un determinado medio de comunicación, estrategia informativa, etc., mantiene un contacto continuado o puntual solamente con un grupo limitado de periodistas.

Como actúa de forma privada y no en representación del cargo que ocupa, en caso de que permita publicar sus confidencias nunca dejará que el periodista la identifique en su texto de forma inequívoca. En estos casos, los periodistas suelen acudir a atribuciones ambiguas.

Por ejemplo, en temas relacionados con la lucha antiterrorista suelen ser frecuentes los contactos de altos cargos del Ministerio del Interior con periodistas clave de medios de comunicación de prestigio (normalmente los más influyentes), en los que la fuente pone al tanto a los responsables de los medios de sus estrategias para buscar así el apoyo mediático a sus estrategias.

— *Confidenciales*

En ocasiones, una fuente pública puede actuar de forma altamente restrin gida y relacionarse exclusivamente con uno o dos periodistas. Se convierte así en una fuente de información que es accesible a uno o dos medios de comunicación, a los que utiliza para canalizar sus confidencias.

Tal y como relata Pepe Rodríguez (1984: 69), «informan casi siempre sobre temas singulares y sin posibilidad de ser citadas directamente por el periodista».

Habitualmente son fuentes de información que trabajan con el *off the record* y suministran datos a los periodistas para su conocimiento contextual. Temas que no se pueden publicar, pero que ayudan a interpretar con profundidad los acontecimientos más importantes de la agenda temática.

Llegados a este punto, es necesario dejar claro que una misma fuente de información, según el periodista que la aborde y la relación anterior que mantenga con ella, puede jugar el papel de pública, privada o confidencial. Todo ello dependerá del interés de la fuente a la hora de mostrar sus confidencias y de la confianza que tenga con el periodista y su medio de comunicación.

No existen normas concretas para que una fuente pública se convierta en privada o confidencial. Solamente podemos decir que el día a día, la relación estrecha y continuada entre periodista y fuente de información personal es un buen camino para que una fuente pública se convierta en privada o confidencial.

— *Expertas*

En múltiples facetas de la práctica periodística, el profesional necesita relacionarse con fuentes que son expertas en los temas informativos que va a publicar. Las fuentes expertas son personas especializadas en temas concretos a las que el periodista acude para obtener informaciones singulares o bien para interpretar correctamente datos disponibles.

Las fuentes expertas son imprescindibles en el trabajo periodístico, sobre todo cuando se tiene entre manos informaciones especializadas y complicadas. Se utilizan para valorar datos, ayudar a explicar de forma clara y concisa documentos excesivamente técnicos o incorporar materiales complementarios que sirven para crear un marco de fondo adecuado a la información. En ocasiones, las fuentes expertas se pueden utilizar para confirmar datos sobre temas especialmente complejos que el periodista tiene en sus manos, o también para interpretar informaciones complejas que inicialmente no están al alcance del periodista.

c) *Según la actitud de la fuente respecto al periodista*

— *Fuente activa*

Cuando hablamos de una fuente activa nos referimos a una fuente de información que adopta un papel activo y toma la iniciativa a la hora de ponerse en contacto con el redactor. Al estar la iniciativa en sus manos, se trata de fuentes interesadas que buscan relacionarse con un periodista concreto o un grupo de periodistas para informarles de determinados hechos que pueden ser de su interés.

En el trabajo normal de la redacción de un periódico, una buena parte de las informaciones provienen a través de fuentes activas. Son, por ejemplo, las ruedas de prensa. En estos casos es siempre la fuente de información la que toma la iniciativa y se pone en contacto con los medios de comunicación para convocarles a una cita en la que la fuente va a contar cosas que presupone de interés para los medios de comunicación.

En otras ocasiones, el contacto entre la fuente y el periodista es individual. La fuente de información, interesada en filtrar unos determinados datos, se pone en contacto con un periodista para comunicarle unos hechos de interés. Dentro de estas fuentes activas, reconocidas también con el nombre de espontáneas, Héctor Borrat (1989: 56) efectúa una subclasificación y distingue entre:

- Fuentes ávidas. Son las que toman la iniciativa, pero con una carga de identidad y urgencia mayor. Suele producirse cuando alguien necesita que se den a conocer unos mensajes que sirven a sus intereses.
- Fuentes compulsivas. Son las que toman la iniciativa con todos los recursos a su alcance, como para obligar al medio a comunicar su información. Pueden, por ejemplo, amenazar al medio de comunicación con retirar la publicidad que insertan si no se publican sus confidencias.

— *Fuente pasiva*

Son fuentes de información que nunca adoptan la iniciativa, por lo que suministran sus informaciones, bien porque el periodista recurre a ellas para que le informen de determinados datos que sabe que están en su poder o porque el profesional la somete a alguna presión determinada.

En algunas ocasiones existe una relación entre la fuente pasiva y el redactor, pero es éste el que toma la iniciativa para ponerse en contacto. El periodista recurre a una fuente de información, que puede ser conocida y estable o no, para solicitarle unos datos que son de su interés. Normalmente, este tipo de fuentes se utilizan para confirmar datos que el periodista ya tiene a través de otros cauces, pero que precisan de una confirmación para ser publicados. El periodista se pone en contacto con una fuente para comunicarle que está en posesión de determinados datos y ver si esta fuente los confirma. Dentro de las fuentes pasivas, Héctor Borrat (1989: 56) efectúa también una subclasificación y distingue entre:

— Fuente resistente. Es la que opone serios obstáculos, restricciones y reticencias a quien busca en ella información.
— Fuente abierta. No opone una resistencia abierta, pero tampoco asume la iniciativa. Necesita que se la busque para que comunique la información.

d) *Según la representatividad de la fuente*

No todas las fuentes de información tienen la misma representatividad, ni para el medio de comunicación ni para el periodista que informa. La representatividad de una fuente depende de múltiples factores, muchos de ellos al margen de la calidad de la información que suministran.

Cada medio de comunicación, según la estrategia informativa en la que está inmerso, otorga una mayor o menor representatividad a unas u otras fuentes. Hay medios de comunicación que otorgan un plus de representatividad a las fuentes de información que actúan en representación de la vida institucional. Por contra, otros medios se inclinan más por incorporar informaciones y dar mayor valor a las fuentes que actúan en nombre de la oposición institucional o que actúan al margen del esquema institucional.

Por eso, desde el punto de vista de la representatividad de las fuentes podemos distinguir dos grandes bloques: institucionales y no institucionales.

Antes de explicar estos dos tipos de fuentes, creemos oportuno hacer una aclaración. Tanto una fuente institucional como otra que no lo es puede ser una fuente estable o provisional. Puede actuar de forma pública, privada, confidencial o experta, si lo es en el tema sobre el que informa, y también puede ser activa o actuar de forma pasiva. Estas consideraciones hacen que resulte tan difícil efectuar una clasificación cerrada sobre las fuentes de información.

— *Fuentes institucionales*

Las fuentes gubernamentales son referencias de primer orden para los medios de comunicación. El Gobierno, a través de sus representantes, gabinetes y su estructura institucional es una de las fuentes que más material periodístico es capaz de suministrar a los medios.

Como es una fuente de poder, los medios de comunicación se muestran permeables a sus confidencias y versiones y participan de las estrategias informativas que esta poderosa fuente proyecta hacia el público a través de los medios de comunicación.

Su importancia es tan grande que los medios de comunicación suelen orbitar alrededor de esta fuente que, además, en caso de necesidad, dispone de sus propios y poderosos medios de comunicación para controlar y encauzar el flujo informativo: agencias de información oficiales, medios del Estado, prensa del partido gobernante, etc.

Su situación de privilegio en la estructura del poder hace que los medios de comunicación estén pendientes de la información que difunden. Además, se trata de una fuente con un alto poder coercitivo sobre los medios de comunicación que, en demasiadas ocasiones, deben estar pendientes de los acuerdos que se toman en el poder para otorgar privilegios a unos u otros medios de comunicación. Son fuentes que ocupan lugares de privilegio en la estructura del poder político, militar, estatal, jurídico, científico o económico que trabajan con información directa y de primera mano y que disponen de centros destinados a elaborar esas informaciones. Pero además, hay que considerar también la capacidad que tienen estas fuentes para producir materiales informativos que puedan ser rápidamente utilizables por los medios de comunicación.

En el actual proceso comunicativo, las fuentes gubernamentales acaban por constituir unos canales burocratizados de información. Se trata de circuitos con posibilidad de decisión sobre las informaciones que van a aparecer en los medios de comunicación, ya que dada su capacidad productiva suministran ingentes cantidades de información.

Los medios de comunicación tienden a privilegiar este tipo de fuentes. En su actividad habitual priorizan al gobernante frente al opositor; a los partidos políticos frente a las asociaciones no constituidas como tales; a los sindicatos mayoritarios frente a los minoritarios. Una política que fortalece la presencia del aparato institucional frente a otras fuentes de oposición.

Una característica esencial de las fuentes gubernamentales es que son fuentes expertas en diseñar campañas destinadas a poner en circulación informaciones en el momento y la forma que consideran oportunos para alcanzar sus fines. Esta estrategia, según Giovanni Cesareo (1986: 74), permite a estas fuentes:

a) Decidir qué acontecimientos y qué materiales pueden ser transformados en «noticia».

b) Hacer imposible o muy difícil la investigación, verificación, consistencia y procedencia sobre las informaciones que proporcionan.

c) Acreditar como auténtico cualquier acontecimiento o dato que suministran porque inicialmente no pueden ser comprobados.

d) Valorizar al máximo todo el material informativo que suministran.

e) Producir acontecimientos o procesos «convenientes», a través de la entrega de informaciones «adecuadas», en circunstancias y momentos «oportunos».

Disponer de fuentes gubernamentales es esencial para el trabajo periodístico, ya que se trata de fuentes que manejan informaciones de gran interés y, por lo tanto, están siempre muy solicitadas por los profesionales de los medios de comunicación.

Son de fácil acceso si lo que pretende el periodista es difundir informaciones que son de su interés, y se convierten en extremadamente cerradas si busca informaciones que desean mantener ocultas porque les perjudica. Sin embargo, si el periodista consigue fuentes gubernamentales que trabajen con él de forma confidencial, podrá disponer de informaciones de primera mano y de gran interés, un material informativo excepcional.

— Fuentes no institucionales

Son fuentes que no pertenecen al ámbito gubernamental y que abarcan un amplísimo abanico. En un polo se encontrarían las fuentes cercanas al Gobierno pero que no forman parte de él, y en el opuesto estarían las fuentes de la oposición, necesarias para conseguir puntos de vista divergentes y para el contraste permanente de las informaciones que se suministran desde el poder.

Son fuentes de información que habitualmente están marginadas por los medios de comunicación, sobre todo las fuentes de la oposición no parlamentaria o asociaciones sin representatividad política electoralmente conseguida.

No ejercen ningún poder económico o político, pero en ocasiones se relacionan con personas de esas altas esferas y que, en consecuencia, tienen acceso a informaciones que en algunos casos pueden ser privilegiadas.

Las personas que no tienen poder es más difícil que se conviertan en fuentes de información y normalmente no son tan buscadas por los periodistas, aunque se trata de fuentes que de una u otra forma pueden tener acceso a informaciones de interés.

Las fuentes no gubernamentales son también esenciales en el trabajo periodístico, ya que el campo de la oposición es un lugar privilegiado para obtener informaciones que las instituciones desean ocultar.

e)   *Según el alcance de la información que suministran*

— Fuentes centrales y territoriales

La clasificación de fuentes de información que estamos explicando, no es más que un botón de muestra de la variedad y complejidad de las fuentes de información con las que habitualmente trabajan el periodista y el medio de comunicación.

Por eso, desde otra perspectiva, podemos referirnos también como hacemos aquí a una clasificación en las que analizamos las fuentes según el alcance de la información que suministran. De acuerdo con este enfoque, podemos clasificar las fuentes en centrales o territoriales.

Las fuentes centrales serían aquellas que suministran informaciones más estratégicas, de mayor importancia, con un gran alcance. Son fuentes políticas, económicas, etc., que aportan datos de relevancia estatal y que suelen ir publicados en secciones de Economía, Sociedad, Política Nacional...

También existen fuentes de alcance inferior. Son fuentes territoriales o locales que suministran informaciones de interés, pero de un alcance menor. La importancia de la información que suministran se puede circunscribir a una zona más limitada, región, provincia, capital de provincia, barrio o pueblo.

Como podemos observar, son muchas las posibilidades que tiene un periodista para dirigirse a fuentes que le sean de utilidad. En muchas ocasiones, incluso, el problema fundamental está en dar con la fuente de información adecuada.

Es imposible pasar aquí a precisar qué fuente de información es la apropiada para cada caso, y eso es así porque cada trabajo periodístico precisa de una combinación específica de diferentes fuentes de información que sirvan para concluir profesionalmente el trabajo que el periodista está realizando.

6.2. FUENTES DOCUMENTALES O ESCRITAS

Las fuentes documentales o escritas son una de las fuentes de información más utilizadas por los medios de comunicación y tienen, además, múltiples utilidades. La documentación es totalmente necesaria para preparar temas que tenemos previsto trabajar o publicar. Así, las entrevistas y los reportajes exigen echar mano de la documentación en el proceso de preparación y también posteriormente cuando nos ponemos a escribir sobre ellos.

También es totalmente necesaria en determinados tipos de noticias. Así, las noticias cronológicas se basan fundamentalmente en el soporte documental. En ocasiones, la documentación se utiliza para completar informaciones que vamos a publicar. El aporte documental garantiza en estos casos una mejor comprensión de la noticia.

En otros casos, como es el del periodismo de interpretación, en el que uno de sus referentes es precisamente el relato de antecedentes, exige una buena documentación en la que se apoyen los antecedentes para argumentar posteriormente y efectuar correctamente el análisis y la valoración.

La documentación es tan importante que la práctica totalidad de los periódicos tiene una sección dedicada a la documentación, por lo que se trata también de una fuente de información propia.

En los últimos años y gracias al desarrollo de la informática, se han convertido también en una fuente común de información. Las agencias de información tienen departamentos de documentación y archivo a los que se puede acceder, previo pago de una suscripción. Se tiene así a disposición de la redacción un gran banco de datos que se puede utilizar como fuente documental. Se trata de un servicio rápido y económico.

Dentro de este apartado de fuentes documentales debemos referirnos de forma específica a los documentos que no se encuentran en archivos o bancos de datos y que son importantísimos en determinadas especialidades periodísticas como es el periodismo de investigación.

Se trata de documentos que no circulan por los cauces habituales de la información y que se utilizan para avalar las confidencia de determinadas fuentes de información. No son fácilmente accesibles a los periodistas ni al público y constituyen un material informativo de primer orden en el proceso productivo de la información.

Se trata de unas fuentes de gran credibilidad y tienen la virtud de que se pueden consultar una y otra vez. Se suele acceder a ellas a través de las fuentes personales que suministran documentos para ratificar la veracidad de sus revelaciones. El valor de estas fuentes estriba en que no hayan sido publicadas.

Una clasificación sencilla de fuentes documentales podría ser la siguiente:

— *Archivos*

Los archivos son importantes porque permiten acceder a documentos de primera mano que facilitan el trabajo periodístico. Son un acceso rápido a la información, lo que permite al periodista ahorrar tiempo en la búsqueda de datos. Son un medio eficaz para verificar datos que el periodista ha podido obtener a través de otro cauce (por ejemplo, una fuente personal) y son un lugar apropiado para encontrar temas de interés.

No todos los archivos son de libre acceso para los periodistas. Sin embargo, existen unos cuantos a los que se puede acceder libremente. Entre los archivos de libre acceso podemos citar: los archivos mercantiles, de la propiedad inmobiliaria, del Instituto Nacional de Estadística o los archivos de la propiedad intelectual.

— *Bancos de datos*

Son lugares donde existe información archivada a los que se puede acceder a través de las nuevas tecnologías y que nos permiten acceder de forma inmediata a información de primer nivel. Los bancos de datos son el lugar que el periodista deberá visitar una y otra vez para conseguir la información de base para un buen número de temas informativos.

— *Textos y libros*

Son textos documentales que se encuentran a disposición del público general y que le pueden servir al periodista para documentarse. Se localizan habitualmente en bibliotecas, centros culturales, etc.

7. Las fuentes de información más habituales

Tal y como hemos venido apuntando a lo largo de este capítulo, fuentes de comunicación hay muchas, y una clasificación exhaustiva de ellas se convertiría en un reto casi inalcanzable. Por eso en el apartado anterior nos hemos referido simplemente a una aproximación hacia una tipología de fuentes de información. Una clasificación que, necesariamente, no puede ser cerrada.

A pesar de ello, hemos considerado oportuno referirnos también a unas fuentes de información que intervienen de forma activa y directa en el proceso normal de la producción informativa y que por ello están permanentemente presentes en las agendas de los medios de comunicación. Las más importantes serían las siguientes:

a) *Las agencias de información*

Se trata de unas fuentes que juegan un papel de primer orden en el proceso productivo de los medios de comunicación. El trabajo en las redacciones está sometido a la inapelable máquina de la productividad. Cualquier medio de comunicación necesita producir equis número de informaciones diarias para completar su ciclo normal. En este proceso, la rapidez juega un papel esencial y las agencias de información ocupan un espacio vital. En el trabajo informativo normal las agencias mantienen un lugar de privilegio porque ofrecen textos publicables y fáciles de estructurar en el proceso productivo.

Las agencias de información suministran a los medios de comunicación cientos y cientos de informaciones diarias. Sin embargo, sólo una pequeña cantidad de las informaciones suministradas por las agencias acaba publicándose. No sólo debido al elevado volumen de material que suministran, sino también porque los medios de comunicación prefieren, siempre que sea posible, publicar informaciones propias y utilizar el material de agencia como complemento al que el medio de comunicación obtiene por sus propios medios.

Esto es así porque mientras que la agencia de información es una fuente común que los medios de comunicación comparten entre sí, las informaciones obtenidas por sus propios medios siempre aportan puntos de vista peculiares y se diferencian de las que poseen los medios de la competencia.

Por eso, el mayor o menor uso del material informativo que llega a un medio de comunicación a través de una agencia depende de la capacidad que tenga para obtener informaciones a través de sus propios cauces.

Los medios de comunicación importantes, que tienen corresponsales en buena parte del mundo y capacidad para trasladar enviados especiales a los lugares informativamente más activos, utilizan sobre todo el material de agencia como un complemento a las informaciones que obtienen a través de sus corresponsales.

Sin embargo, los diarios modestos, que no pertenecen a ninguna cadena informativa y sin grandes recursos económicos, no tienen más remedio, sobre todo en determinadas secciones, que recurrir casi exclusivamente a los textos de agencia.

Por eso podemos decir que el material de agencia tiene en los medios de comunicación dos usos esenciales:

— Como información central y exclusiva, en los casos en los que el medio no tenga posibilidades propias de acceder a ese material informativo por sus propios medios.
— Como complemento de las informaciones que el medio de comunicación obtiene a través de sus propios cauces.

En ocasiones, los medios de comunicación no tienen más remedio que utilizar exclusivamente las informaciones de agencia para escribir sus textos. Sin embargo, la utilización ideal del material suministrado por las agencias es de complemento a los datos que por su parte ha obtenido el periodista.

Como las agencias son empresas especializadas en obtener informaciones a través de sus propios medios para venderlas luego a los medios de comunicación, si las observamos desde un punto de vista estricto podemos decir que en el proceso productivo de la información juegan un papel más cercano a la producción de noticias que al de fuente de información.

De cualquier forma, cabe recordar que las principales agencias mundiales son quienes controlan el flujo informativo de cuanto sucede en el planeta. Es muy raro que un medio español tenga un corresponsal permanente en el África francófona, por lo que algún hecho ocurrido en estos países se convertirá en noticia si la agencia France Presse, por ejemplo, lo incluye entre sus despachos. En caso contrario, dicho hecho quedará probablemente en el olvido. Lo mismo podríamos decir de cuanto sucede con ciertos países de la Commonwealth en relación con Reuters.

Las principales agencias mundiales de información son Associated Press, Reuters, France Presse y EFE. Todas ellas trabajan en prácticamente todos los ámbitos y soportes informativos (prensa, internet, fotografía, televisión, radio, documentación, servicios especiales, etc.).

Associated Press (AP). Es la principal agencia de los Estados Unidos y tiene su origen en la Harbor News Association fundada en 1848 por *The New York Sun, The Journal of Commerce, The Courier and Enquirer, The New York Herald* y *The Express* y para compartir las noticias que llegaba a través de los barcos que arribaban al puerto de Nueva York. En la actualidad la agencia está constituida como una cooperativa sin ánimo de lucro que pertenece a unos 1.500 diarios norteamericanos. Según datos de la propia empresa, más de la mitad de la población mundial lee, escucha o ve diariamente informaciones elaboradas por AP, que tiene oficinas en 121 países. La agencia trabaja en todos los soportes informativos y, además de en inglés, ofrece servicios en español, francés, alemán y holandés.

Reuters. Es una agencia británica fundada en 1851 por Paul Julius Reuter en Londres para transmitir información bursátil entre esta ciudad y París a través del cable telegráfico Calais-Dover. Constituida como sociedad anónima, durante muchos años mantuvo el límite del 15 % del volumen máximo de acciones que un propietario podía poseer. Sin embargo, la norma quedó anulada en 2008 a raíz de la fusión de la compañía con la empresa canadiense Thomson Corporation. La nueva empresa se denomina Thomson-Reuters y junto a la agencia de noticias posee diversas divisiones especializadas en información y servicios financieros. Según sus propios datos, la agencia dispone de corresponsalías en 150 países y ofrece sus servicios en inglés, español, francés, alemán, portugués, ruso, árabe y chino.

Agencia France Presse (AFP). Es la principal agencia mundial en lengua francesa. Sus orígenes hay que buscarlos en la agencia Havas en París, fundada por Charles Louis Havas y una de las pioneras en el ámbito internacional. En 1940, durante la ocupación alemana, el Gobierno de Vichy nacionalizó la agencia y pasó a denominarse Oficina Francesa de Información. El nombre actual lo adquirió en septiembre de 1944 tras la toma del control del organismo por parte de un grupo de periodistas de la Resistencia. Constituida como un ente público autónomo, AFP dispone de corresponsalías en 165 países y ofrece sus servicios en francés, inglés, español, árabe, alemán y portugués.

EFE. Es la principal agencia en español y la cuarta a nivel mundial. Sus orígenes hay que situarlos en 1919 con la creación de la agencia Fabra. Su lugar pasó a ser ocupado tras la Guerra Civil por EFE, fundada por el Gobierno de Franco en 1939 como sociedad anónima en la que el Estado disponía de la mayoría del accionariado. En 2001 la agencia quedó inscrita en la SEPI (Sociedad Estatal de Participaciones Industriales). EFE cuenta con corresponsalías en 120 países, con especial implantación en el ámbito iberoamericano. Al igual que las anteriores, es una agencia integral de noticias que trabaja en todos los soportes. Ofrece informaciones en español, portugués, inglés, árabe y catalán.

Junto a este póquer de grandes agencias, existen también otras que tienen una destacada importancia en los flujos informativos de determinadas zonas del mundo.

United Press International (UPI). Fue fundada en 1907 en Estados Unidos bajo el nombre de United Press Associations, como agencia independiente de noticias abierta a todo tipo de clientela. Su nombre actual lo adoptó en 1958 tras su fusión con la International News Service. La agencia entró en crisis a finales del pasado siglo, en paralelo con la decadencia de la prensa vespertina norteamericana. En 2000 fue adquirida por el grupo mediático de la Iglesia de la Unificación «News World Communications». Ofrece sus servicios en inglés, español y árabe.

Itar-Tass (Information Telegraph Agency of Russia). Es la agencia de referencia en el área de influencia de Rusia. Sus antecedentes hay que buscarlos en la SPTA, fundada en San Petersburgo en 1904 por el Gobierno del último zar. Tras el triunfo de la revolución comunista, la agencia oficial adopta en 1953 el nombre de TASS (Telegraph Agency of the Soviet Union), en la que se integraban también las agencias del resto de los países que formaban la Unión Soviética. Tras la caída del comunismo y el desmembramiento de la Unión Soviética, la agencia adoptó en 1992 su denominación actual. Dispone de un servicio de información en inglés.

Xinhua. Es la agencia oficial de China. Emplea a más de 10.000 personas y tiene oficinas en 107 países. El precedente de Xinhua fue la Agencia de Noticias China Roja, creada en 1931. Su nombre actual lo adoptó en 1937 y tras la victoria de Mao en 1949 pasó a convertirse en la agencia estatal. Además de en chino, ofrece noticias en inglés, español, francés, ruso y árabe. En los últimos años ha protagonizado una notable expansión en Iberoamérica.

Deutsche Presse-Agentur (DPA). Es la principal agencia alemana de noticias y tiene su base en Hamburgo. Fue fundada en 1949. Ofrece también sus servicios en inglés, español y árabe.

Jiji Press. Es la principal agencia japonesa de noticias. Fue creada en 1945, tras la desaparición al finalizar la Segunda Guerra Mundial de la agencia Domei. Dispone de delegaciones en 29 países y ofrece sus servicios en japonés, inglés y español.

Europa Press (EP). Es una agencia de noticias española, de capital privado, nacida en 1957. Se estructura en seis áreas: Noticias, Televisión, Reportajes, Comunicación, Internet y Ediciones.

b) *Los gabinetes de prensa*

Los gabinetes de prensa juegan un papel muy activo en el proceso productivo de la información, por eso hemos considerado oportuno dedicarle un apartado especial a esta fuente de información. En los últimos años, los gabinetes de prensa se han convertido en uno de los centros emisores más importantes de información, y por lo tanto en una fuente de primer orden.

Los gabinetes de prensa cumplen con una doble finalidad. Por un lado, actúan como filtro para impedir el acceso directo de los medios de comunicación a las instituciones. Como explica Txema Ramírez (1996: 111), «para hablar con un político hay que superar, cuando menos, tres "filtros" (centralita, jefe-a de prensa y secretaria-o)».

Por otra parte, son centros emisores de información siempre interesada y casi siempre con profundas cargas ideológicas, por lo que el medio deberá ubicar siempre en su justo contexto las informaciones que provienen de estas fuentes. En este sentido, el mismo autor recuerda que «en el actual entramado informativo, las fuentes juegan un papel cada vez más importante superando la tradicional pasividad que hasta ahora se les achacaba. Los Gabinetes de Comunicación asumen en gran medida el papel que corresponde al emisor, introduciéndose así dentro del proceso de la comunicación. El proceso de selección de la noticia ya no es un mecanismo exclusivo únicamente de las organizaciones informativas. La capacidad que los Gabinetes de Comunicación tienen para condicionar dicho proceso es tan importante que incluso pueden modificar las funciones de los elementos que intervienen en el proceso de comunicación» (Ramírez, 1996: 115-116).

Dentro del campo profesional existen diversas consideraciones sobre el papel que juegan los gabinetes de prensa. Ramírez (1995) señala que para algunos profesionales de los medios de comunicación los gabinetes no son más que meros aparatos propagandísticos, mientras que para otros son fuentes de información indispensables. Sin embargo, unos y otros coinciden en afirmar que estas oficinas condicionan el trabajo de los periodistas y juegan un papel esencial en el producto final del medio.

En el citado artículo, Ramírez destaca el hecho de que en 1991 ya había 4.000 periodistas trabajando en gabinetes de prensa a lo largo de todo el territorio español y que en 1992 el 52 % de la información política procedía de los gabinetes de prensa, mientras que en 1978 dicho porcentaje ascendía únicamente al 30 %.

Según un informe de la Asociación de Empresas Consultoras en Relaciones Públicas y Comunicación (ADECEC), casi el 60 % de los gabinetes españoles se fundó a partir de 1996, por lo que la irrupción de este tipo de empresas en el proceso de producción informativa sería relativamente reciente. Según el citado estudio, en 2008 el promedio de trabajadores con los que contaban los gabinetes era de 16,4, con una edad media de 34,7 años.

David Sancho (1999: 130) establece 4 funciones fundamentales para los gabinetes de comunicación:

– La relaciones con la prensa.
– El diseño de campañas publicitarias.
– La comunicación corporativa.
– Las políticas internas de comunicación.

En la actualidad, comienza a ser habitual que una empresa de tamaño medio cuente con, al menos, un responsable de comunicación. En el ámbito institucional la figura del gabinete de prensa está también asentada. Ministerios, consejerías autónomas, diputaciones y ayuntamientos disponen de este tipo de servicios. Al respecto, Txema Ramírez afirma que «hoy en día, se puede decir que no existe en la sociedad actual ningún grupo que aspire a tener un eco mediático que no cuente con un gabinete de comunicación. Se han convertido en imprescindibles para cualquier grupo, institución o asociación que quiera tener presencia en los medios. Parece, además, que en los próximos años este proceso en lugar de debilitarse se incrementará» (1998:51).

Un estudio realizado en 2006 por la consultora Estudio de Comunicación y la sociológica Demométrica, con el apoyo de la Federación de Asociaciones de Periodistas de España (FAPE), parece dar la razón al profesor Ramírez. Dicho trabajo, titulado *Periodistas, empresas e instituciones*, aborda las relaciones entre los periodistas de los medios de comunicación y los gabinetes de comunicación de las empresas e instituciones. El estudio destacaba que el número medio diario de notas de prensa que recibían los periodistas consultados se situaba en 69, mientras que los medios nacionales reciben cada jornada una media de 139 de estas notas. De todo este material, los periodistas participantes en el informe sólo consideraba publicables un 12 %.

Como puede verse, cada vez es mayor el número de informaciones procedentes de los gabinetes de los organismos públicos y privados que inundan las redacciones de los medios de comunicación. Si bien, no todas estas informaciones resultan de interés o utilidad para los profesionales de estos medios.

c)   *Las ruedas de prensa*

Puede considerarse como una modalidad de la entrevista, aunque tiene una serie de características que la diferencian de ésta. En la rueda de prensa son varios los periodistas que interpelan directamente a una persona determinada. Además es siempre el entrevistado el que lleva la iniciativa y convoca a los periodistas para explicarles un tema que considera de interés periodístico.

Los aspectos esenciales de la rueda de prensa derivan siempre del hecho de que alguien habla y dice algo. Asistimos pues a los dos primeros elementos que deben figurar en el primer plano de la información, quién es el orador y qué dice exactamente. El cuándo y el dónde, cuya importancia variará según los casos concretos, son casi siempre dos aspectos temáticos circunstanciales.

Al estar la iniciativa en manos del convocante, el periodista, al contrario de lo que sucede en la entrevista, no puede preparar las preguntas, por lo que en raras ocasiones se consiguen confidencias importantes que se salgan del guión que previamente ha establecido el convocante.

Como las ruedas de prensa son un acto de habla oral, su técnica de realización y redacción es la misma que la de cualquier acto de habla:

– En su intervención, el orador presenta los temas de acuerdo con una determinada jerarquía. Sin embargo, el orden en la presentación de los temas utilizado por el convocante, no tiene por qué coincidir con un orden de interés periodístico.

En una rueda de prensa lo más importante puede surgir al principio, en medio o al final de la intervención del orador. Puede suceder también que lo periodísticamente más interesante aparezca en la tanda de preguntas y respuestas que se establece entre el convocante y los periodistas.

– Como estamos ante un acto de habla oral, en la redacción hay que utilizar citas directas e indirectas, siempre con sus correspondientes atribuciones. También, siempre que sea posible, el periodista deberá tener en cuenta la interpretación de posibles intencionalidades. Algo que el orador no dice explícitamente pero que puede derivar del contexto en el que se producen sus declaraciones.

– Por lo que respecta a las preguntas que habitualmente formulan los periodistas cuando termina la intervención del orador, podemos decir que sólo están bien concebidas si son concretas, no predeterminan la respuesta, y si el modo de presentarlas invitan a responder o a dejar al descubierto que el interlocutor trata de evadirlas. Excepto en el caso en que las circunstancias requieran comprometer al interpelado, la pregunta no debe reflejar preconcepciones ideológicas del periodista ni presentar juicios de valor intencionales.

d)   *Internet*

A lo largo de estos últimos años internet se ha ido convirtiendo en una importantísima fuente de información. A través de internet se puede conectar inmediatamente con bancos de datos, páginas web de todo tipo y acceder a un ingente material de consulta. En ocasiones, este material está puesto en la red a disposición del público por las mismas fuentes institucionales o públicas, que han comprendido la importancia de la red para publicar y hacer publicidad del trabajo que están realizando. En otras ocasiones, son fuentes privadas las que permiten al usuario acceder a documentos, archivos particulares, etc.

Si internet, tal y como desarrollamos en otros capítulos, está revolucionando el campo del trabajo periodístico, también está facilitando una espectacular apertura hacia nuevas fuentes de información, al tiempo que se está convirtiendo ya en una de las fuentes más consultadas por el público en general y los periodistas en particular.

Según el estudio titulado *Periodistas, empresas e instituciones: claves de una relación necesaria*, citado anteriormente, el 64 % de los periodistas consultados considera que las webs de empresas o instituciones son «muy» o «bastante» útiles como fuentes de información.

Uno de los hitos más importantes en la conversión de internet como fuente de información fundamental fue la creación en 1997 del buscador Google, creado por Larry Page y Sergey Brin, quienes un año más tarde fundarían la empresa homónima. Google es la herramienta básica para cualquiera que desee encontrar cualquier tipo de información en la red.

Wikipedia, la enciclopedia *online* en creciente renovación gracias a miles de colaboradores, es otro de los hechos importantes en la conversión de internet en el mayor suministrador mundial de conocimiento. Lanzada en 2001 por Jimmy Wales y Larry Sanger, se considera a sí misma, como es actualmente, la mayor y más popular obra de consulta en internet. En 2009 Wikipedia se editaba en 264 idiomas, disponiendo de 11 millones de artículos (2,6 millones de los cuales están en inglés).

Junto a estas dos populares herramientas, la aparición del concepto de Web 2.0 en 2004 ha resultado fundamental para que internet sea también el medio al que acudir para la búsqueda de fuentes alternativas a las de los grandes distribuidores de noticias. Con el nombre de Web 2.0 se alude a las herramientas surgidas en la red que permiten que el usuario deje de ser un receptor pasivo de contenidos y pase a ser también creador de dichos contenidos. Fenómenos como los blogs, cuya popularidad se disparó a partir de 2001; Flickr, nacido en 2004 para compartir imágenes, o Youtube, surgido en 2005 para el intercambio de vídeos, permiten la distribución de contenidos al margen de los circuitos de distribución tradicionales. La denominadas redes sociales, como Myspace, Twitter o Facebook permiten al usuario el contacto inmediato con decenas de «amigos», que a su vez tienen otras decenas de «amigos». Ello posibilita que cualquier noticia pueda llegar a través de estas redes a miles de personas en un corto espacio de tiempo, por lo que de hecho podrían cumplir el papel reservado habitualmente a los medios de masas. En estas redes se desarrollaría lo que se conoce como «Teoría de los seis grados», explicada por el sociólogo Duncan Watts en su obra *Six Degrees: The Science of a Connected Age*. Según esta teoría sería posible llegar a cualquier individuo del planeta en tan sólo seis «saltos». Es decir, si un usuario de una red social pasa un mensaje a cien amigos, que a su vez tienen otros cien amigos, que también tienen cien amigos, al sexto reenvío del mensaje éste podría llegar hipotéticamente a un billón de personas (siempre y cuando no existiesen amigos repetidos, claro). Teorías matemáticas al margen, lo cierto es que en los últimos tiempos estas redes se han convertido en fuente frecuente de todo tipo de rumores.

El principal problema que presenta internet como fuente de información es el de contrastar la veracidad de muchas de las historias que circulan por la red. Existe una vieja máxima en el periodismo que aconseja no publicar una noticia sin antes comprobar su veracidad por dos fuentes independientes entre sí. Esto no siempre es posible en internet. Además, herramientas como Youtube ofrecen vídeos que supuestamente recogen extractos de la vida real. Estos vídeos son a menudo usados como fuente por los medios convencionales, sin que la veracidad de sus contenidos se contraste en todas las ocasiones. Un ejemplo de lo anterior lo tenemos en el vídeo que circuló por internet en enero de 2009, en el que el conocido presentador y humorista conocido como «El Gran Wyoming» abroncaba supuestamente a una becaria del programa de La Sexta *El Intermedio*. Diversas televisiones se hicieron eco del vídeo, entre ellas Intereconomía TV. Finalmente, todo resultó un montaje del propio Wyoming para ridiculizar a la citada cadena.

Por lo tanto, aunque internet se ha convertido desde hace tiempo en el gran contenedor mundial de la información, la presencia de un determinado material en la web no es siempre sinónimo de veracidad, por lo que el periodista deberá esforzarse al máximo para determinar la fiabilidad de los textos, fotografías y vídeos que diariamente se propagan a través de la red. Por otro lado, es justo reconocer que comienza a ser frecuente que las primeras imágenes de muchos sucesos se transmitan a través de dichas redes sociales.

e)   *Los medios de la competencia*

Los medios de comunicación se utilizan también entre sí como fuentes de información. Así, todos los periódicos utilizan la radio, televisión y los diarios de la competencia como fuentes informativas.

Que un medio de comunicación publique una noticia exclusiva no quiere decir que esa información no pueda ser reproducida posteriormente por un medio de la competencia.

En caso de que un medio la reproduzca, es importante que inmediatamente identifique al medio de donde procede la noticia. En parte, es el reconocimiento a un pequeño fracaso, pero como la noticia ya ha aparecido publicada en otro medio, es importante que se cite la procedencia en los primeros párrafos de la información.

Los medios de comunicación utilizan indistintamente, aunque de forma diferente, a la competencia escrita y a las medios audiovisuales como fuentes de información.

1.   Los medios audiovisuales como fuente de información. Los medios audiovisuales juegan un papel muy importante a la hora de planificar el trabajo diario en un periódico. Desde la primera hora de la mañana, los redactores del periódico conocen las informaciones que la radio y la televisión están lanzando al aire.

Este conocimiento sirve para delimitar desde el primer instante de la mañana las informaciones que otros medios de comunicación están ya destacando como las más importantes de la jornada. Este método es muy eficaz para ahorrar tiempo en la planificación de las tareas de un diario.

Los periódicos utilizan la radio y la televisión para dos tipos de acontecimientos:

a)   Acontecimientos importantes previstos que la radio y la televisión retransmiten en directo. Lo normal es que los redactores interesados escuchen en el periódico esa retransmisión, lo que les da una capacidad para valorar mucho mejor esa información y planificar posteriormente la forma de abordar ese tema. La utilización de la radio y la televisión como fuente informativa tiene todavía más relevancia si se trata de emisiones que tienen lugar a la hora de cierre de la redacción.

b)   Acontecimientos importantes imprevistos sobre los que informan la radio y la televisión. En algunas ocasiones suceden ciertos acontecimientos informativos imprevistos que se emiten rápidamente a través de la radio o la televisión y que los redactores de los diarios tienen que tener en cuenta para empezar a trabajar sobre esas informaciones.

Se trata, en consecuencia, de aprovechar la mayor inmediatez de los medios audiovisuales para informarse a través de ellos y empezar a realizar desde la redacción el correspondiente trabajo.

Lo normal en la redacción de un diario es que se escuchen todos los informativos de radio y se vean los de la televisión, para ver si surgen temas de interés a los que el periódico todavía no ha tenido acceso. Se trata, en definitiva, de poner en práctica una forma eficaz para ganar tiempo.

2.   La competencia escrita como fuente de información. Lo normal en el funcionamiento periódico es la intensa rivalidad entre los medios informativos que son competencia entre sí. Esta competencia no excluye, sin embargo, el hecho de que los periódicos se utilicen mutuamente como fuentes de información.

Cuando un periódico consigue una información muy importante en exclusiva y la publica en sus páginas, el resto de los medios de comunicación de la competencia pueden adoptar tres actitudes:

a)   No reproducir nada. Como el periódico que ha publicado esa noticia es de la competencia no reproducimos nada de lo que ha publicado para que pase lo más desapercibido posible. Ésta es una técnica que utilizan muchos periódicos, pero que tiene el riesgo de que los lectores se enteren por el otro medio de una información que era de su interés y que nosotros no les estamos suministrando.

b)   Reproducir la noticia y darla como propia. Ésta es otra de las actitudes que podemos adoptar cuando un periódico publica algo en exclusiva. En estas circunstancias, algunos periódicos optan por publicar la información, pero ocultando el hecho de que ha aparecido ya publicada en otro medio de comunicación de la competencia un día antes. Esta actitud supone una falta de ética, ya que lo oportuno sería citar la procedencia de la información.

c) Reproducir la noticia y citar su procedencia. En caso de que el periódico opte por reproducir una información publicada con anterioridad por otro medio de la competencia, lo lógico es que se cite la procedencia, independientemente de que el diario investigue por su cuenta y aporte puntos de vista propios que no había publicado la competencia.

Los periódicos de la competencia se utilizan también como fuente de ideas sobre temas de interés que ha publicado la competencia. En muchas ocasiones, tras la publicación de un determinado tema en un medio de comunicación, la competencia valora la importancia de lo publicado y decide, por ejemplo, realizar una entrevista o un reportaje sobre ese tema pero buscando un enfoque diferenciado.

Tareas

1. Estudiar durante una jornada varias secciones en los principales diarios de tu zona y analizar las diferentes fuentes de información que ha utilizado cada uno de ellos para la redacción de sus noticias, de acuerdo con los diferentes tipos de fuentes explicadas en este capítulo.
2. Comprobar si los distintos diarios acuden a fuentes de información diferentes para confeccionar esas noticias, o si, por el contrario, existe una homogenización en la utilización de las fuentes.

Bibliografía

ACEDEC (2008). *La Comunicación y las relaciones públicas en España.* Disponible en www.adecec.com. Consultado el 02/03/2009.

Bolch, J. y Miller, K. (1978). *Investigative and In Depth Reporting.* Communications Arts Books, Nueva York.

Borrat, Héctor (1989*). El periódico, actor político.* Gustavo Gili, Barcelona.

Caminos Marcet, José María (1997). *El Periodismo de Investigación. Teoría y Práctica.* Síntesis, Madrid.

Cesareo, Giovanni (1986). *Es Noticia.* Mitre, Barcelona.

Ciriza, M. (1982). *Periodismo confidencial.* ATE, Barcelona.

Estudio de Comunicación/Demométrica (2006). *Periodistas, empresas e instituciones: claves de una relación necesaria.* Disponible en www.fape.es/images/descargas/informe.pdf

Fontcuberta, Mar (1993). *La noticia. Pistas para percibir el mundo.* Paidós, Barcelona.

Gans, Herbert (1979). *Deciding what's News. A study of CBS Evening News. NBC nightly News, Newsweek and Time*. Pantheon Books, Nueva York.

Losada, A (2003). *El periodismo de fuente*. Universidad Pontificia, Salamanca.

Núñez Ladevéze, Luis (1991). *Manual para periodismo*. Ariel Comunicación, Barcelona.

Olmos, Víctor (1997). *Historia de la agencia EFE. El mundo en Español*. Espasa, Madrid.

Quesada, Montserrat (1987). *La investigación periodística. El caso español*. Ariel, Barcelona.

Ramírez, Txema (1995). «La influencia de los gabinetes de prensa. Las rutinas periodísticas al servicio del poder.» *Revista Telos*, n.º 40, pp. 47-56.

— (1995). *Gabinetes de comunicación. Funciones, disfunciones e incidencia*. Bosch, Barcelona.

— (1996). «Gabinetes de Comunicación: de la seducción por la imagen a la obsesión por aparecer.» *Zer. Revista de Estudios de Comunicación*, n.º 1, pp. 109-120.

— (1998). *Kazetari-lana Euskal Herrian. Interpretazioarako eta espezializaziorako abiaburuak*. UEU, Bilbao.

Rodríguez, Pepe (1994). *Periodismo de investigación*, Técnicas y estrategias. Paidós, Barcelona.

Sancho Royo, David (1999). *Gestión de servicios públicos: estrategias de marketing y calidad*. Tecnos, Madrid.

Schmertz, H. y Novak, W. (1986). *El silencio no es rentable. El empresario frente a los medios de comunicación*. Planeta, Barcelona.

Strentz, Herbert (1983). *Periodistas y fuentes informativas*. Marymar, Buenos Aires.

Watts, Duncan J. (2003). *Six Degrees: The Science of a Connected Age*. Norton, Nueva York.

Capítulo 10

La información para la web

Competencias
- Familiarizarse con las características técnicas, formales y textuales de los medios digitales.
- Redactar informaciones específicas para su publicación a través de la web.

1. Los primeros pasos del periodismo en la web

Periodismo electrónico, periodismo digital, ciberperiodismo, periodismo *online*, periodismo en internet... son algunas de las denominaciones con las que se conoce en la actualidad la actividad informativa que tiene como soporte la web. Aunque todos los términos citados tienen sus defensores y detractores, algunos de ellos presentan más limitaciones que otros. Así, por ejemplo, a menudo se suele recordar que no todo lo electrónico es digital (como ocurre con la televisión analógica). De hecho, a lo largo de la década de los 80, autores como Newstadt (1982) o Díaz Mancisidor (1988) hablaban de periodismo electrónico para referirse al que utilizaba la pantalla del televisor para su recepción. También se señala frecuentemente que la web es una parte de internet, pero no la única aplicación (el correo electrónico es otra de ellas). Dado que consideramos que este debate todavía no está cerrado y, aun aceptando la extensión que en los últimos años ha alcanzado el término ciberperiodismo, en este capítulo daremos por buenas todas las denominaciones anteriores para aludir al periodismo que se realiza a través de la web.

Se considera que *The Electronic Telegraph*, versión digital del londinense *The Daily Telegraph*, el 15 de noviembre de 1994 fue el primer diario europeo en elaborar una edición, de acceso gratuito, específica para la web. Sin embargo, en Estados Unidos, ya en 1992 y 1993, diarios como *The Chicago Tribune*, *The San Jose Mercury News* y *The Atlanta Constitution* ofrecían determinadas informaciones, sin imágenes, para los abonados a los grandes distribuidores de servicios en red norteamericanos como America Online o CompuServe. En 1994, *The San Jose Mercury News* también elaboró una edición, de pago, para la web.

Los antecedentes directos de la prensa electrónica hay que buscarlos en las diferentes iniciativas que, a finales de la década de los 70, se realizan a través del teletexto y, fundamentalmente, del videotex.

El teletexto es un sistema que permite la transmisión de páginas de texto junto a la señal de televisión. Esta tecnología apenas permite la interactividad, salvo una rudimentaria elección del número de página que se quiere ver. Se considera que la primera televisión en incorporar este sistema fue la BBC, en 1972.

Un antecedente mucho más directo de la prensa electrónica lo tenemos en el videotex. Se trata de un sistema desarrollado en el Reino Unido que, aprovechando una línea telefónica, permite que los abonados al mismo puedan recibir datos a través de un terminal (podía tratarse de la pantalla del televisor, conectada a un descodificador). El primer sistema de videotext fue explotado, a partir de 1978, por la Oficina General de Correos británica (antecedente de British Telecom) bajo el nombre inicial de Viewdata, denominación que sería posteriormente cambiada por la de Prestel. Utilizando esta tecnología, algunos diarios del Reino Unido comienzan en dicho año a elaborar con carácter experimental algunas ediciones electrónicas.

Se considera que el primer teleperiódico del mundo comenzó a funcionar en Birmingham (Reino Unido) el mes de marzo de 1979. Su nombre era Viewtel 202 y estaba considerado como un servicio complementario al diario Birmingham Post and Mail. Las páginas se transmitían por medio del sistema Prestel de videotex mencionado anteriormente. El servicio funcionaba 12 horas diarias, de lunes a sábado, y emitía noticias de carácter general, así como otras sobre aspectos profesionales, pasatiempos, juegos y concursos.

Varias semanas después, en la ciudad británica de Norwich, surgió el Eastern, otro diario de similares características que el anterior. Estaba promocionado por el rotativo *Eastern Evening News*, y aunque ofrecía información de todo tipo, se especializó en los anuncios clasificados por servicios.

En otros países también se desarrollaron en aquel momento experiencias similares en el ámbito del periodismo electrónico. Así, Martín Aguado (1993: 66-67) explica que en la Exposición Electrónica de Berlín, en 1977, un grupo de periodistas preparó un diario para ser ofrecido a través de las pantallas de televisión. En agosto de 1979, a través del servicio alemán de videotex, se podía acceder a las ediciones electrónicas de los diarios *Bild Zeitung* y *Die Welt*.

El videotex también alcanzó un especial éxito en Francia, bajo el nombre de Teletel. Los usuarios disponían de unos pequeños videoterminales a los que se bautizó con el nombre de Minitel y a través de los cuales podían acceder a diferentes servicios de noticias. Martín Aguado (1993: 66) recuerda que en 1988 había instalados más de cuatro millones de estos aparatos en todo el territorio francés.

También en Estados Unidos se realizaron diversas experiencias de teleperiódicos con anterioridad a la llegada de la web. Ramón Pedrosa recuerda que «en 1981, el diario estadounidense *Columbus Dispatch* y otros 11 periódicos norteamericanos comenzaron a publicar en línea» (2008: 19). De hecho, la citada publicación de Ohio puso en marcha un servicio de transmisión de noticias, de pago, a través del cual el usuario podía tener acceso, mediante la pantalla de su televisor, a todas las noticias de la edición impresa del rotativo. Para ello, necesitaba utilizar un programa desarrollado por CompuServe.

Por otro lado, la década de los 80 asiste al nacimiento y desarrollo de los ordenadores personales. En 1981, IBM presenta su *Personal Computer*, el PC. Apple, por su parte, lanzaba en 1984 su célebre Macintosh. La pantalla del televisor va a ir dejando paulatinamente su sitio a la del ordenador como principal receptor electrónico de noticias escritas. Al mismo tiempo comienzan a surgir redes de computadoras. En 1986 la *National Sciencie Foundation* (NSF) conecta los superordenadores de las principales universidades norteamericanas. También en Europa se da un movimiento similar. En el caso de España la Comisión Interministerial de Ciencia y Tecnología (CIGYT) pone en marcha la Red Iris en 1988, con el fin de unir universidades y centros de investigación. Dicha red pasaría a depender en 1992 del Consejo Superior de Investigaciones Científicas.

La edad moderna del periodismo electrónico llega en la década de los 90 del siglo pasado. En 1991 se instala en el CERN (Consejo Europeo para la Investigación Nuclear), ubicado en las cercanías de la ciudad suiza de Ginebra, el primer servidor basado en el protocolo HTTP (*HyperText Transport Protocol*), en el lenguaje HTML (*Hypertext Markup Language*) y en el sistema de direcciones URL (*Uniform Resource Locator*). Había nacido la World Wide Web, la telaraña mundial de la información. La web nació fruto de las investigaciones del británico Tim Berners-Lee, quien en 1989 desarrolló una propuesta para que los diferentes investigadores del CERN pudiesen compartir sus trabajos de una manera sencilla y compatible con los diferentes ordenadores y sistemas operativos. Este nuevo sistema fue liberado por el CERN para su uso por la comunidad internacional.

En 1993 apareció Mosaic, el primer navegador adaptado al empleo de gráficos. Un año después nacía Netscape y en 1995 lo hacía el Microsoft Explorer. La web pasaba a convertirse en la aplicación más popular de internet, desplazando a otras anteriores como Gopher o Wais, y en el soporte óptimo para el desarrollo de un nuevo tipo de periodismo: el ciberperiodismo o periodismo digital.

2. Evolución del ciberperiodismo en España

Desde que en 1994 la revista valenciana *El Temps* pusiese en marcha una edición para internet (convirtiéndose así en la primera publicación española en estar presente en la web), hasta la actualidad los medios digitales han protagonizado una rápida transición. Hay que tener en cuenta que la red como soporte informativo todavía no alcanza las dos décadas de vida. En este breve lapso de tiempo, los ciberdiarios han pasado de un primer momento en el que, en el mejor de los casos, se limitaban a volcar los contenidos de las ediciones de papel, a un estadio en el que han aparecido géneros específicos para la web, a la vez que se apuesta por la interactividad y los recursos multimedia.

En la columna de la izquierda, portada de las ediciones digitales de *El País* y *El Periódico* en 1999. En la columna de la derecha la web de ambas publicaciones en 2000.

A menudo se afirma que cuando surge un nuevo soporte informativo, en un primer momento se adoptan las características del existente anteriormente. Los primeros impresos informativos imitaban al libro. La radio en sus albores era prensa leída. La televisión, radio con imágenes. También el medio digital en sus primeros años se limitaba a reproducir lo que aparecía en las ediciones en papel. Esta primera etapa se extiende en el Estado español hasta la conclusión del pasado siglo.

La prensa de Barcelona –*La Vanguardia, El Periódico* y *Avui*– desembarca en la web en 1995. Para 1996 los tres principales diarios de Madrid –*El País, El Mundo* y *Abc*– ya estaban presentes en la red. Algunas cabeceras como *El Diario Vasco* de San Sebastián o *El Comercio* de Gijón fueron madrugadoras –mediados de los 90– en su llegada a la red. Otras, como *La Voz de Galicia, Las Provincias* o *Deia,* no pusieron en marcha ediciones digitales hasta finales de la década de los 90 (especialmente tardío fue el caso del rotativo gallego, que no inauguró su versión electrónica hasta mayo de 2000). Cabeceras como *Heraldo de Aragón* se conformaban en esta época con una presencia testimonial en la red (una imagen en jpg de la portada en papel) e incluso carecían de dominio propio.

En esta primera fase del ciberperiodismo en España apenas hay una elaboración de materiales propios para la web y predomina el volcado de los textos de la edición impresa. Hay incluso quien apuesta por el formato de PDF como forma de trasladar el contenido del papel a la red.

Para finales de 2000 la mayor parte de la prensa española está en internet. Se produce, además, una cierta euforia cibernética. Comienzan a aparecer géneros propios para la web, como los gráficos en flash o los foros. Se comienza a experimentar también con elementos multimedia. Por otro lado, la oferta de servicios se multiplica: acceso a internet, cuentas de correo gratuitas, traductores, ediciones en PDF, consultorios, etc.

En 2001 se empiezan a notar los efectos del estallido de la burbuja de las punto.com. El descenso de la publicidad provoca cierres de portales y despidos en las ediciones digitales de los medios. Se entra en una fase de austeridad en los contenidos, con una clara preponderancia del texto sobre la imagen. Las ediciones digitales comienzan a disponer de contenidos propios que van actualizando a lo largo del día. Algunos diarios –*El País, El Mundo*– comienzan a cobrar por el acceso a determinados contenidos. Esta segunda etapa se prolonga, al menos, hasta el año 2004.

En 2004 surge el concepto de Web 2.0 para definir el nuevo uso de internet en el que la aparición de una serie de aplicaciones posibilitan que el usuario no sólo sea un mero consumidor de contenidos, sino que participe en la creación de los mismos. La blogsfera, Youtube, las herramientas de Google, Flickr, Wikipedia o, más recientemente, las redes sociales son algunos ejemplos de esta nueva filosofía de uso de la red. Octavio Islas (2008) emplea el término «prosumidor» para referirse a este nuevo lector que «produce» y «consume» informaciones.

La prensa *online* española también asimila, paulatinamente, a partir de 2005 este nuevo planteamiento relativo a la web. Las ediciones digitales van independizándose de las versiones en papel y se afianza una serie de géneros propios: la entrevista de los lectores, la retransmisión, la crónica de urgencia, etc. Por otro lado, los formatos multimedia regresan a los ciberdiarios. Comienza a ser habitual que estas publicaciones ofrezcan en sus páginas de entrada distintos vídeos de actualidad. Por último, tras la fallidas intentonas de cobrar por el acceso a la información de los primeros años del nuevo siglo, la gratuidad se impone en los periódicos digitales.

A rebufo del concepto de Web 2.0, se desarrolla el denominado «periodismo participativo en internet». Se trata de animar a los lectores a crear sus propios contenidos para la web. Si en la primera etapa de la red esta participación se limitaba a los chats y a los foros, ahora los medios ofrecen al usuario la posibilidad de colgar sus propias noticias, fotos, vídeos, de crear su propio blog, etc. Un ejemplo de lo anterior lo tendríamos en la sección «Yo periodista», de *El País.es*, en los blogs de los lectores de los diarios de Vocento, o en la posibilidad que ofrece *La Vanguardia.es* de convertirse en un corresponsal en el extranjero.

Guillermo López explica que esta última época de la prensa digital española está «caracterizada por la aparición de medios sociales que comienzan a hacerle la competencia a la prensa tradicional en diversos aspectos, particularmente en lo que concierne al periodismo de opinión, la homogeneización de las páginas web de los diarios en torno a modelos de diseño genéricos determinados por los principales grupos de prensa (como ocurre con los medios del Grupo Vocento o del Grupo Prensa Ibérica, por ejemplo), las amplias posibilidades de personalización de la información que otorgan los servicios de sindicación de contenidos mediante XML (a los que casi toda la prensa acaba asociándose) y, por último, la renuncia a conseguir ingresos mediante la suscripción de los lectores, que se ve sustituida por una estrategia más realista (y más a largo plazo) de apertura sistemática de los contenidos, al objeto de no perder totalmente en internet la posición central que, en términos de audiencia, influencia y credibilidad, ostentan estos medios en los sectores tradicionales (prensa, radio y TV)» (López, 2008: 14). A buen seguro que en los próximos años veremos acentuarse algunas de estas características en las publicaciones *online* españolas.

3. Características del periodismo en la web

El periodismo *online* combina algunas características propias de los tres soportes tradicionales –prensa, radio y televisión– con otros exclusivos de este nuevo medio. Autores como Salaverría (2005), Caminos et al. (2007), Díaz Noci (2008) y otros más han definido dichas características del ciberperiodismo. He aquí algunos de los puntos en los que se acostumbra a incidir a la hora de definir la naturaleza de este nuevo soporte informativo:

a) *Hipertextualidad*

Probablemente, una de las principales aportaciones del ciberperiodismo es el concepto de hipertextualidad. Mediante el hipertexto, los enlaces insertados en una serie de palabras pueden trasladar al lector a otros archivos o páginas web, de manera que en cualquier momento se puede ampliar o contextualizar la información que se nos está ofreciendo. El hipertexto rompe con la limitación de las informaciones encerradas en sí y posibilita una rápida intercomunicación entre distintos documentos.

Ya en 1998, recogiendo las aportaciones de distintos autores, Lluís Codina definía el hipertexto como «un conjunto de nodos, que son los elementos que contienen la información; más los enlaces entre tales nodos; lo que implica: el conjunto de anclajes que identifican el inicio y el destino de cada enlace, o qué conecta con qué».

Estos elementos intercomunicados entre sí pueden ser de distinta naturaleza: textos, imágenes o vídeos. Frente a la clásica estructura lineal del texto, la organización hipertextual permite otras formas de abordar las informaciones. El lector no tienen un camino único, sino que él decide el recorrido informativo y la duración del mismo (en función de los saltos hipertextuales que protagonice).

Carlos Scolari (2008: 217), tras repasar también diferentes definiciones, destaca fundamentalmente los 4 aspectos siguientes como característicos del hipertexto:

- La estructura reticular, descentrada, de los contenidos;
- la lectura no secuencial;
- la interactividad entre el usuario y el sistema;
- la redefinición de los roles de autor y lector.

Estas cualidades del hipertexto permiten que dos lectores no tengan por qué coincidir en el mismo recorrido informativo, dependerá de las preferencias del lector y de sus intereses por el tema. José Luis Orihuela (2002) se refiere también a esta característica cuando afirma que «frente al modo lineal o secuencial que ordena la estructura del discurso en los medios tradicionales, los soportes digitales permiten un modelo de construcción narrativa caracterizado por la distribución de la información en unidades discretas (nodos) y su articulación mediante órdenes de programación (enlaces)». Dicho autor destaca también la ruptura de la estructura lineal y la similitud del hipertexto como modelo estructural cercano al pensamiento. «Precisamente el nacimiento del hipertexto fue motivado por la necesidad de disponer de sistemas de almacenamiento y recuperación de información que funcionaran de modo análogo al pensamiento humano» (Orihuela: 2002).

Para David Parra Valcarce y José Álvarez Marcos (2004: 105), «la posibilidad de estructurar la información de acuerdo con un esquema hipertextual es lo que permite dar profundidad a la información. En internet las informaciones se configuran por capas, que aparecen en pantalla en función de los nodos y enlaces de hipertexto activados. En algunas ocasiones se emplean hasta cinco capas o niveles de profundidad».

Cómo estructurar una información para que el lector disponga de estos diferentes niveles de lectura, a través del hipertexto, constituye uno de los retos a los que debe enfrentarse el periodista digital.

b) *Multimedia*

Entenderíamos por multimedia la posibilidad de emplear un único soporte para transmitir informaciones en distintos lenguajes o formatos, combinando las características de los tres medios clásicos: prensa, radio y televisión. Hasta la fecha, internet es el canal que más lejos ha llevado el concepto de multimedia.

La prensa escrita ha combinado dos tipos de lenguajes: el textual y el de la imagen fija (fotos y gráficos). La radio ha sido quizá el medio más limitado, ya que se ha ceñido exclusivamente al formato sonoro. La televisión ha sido quizá el primer soporte en donde se han podido combinar, en alguna medida, imagen en movimiento, sonido y texto. El teletexto ha constituido la principal experiencia para ofrecer texto a través de la señal de televisión. Sin embargo, se trata de textos breves y con un nivel de interactividad muy limitado.

Internet constituye el primer soporte en el que pueden convivir formatos como el texto, la fotografía, los gráficos (animados o fijos), el vídeo y el sonido; y todos ellos accesibles desde una misma página. Josep Maria Casasús (2005: 76) habla de la multiplicidad para referirse a este carácter multimediático de los contenidos en la red. Para este autor la multiplicidad es otra característica propia del periodismo digital «que tampoco tiene parangón en prensa, radio y televisión», y que para este autor «significa que el nuevo medio puede integrar productos y prestaciones propios de estos otros medios. La multiplicidad es, en definitiva, la expresión de las posibilidades multimedia del internet periodístico».

En un primer momento, internet fue un soporte bastante más limitado que el que conocemos hoy. La primera versión del lenguaje HTML únicamente admitía texto. A partir de 1993, con la aparición del navegador Mosaic, fue posible la inclusión de gráficos en la web. Para ello se han venido empleando los formatos GIF, JPEG y PNG. GIF (*Graphics Interchange Format*) fue creado en 1987 por Compuserve. Emplea 256 colores, por lo que se utiliza muy poco en fotografías, y admite animación. JPEG (*Joint Photographic Experts Group*) es el formato más empleado en las fotografías de la web, gracias a su gran nivel de compresión sobre las mismas. Trabaja con 16 millones de colores. PNG (*Portable Network Graphics*) fue creado en 1996 para hacer frente a las limitaciones tanto técnicas como de propiedad de patente que presentaba el formato GIF. Se utiliza tanto en fotografía como en dibujos.

La utilización de gráficos animados conoció un gran impulso a partir de 1997, año en el que apareció la tecnología Flash. Esta herramienta permite la generación de gráficos vectoriales en lugar de los denominados mapas de bits. Estos gráficos consisten en una serie de algoritmos matemáticos que son interpretados por el ordenador del usuario, a fin de reproducir la imagen original. Los gráficos vectoriales ocupan menos espacio, no pierden calidad al modificar su tamaño y posibilitan las animaciones y la inclusión de sonido. Esta tecnología debe su nombre a una pequeña compañía llamada FutureSplash que fue adquirida por Macromedia. Posteriormente, en 2005, esta última empresa fue absorbida por Adobe.

En un primer momento, los diarios digitales recurrieron al *streaming* para incorporar vídeo y sonido en sus páginas. Esta técnica apareció en 1995 de la mano del programa Real Audio. Mediante el *streaming* no es necesario que un archivo esté completamente descargado en el ordenador para poder ser visto u oído. Mediante el empleo de aplicaciones como Real Video o Windows Media Player dichos archivos pueden reproducirse a medida que se van descargando. Esta tecnología se ha empleado también para la incorporación de la radio a las webs de los ciberdiarios.

La mejora de los anchos de banda y de las posibilidades de compresión ha provocado que en los últimos años se utilicen los denominados *podcasts*. Se trata de archivos de sonido o de vídeo (en estos casos se emplea el término *videocasts* o *vodcasts*) que pueden ser bajados por el usuario mediante un sistema de sindicación tipo RSS (*Really Simple Syndication*).

Por otro lado, la aparición en la web de herramientas como Youtube hace que sea muy sencillo incorporar un vídeo colgado en dicho portal, incorporando «embebido» el código del mismo dentro del lenguaje HTML.

Todos estos recursos hacen que, concluida una primera etapa de monopolio del texto, las páginas webs de los diarios cuenten cada vez en mayor medida con diferentes elementos multimedia.

c) *Interactividad*

Ante un ciberdiario, el lector no es únicamente un sujeto pasivo que se dedica a consumir la información que se le ofrece. A partir de la consolidación del concepto de Web 2.0 (fundamentalmente, desde el año 2005), han surgido en internet diversas herramientas que persiguen implicar al usuario en el proceso de creación de contenidos.

Prácticamente desde su nacimiento, los medios digitales han tratado de alentar la participación de los lectores. En un primer momento, dicha participación se limitó fundamentalmente a los foros, los chats y a la contestación de encuestas y formularios.

Un segundo momento llegó con la personalización de contenidos. Lo que Nicholas Negroponte (1995: 185) denominaba el *Daily-Me:* «Imaginemos un futuro en que nuestro agente de interfaz puede grabar todos los noticiarios por cable, leer todos los periódicos y sintonizar todas las cadenas de radio y televisión del planeta para luego elaborar un sumario personalizado. Esta clase de periódico saldría en ediciones de un ejemplar único».

Los cibermedios españoles asimilaron con prontitud el concepto de la personalización de contenidos para sus lectores. Según una tesis doctoral realizada por Mónica Ramírez Acevedo, entre los años 2002 y 2004 la práctica totalidad de los principales diarios digitales españoles permitían a sus lectores personalizar determinados contenidos (envío de titulares por e-mail, alertas, recordatorios, *newletters,* ofertas comerciales, etc.). En la actualidad, gracias a los denominados agregadores de noticias y a formatos como Atom o RSS, cualquier usuario puede disponer, de forma actualizada, de los titulares de los medios y secciones que le interesan en su programa lector de noticias.

Por otro lado, los lectores pueden establecer su propia jerarquía informativa, que no tiene por qué coincidir con la propuesta del medio de comunicación, gracias a apartados tales como «la portada de los lectores», «las noticias más valoradas» o «las noticias más leídas». Para ello, el usuario sólo tiene que pulsar en el botón que acompaña a dichas noticias. La interacción no se limita únicamente al voto, ya que, normalmente, los lectores pueden añadir sus comentarios mediante un formulario debajo del texto de las informaciones.

En los últimos años, la prensa presente en la web ha asumido la filosofía del «periodismo ciudadano» o «periodismo participativo», según la cual el lector es también copartícipe en el proceso de elaboración de los contenidos del medio. Un caso paradigmático de este enfoque lo constituye el ciberdiario coreano *OhmyNews.com*, el 70 % de cuyos contenidos está elaborado por la propia audiencia.

En España el periodismo de la red ha reforzado los espacios destinados a las noticias enviadas por los propios lectores. Es el caso de «Yo Periodista» en *ElPaís.com*, de «Tu noticia» en las cabeceras de Vocento o el ya mencionado «Lectores corresponsales» de *LaVanguardia.es*. En todos estos casos el usuario no es únicamente el destinatario final de los contenidos, sino que también puede colaborar en la elaboración de los mismos. Esta creación de contenidos puede complementarse con los blogs que distintos medios ponen a disposición de su audiencia.

d)   *Inmediatez*

La inmediatez es uno de los factores que influyen especialmente en la selección de las noticias. La inmediatez alude al tiempo que transcurre desde que se produce un hecho noticioso hasta que éste es difundido por los medios de comunicación de masas.

Este lapso queda reducido al mínimo en el caso de internet, tal y como apunta Guillermo López García (2005: 41): «el desfase temporal en la emisión de contenidos que requiere la prensa y, en ocasiones, la televisión (no así la radio) queda reducido al mínimo en los medios digitales. Los contenidos enviados a internet quedan publicados en el soporte digital de inmediato».

Además, como en la red el ciclo informativo no es siempre sustitutivo, como sucede en el periodismo en formato papel, sino que el ciclo es también modificativo y acumulativo, los textos, si se considera oportuno, pueden conservarse indefinidamente y pasar a formar parte del material de contexto que servirá para complementar y ayudar a comprender mejor las informaciones que sobre ese tema vayan surgiendo en días sucesivos. Hay por lo tanto también informaciones de amplísima vigencia.

Josep Maria Casasús (2005: 174) define este fluir constante y permanente de información a través de ese nuevo canal como transtemporalidad y, según afirma, en el periodismo digital supera claramente al concepto tradicional de actualidad.

Casasús se refiere al concepto de Actualidad de Groth (2005: 174) y afirma que «expresa la relación entre dos puntos en el tiempo». Es decir, la relación que existe «entre el hecho y su difusión de acuerdo con las distintas fases de la tempestividad periodística».

Este enfoque clásico de la actualidad servía hasta no hace mucho tiempo para ser aplicado a la prensa escrita, pero no para la radio y la televisión, ya que, como afirma este autor, en esos dos medios de comunicación la actualidad «ya fue potencialmente superada por la posibilidad de la simultaneidad o de la instantaneidad, no siempre explotadas plenamente por estos medios» (2005: 174).

En la prensa escrita, la radio y la televisión, en un ciclo informativo diario, los hechos que aparecen en una jornada desaparecen en la jornada posterior. Es decir, las nuevas noticias sustituyen a las de las jornadas precedentes. En internet, sin embargo, esta circunstancia no tiene por qué ser necesariamente así. Siempre existe la posibilidad de reservar las noticias que van perdiendo actualidad para construir con ellas marcos contextuales que servirán para complementar las información.

Esta posibilidad de renovación constante de la web ha permitido la aparición de géneros hasta ahora impensables en el periodismo escrito, como es el caso de las retransmisiones deportivas en directo.

Sin embargo, esta búsqueda de la máxima inmediatez también tiene sus inconvenientes. Como apunta José Luis Orihuela (2002) «Esta nueva temporalidad mediática caracterizada por la velocidad y la obsesión de inmediatez, hace saltar por los aires –en muchas ocasiones– los mecanismos de control, verificación y contraste de fuentes, sacrificados en aras de llegar los primeros. Hoy, los medios corren más riesgo que nunca de ser manipulados, y se multiplican los casos de falsas noticias, a veces reconocidas en el transcurso de la misma emisión en la que se lanzaron al aire».

e) *Vigencia*

Hay un viejo dicho ligado al periodismo que asegura que «no hay nada más viejo que el diario de ayer». La mayoría de las noticias son efímeras y, salvo las relativas a hechos de actualidad prolongada, su perdurabilidad se limita al ejemplar de un día concreto. En los cibermedios, en cambio, muchos de los textos tienen una vida mucho más prolongada que en el papel.

Por un lado, como ya se ha explicado, no es raro que dentro del proceso de renovación constante a que se somete a una web informativa, una noticia que es sustituida por otra más reciente referente al mismo ámbito pase a convertirse en material de contexto de esta última.

Por otro lado, no todo lo que se incluye en un diario puede ser considerado, en sentido estricto, noticias. Existen muchos temas cuya perdurabilidad sobrepasa la del día en que se publican. Determinados reportajes, informes, contenidos relacionados con el periodismo de servicios (salud, viajes, medio ambiente, etc.) mantienen su utilidad de una jornada para otra. Sin embargo, el medio impreso no puede repetir los mismos contenidos de un día para otro (el lector tendría la sensación de que se le está vendiendo el mismo producto).

Este problema no existe en internet. Los temas de actualidad prolongada o aquellos que pueden mantener su utilidad para el lector pueden mantenerse disponibles para éste durante el tiempo que sea necesario. Un ejemplo de lo anterior lo tenemos en las secciones «A fondo», existentes en las ediciones digitales de *ElPaís.com* o *LaVanguardia.es*, o en los «Especiales» de *El Mundo.es*. Normalmente, se trata de dosieres o de reportajes sobre temas de actualidad prolongada o de servicios que permanecen durante un cierto tiempo a disposición de los lectores.

4. Géneros y variantes periodísticos para la web

A pesar de que el ciberperiodismo cuenta todavía con una breve historia ya han ido apareciendo variantes periodísticas propias de internet. Al respecto, Ainara Larrondo explica que «el impacto del lenguaje ciberperiodístico no sólo ha motivado el surgimiento de nuevos prototipos genéricos, sino que también ha alterado la estructura, los rasgos estilísticos y las funciones de los géneros tradicionales» (2008: 206). Según esta autora, las distintas tipologías que se vienen realizando respecto a los géneros en la prensa digital «permiten comprobar que los cibermedios han abandonado la herencia de sus predecesores impresos y audiovisuales, desarrollando fórmulas propias para transmitir la información, la interpretación y la opinión. Además, han desarrollado otras exclusivas» (2008: 208).

En este capítulo no se pretende ofrecer un listado exhaustivo de los nuevos «cibergéneros», sino llamar la atención sobre las características diferenciadoras de algunos de ellos. Por otro lado, existen dudas sobre el hecho de que algunas de las variantes expresivas que han aparecido en la red puedan ser consideradas como nuevos géneros periodísticos. ¿Son los blogs de los periodistas del medio un nuevo género o una especialización del columnismo que se venía practicando en los impresos? ¿Tiene una noticia de última hora de la web elementos textuales que la diferencien de su homónima en papel?

Además, dado el alto nivel de experimentación que se aprecia en la web, es muy posible que en los próximos años se desarrollen nuevas formas expresivas que, probablemente, ahondarán en la combinación de elementos multimedia con otros textuales, por lo que los ejemplos que se enumeran a continuación tienen, a la fuerza, vocación de provisionalidad.

4.1. LOS FOROS

Fueron una de las primeras variantes periodísticas propias que aparecieron en los ciberdiarios. A través de un formulario, los lectores pueden aportar sus puntos de vista respecto a los temas que previamente son planteados por el medio en cuestión. Es éste un género que busca potenciar el debate y la participación de las audiencias, dentro de la filosofía de bidireccionalidad o, mejor dicho, multi-direccionalidad imperante en la red.

En el presente ejemplo puede verse la página de foros de *elPeriódico.com*

4.2. LA ENTREVISTA DE LOS LECTORES

El periódico digital anuncia la presencia de un personaje invitado a una determinada hora y son los propios lectores quienes directamente pueden plantear sus preguntas a través de un formulario. El personaje contesta a través de la web del medio. En este género la labor de intermediación del periodista desaparece en gran medida, aunque siempre puede haber una selección de las preguntas más interesantes de los lectores o un filtro para evitar repeticiones o redundancias. En otros medios es el periodista quien representa a los lectores. En la web son esos propios lectores quienes se convierten en coprotagonistas de la entrevista.

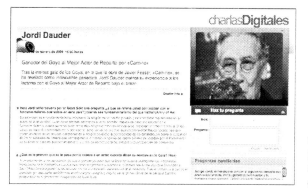

En la entrevista de los lectores, o «charlas digitales», son los propios usuarios quienes plantean sus preguntas a un personaje determinado.

4.3. LA RETRANSMISIÓN EN DIRECTO

El primer medio que pudo desarrollar este género fue la radio. Posteriormente, también la televisión comenzó a emitir en directo ciertos acontecimientos. El periódico impreso, por razones obvias, siempre ha tenido limitaciones para poder ofrecer las noticias al mismo tiempo que se producían. La llegada de internet ha posibilitado que se convierta en habitual la utilización del texto para narrar hechos prácticamente en tiempo real, gracias a la actualización constante de las páginas.

Ha sido en las retransmisiones deportivas donde más se ha desarrollado este género digital. En el caso de los partidos de fútbol, baloncesto, etc., la página web se *refresca* cada minuto, más o menos, y se nos narra lo que acaba de suceder, a la vez que se nos facilita el marcador parcial del encuentro. En el ciclismo, en cambio, es más común que la actualización se realice cada cierto número de kilómetros, excepto en el tramo final de la etapa en que es continua.

Las retransmisiones textuales a través de internet han trascendido los deportes y también se emplean en otras secciones, como por ejemplo para informar de un juicio o de una sesión parlamentaria.

Retransmisión en directo, mediante el empleo del texto, de un partido de baloncesto en la web del diario deportivo *Sport*.

4.4. EL REPORTAJE Y NOTICIAS MULTIMEDIA

Se trata de un tipo de reportaje en el que junto a los elementos textuales se incluyen elementos multimedia. En los reportajes publicados en papel el texto se completa con elementos gráficos (fotografías y/o infografías). En la red el texto se puede completar con pastillas de vídeo o de audio (por ejemplo, para ofrecer la voz de un personaje). Se trata de un género completamente novedoso en el que se funden los lenguajes propios de los tres soportes tradicionales: prensa, radio y televisión.

Aunque la combinación de texto y multimedia, por el trabajo previo de preparación que conlleva, suele ser más frecuente en los reportajes, también se aplica en algunos casos a las noticias, especialmente las que van ubicadas en la página principal del cibermedio.

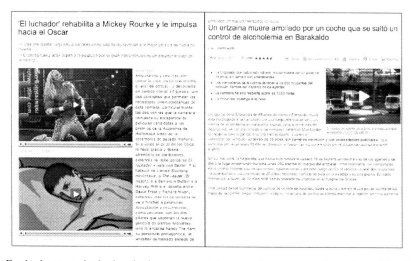

En la imagen de la izquierda, un reportaje con elementos multimedia publicado por ElPeriódico.com. A la derecha, una noticia con una pastilla de vídeo perteneciente a Elcorreodigital.

4.5. LA NOTICIA DE ÚLTIMA HORA

Esta variante periodística ilustra el grado de inmediatez que caracteriza a los medios digitales. Los *flashes* o noticias de última hora han sido característicos de la radio. En cuanto ocurre un accidente o una retención de tráfico, la radio nos los comunica puntualmente. Además, casi todas las cadenas convencionales ofrecen avances informativos cada hora, en los que la información es continuamente actualizada.

La web también posibilita esta actualización continua de la información, sólo que generalmente se realiza mediante el texto y no a través de la voz. Suele tratarse de textos breves, con un primer párrafo que responde claramente al esquema clásico de las 5 W's y con una estructura narrativa de pirámide invertida.

Noticia deportiva de última hora publicada en la edición digital de *Gara*.

4.6. ENCUESTAS Y CUESTIONARIOS

Xosé Pereira (2006: 195) explica que la encuesta «permite que los usuarios voten la respuesta que consideran correcta ante una pregunta formulada por el cibermedio». Se trata de uno de los primeros recursos empleados por el periodismo digital para potenciar la interactividad con los lectores.

Mediante la encuesta, el medio busca recoger la opinión de la audiencia ante un tema de actualidad. Por otro lado, también se pretende impulsar la participación de los lectores. La mayoría de las encuestas ofrecen a los usuarios respuestas cerradas, pero en otras éstos pueden también añadir sus puntos de vista.

Página de encuestas de *elPeriódico.com*

4.7. LOS BLOGS DE PERIODISTAS Y LECTORES

Los blogs, weblogs o bitácoras son unos textos de moderada extensión, generalmente de naturaleza opinativa y a los que los lectores pueden añadir sus propios comentarios. Los blogs de los periodistas de un medio no diferirían en exceso de las columnas que aparecen publicadas en los diarios en papel. Las diferencias fundamentales estribarían en la oportunidad de respuesta inmediata que se otorga a los usuarios y en la posibilidad de incorporar enlaces o *links* a otros documentos, así como la disponibilidad de acceso a los textos publicados con anterioridad. Aunque en un primer momento estas bitácoras eran fundamentalmente textuales, en la actualidad lo habitual es que incorporen fotografías o elementos multimedia.

Los blogs de los propios lectores, opción facilitada por diversos cibermedios, sí que poseen un carácter más novedoso como variante periodística. En este caso, los lectores pueden crear su propia bitácora desde la web de la publicación. Se trataría de una iniciativa que buscaría potenciar el denominado periodismo participativo o periodismo ciudadano.

Elcorreodigital es una de las publicaciones que ofrece a sus lectores la posibilidad de crear su propio blog.

4.8. LOS GRÁFICOS EN FLASH

Los gráficos creados en Flash suponen la importación por parte de los cibermedios de las infografías utilizadas por los diarios impresos. Estos gráficos superan las limitaciones propias del papel e incorporan interactividad, animación y sonido, pudiendo ser considerados, por tanto, como un género multimedia. Además, el lector puede interactuar con la animación eligiendo unos determinados fotogramas.

El nombre de Flash procede de «FutureSplash Animator», un programa creado en 1996 por una pequeña empresa «FutureWave Software». Mediante este programa se podían crear gráficos vectoriales para ser empleados en internet. A finales de dicho año Macromedia adquirió FutureWave y al año siguiente salía al mercado la primera versión de Flash. Poco después, este formato se convertía en el estándar para la creación de gráficos para la web. En 2005, se produjo la absorción de Macromedia por parte de Adobe y el formato pasó a denominarse Adobe Flash.

* Gráfico interactivo del *elmundo.es* en
el que se explica la historia de la Casa Blanca.

4.9. LAS FOTOGALERÍAS

Entre los elementos asimilados desde otros soportes, quizá sea la fotografía la que peor acomodo ha encontrado en la prensa digital. En un primer momento, para agilizar la descarga de las páginas web era necesario recurrir a imágenes de poco peso, por lo que su tamaño y resolución solía ser limitado.

La extensión de las conexiones de banda ancha hace que el peso de los archivos no sea ya un factor tan importante. Sin embargo, el tamaño de la mayoría de las fotos que se incluyen en los diarios digitales suele ser bastante reducido. A pesar de que muchos ordenadores utilizan pantallas con una superficie considerable, la popularización de los portátiles desaconseja el empleo de imágenes que puedan ocupar la mayor parte del espacio útil de una web, ya que en caso contrario apenas quedaría lugar para los textos.

Una solución para poder incluir fotos a una resolución y tamaño adecuados es agruparla en fotogalerías. Es lo que suele hacerse con las imágenes más destacadas del día. El problema de estas fotos es que aparecen descontextualizadas con respecto a la información original que deberían ilustrar. Por ello, en estas fotogalerías la imagen aparece acompañada de un breve texto.

Una variante de este género lo constituyen las series de fotografías comentadas, recurso este que ha sido empleado por los ciberdiarios del grupo Vocento. Como si de un diaporama se tratase, una sucesión de imágenes aparece ante los ojos del lector, mientras la voz en *off* del periodista narra una información o reportaje.

Fotogalería dedicada a las imágenes más
destacadas de la jornada de *LaVanguardia.es*

5. Redacción para la web

En la edición digital de un diario podemos encontrar diferentes géneros. Si nos fijamos en el origen de los textos podemos establecer dos grupos. Por un lado, se encontraría el material procedente del volcado de la edición impresa. En este apartado aparecerían prácticamente todos los géneros propios del periodismo impreso: noticias, reportajes, crónicas, opinión, etc. Por otro lado, existen diversos textos redactados específicamente para la red. Son aquellos con los que la edición *online* se actualiza a lo largo de la jornada. En estos casos suele primar la información estricta sobre las variantes más interpretativas. En las próximas líneas vamos a analizar las características que presentan este tipo de textos.

a) *La importancia del primer pantallazo*

Como ya se ha señalado, la noticia suele ser el género más utilizado en los textos creados específicamente para la web a lo largo de una jornada. En la redacción de estas noticias hay que tener en cuenta algunas de las limitaciones de la lectura a través de una pantalla, como es que el lector en un primer momento sólo ve lo que aparece en el primer pantallazo. No existe la certeza absoluta de que el usuario vaya a recurrir a las barras de *scroll* para continuar leyendo. De ahí la importancia de aprovechar este primer pantallazo para destacar lo más importante que queramos narrar.

Por otro lado, a diferencia de lo que ocurre en una página en papel, el lector desconoce a priori la longitud que va a tener una determinada noticia. Publicaciones como *La Vanguardia* acostumbraban a señalar el tiempo necesario (expresado en minutos) para la lectura de las diferentes noticias.

Durante un periodo *LaVanguardia.es* expresaba en minutos la longitud de las noticias.

b) *Datación horaria de las noticias*

En una edición digital conviven informaciones de dos parámetros temporales diferentes. Los procedentes de la versión impresa se refieren generalmente a hechos acontecidos el día anterior, mientras que otros textos se van incorporando a lo largo del mismo día en que el usuario accede a la web.

Por ello, el lector siempre tiene que saber cuándo ha ocurrido lo que se le está narrando y, a ser posible, cuándo se ha colgado dicha información en la red. Por todo ello, en la data de las noticias de los cibermedios no sólo aparece especificada la fecha en que han ocurrido, sino también la fecha en la que se han incorporado a la publicación.

Como apunta Ramón Salaverría, «en los cibermedios, la correcta identificación de todos los elementos de una noticia es esencial. Desde el dato más insignificante –como, por ejemplo, la hora de publicación de determinada noticia–, hasta lo más destacado –por ejemplo, su titular–, todas las piezas que forman parte de un texto informativo cumplen su función. En particular, una correcta datación y una clara atribución de la autoría constituyen una garantía para la correcta gestión editorial de cada texto» (2005: 95).

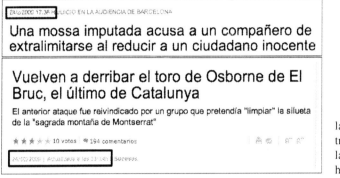

En los ejemplos de la izquierda aparecen dentro del recuadro la fecha y la hora en la que la noticia ha sido actualizada.

c) *Vigencia de la pirámide invertida*

La fórmula narrativa denominada «pirámide invertida» o de tensión decreciente es aquella en la que lo más importante se ubica en los primeros párrafos del texto, mientras que los últimos quedan dedicados a los datos secundarios. Esta estructura ha perdido terreno en los últimos años en la prensa escrita. De hecho, tan sólo determinadas noticias continúan empleando esta ordenación de elementos. Los géneros interpretativos (reportaje y crónica, fundamentalmente) y los argumentativos (crítica, columna, artículo, etc.) ordenan el texto de acuerdo con el esquema de doble tensión o incluso de tensión creciente. Los sucesos y las denominadas noticias de estructura simple son las que mejor se siguen acomodando a la pirámide invertida. Hay que tener en cuenta que, debido a la importancia de los medios audiovisuales, la mayoría de los lectores ya conocen lo fundamental de las noticias más importantes antes de leer el periódico. Por ello, los diarios impresos pueden ensayar otras fórmulas redaccionales más amenas, ya que la función de informar de manera rápida que antiguamente tenían los rotativos hace tiempo que quedó asumida por otros soportes.

Curiosamente, la llegada de internet ha supuesto un renacer del viejo esquema de la tensión decreciente. Como ya se ha dicho previamente, en la web no sabemos si el lector leerá el texto hasta el final o se quedará en el primer pantallazo. De ahí que convenga situar al principio de la noticia las claves informativas de la misma: titular basado en el esquema sujeto + verbo + predicado, sumarios, entrada de 5 W y cuello de contexto. Junto a dicha estructura es habitual el empleo de los denominados «formatos de lectura rápida», tales como los cintillos, subtítulos y ladillos.

En esta noticia de *diariovasco.com* queda de manifiesto el empleo de formatos de lectura rápida y de la estructura de pirámide invertida.

d) *Necesidad de contextualizar las informaciones*

Cuando accedemos a una información en un cibermedio, ésta aparece aislada. En un medio impreso una noticia se presenta rodeada de otros textos que, muy frecuentemente, ayudan a contextualizarla: despieces, apoyos, cronologías, etc. En la web es preciso que el lector disponga de forma clara de una serie de enlaces, mediante los que tenga acceso al material de contexto que pueda necesitar: antecedentes, noticias relacionadas, valoraciones, etc.

Por otro lado, cuando hablamos de contextualizar las noticias nos estamos refiriendo también a la necesidad de incorporar elementos de jerarquización informativa. En una plana de papel la ubicación de un texto y la anchura que ocupa su titular son dos elementos que permiten calibrar la importancia que el medio da a dicho tema. Dado que en las ediciones digitales todas las noticias se presentan de una manera similar, la jerarquización únicamente se realiza sobre la base de su ubicación en la portada del ciberdiario o en la página principal de la sección correspondiente.

Como puede verse en la columna de la izquierda, *Público.es* es una de las publicaciones que realiza un esfuerzo por contextualizar sus informaciones.

6. El diseño de los ciberdiarios

Si comparamos la evolución del diseño de los diarios en papel con el de las publicaciones digitales, podemos afirmar que mientras el aspecto de un periódico impreso es fruto de una evolución de más de tres siglos, los avances en las fórmulas de presentación de los medios *online* son fruto de una experiencia de menos de dos décadas.

Si tomamos la aparición en 1702 del diario londinense *The Daily Courant* como el pistoletazo de salida de la prensa moderna en Europa, vemos que tuvo que pasar más de un siglo para que los diarios pudiesen utilizar con asiduidad titulares de más de una columna (hasta la generalización del procedimiento de la estereotipia, a mediados del siglo XIX, y la aparición en 1866 de la rotativa, era tremendamente trabajoso que las cabeceras sobrepasasen la anchura de una columna).

La reproducción de fotografías mediante el procedimiento de medios tonos no llegó a las páginas de los diarios hasta 1880. Sin embargo, fue preciso que se extendiese el empleo de rotativas *offset* a partir de la década de los 70 del pasado siglo para que las imágenes pudiesen ser impresas con un nivel de calidad alto. Estas mismas máquinas han posibilitado, mediante la técnica de la cuatricomía, la llegada del color a los diarios. En el año 2000 *El Periódico de Catalunya* se convertía en la primera cabecera española que incorporaba el color en todas sus páginas, marcando una tendencia a la que se han ido sumando, en mayor o menor medida, la práctica totalidad de las grandes publicaciones del Estado. Podríamos afirmar, sin temor a exagerar, que los medios impresos han precisado de un recorrido de tres siglos para llegar a sus actuales características formales.

El periodismo para la web, a pesar de su, hasta ahora, breve discurrir también ha sufrido un cierto nivel de evolución desde su aparición a mediados de la década de los 90 del pasado siglo. Hasta prácticamente el año 2000, apenas hay innovaciones en lo que a la manera de presentar los materiales informativos se refiere. Las portadas digitales de los diarios se caracterizaban por sus grandes manchetas, en un claro intento de asociar la imagen corporativa de la marca a internet. Otra característica consistía en la gran heterogeneidad en lo que se refería a la ordenación de los menús de navegación: utilización de marcos, botones hipertextuales, menús de salto, desplegables, utilización de fondos para resaltar determinados contenidos. Se puede hablar de una primera época de experimentación gráfica, dentro de las limitaciones formarles que plantea el lenguaje HTML.

Dos ejemplos de la primera época del periodismo digital en España (1995-2000). A la izquierda, *Sport* colocaba en su web un mando a distancia para ayudar a navegar al lector. A la derecha, portada de *Levante*, caracterizada por el gran tamaño de la mancheta y la escasez de contenidos.

Entre 2001 y 2005 podemos situar un segundo periodo en la evolución del diseño periodístico para la web. La mayoría de los diarios determinan unas fórmulas similares para la presentación del contenido. Es la época del denominado «tridente» o «esquema en L invertida». Los ciberdiarios manifiestan una especie de obsesión por mostrar al lector desde su primera página el mayor número de enlaces posible a los contenidos de la publicación. Si en la primera etapa se buscaba reforzar la imagen de marca en la web, ahora de lo que se trata es de demostrar que esas ediciones son ricas en contenidos.

La mancheta ya no es tan grande como en el momento anterior, pero sigue teniendo un tamaño considerable. Debajo de la misma, se sitúa un menú general de navegación, a menudo con submenús de salto o desplegables. Toda la franja vertical izquierda de la página se dedica a un menú de navegación detalladísimo con enlaces a las secciones, servicios, archivo, etc. La parte central de la página queda para la información (a una o dos columnas), mientras que la franja vertical derecha se reserva habitualmente para promociones, publicidad o ciertas utilidades (buscador).

Con el nuevo siglo se pasa de unas páginas con pocos contenidos y sin unos criterios de navegación claros a unas portadas en las que impera una cierta sensación de abigarramiento.

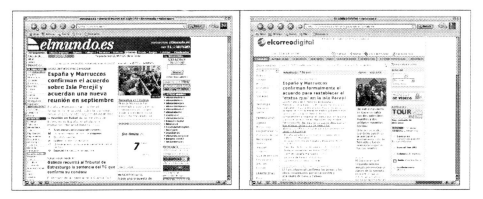

Entre 2001 y 2005 la mayoría de los ciberdiarios optaron por utilizar en sus portadas un esquema en «L invertida», con un menú general de navegación debajo de la mancheta y otro mucho más detallado en su parte izquierda. Los menús de salto eran un recurso habitual.

Se podría hablar de una tercera etapa en lo que al diseño para internet se refiere a partir de 2006. La influencia de la blogsfera y de otras iniciativas ligadas a lo que se ha venido en llamar Web 2.0 (redes sociales, webs participativas, etc.) comienza a dejarse notar en el aspecto de los cibermedios. Éstos comienzan a optar por una estructura más horizontal que aproveche para los contenidos informativos toda la anchura de la página, por lo que se elimina el menú de navegación de la franja izquierda. Tan sólo se mantiene el menú general, que continúa situado debajo de la mancheta. Será desde cada una de las grandes secciones desde donde el lector accederá a contenidos más especializados. Por cierto, que las manchetas son ahora más reducidas. Los medios saben que en la web su imagen de marca ya la garantiza su URL o dominio (elpais.com, elmundo.es, etc.) y que no es necesario un logo de dimensiones gigantescas.

Esquema de la portada de un ciberdiario español a partir de 2006.

LaVanguardia.es fue, en 2005, una de las publicaciones pioneras en España por optar por un esquema de presentación horizontal. En 2006 otras publicaciones como *elpaís.es, elmundo.es, elperiódico.com* o *Abc.es* optaron también por esta estructura. En las ediciones digitales de algunos de los periódicos nacidos más recientemente en el Estado, como es el caso de *Público.es*, aparecido en 2007, se observa incluso de una forma más acusada la influencia de los blogs, con una presentación más lineal de los materiales de portada y donde el lector va navegando de arriba abajo a través de la página hasta detenerse en la información que más le pueda interesar.

A partir de 2006, los cibermedios españoles comienzan a utilizar portadas más horizontales, de las que desaparece el menú detallado de navegación.

Al margen de los cambios en el esquema de presentación de contenidos de la portada, éstas serían algunas de las características del diseño periodístico para la web a partir de 2006:

- Empleo de fuentes palo seco o «sans serif», sobre todo para los textos, al contrario de lo que sucede en los medios impresos. La razón de esta elección estaría en la mayor facilidad de reproducción en una pantalla que, en tamaños de letra reducidos, ofrecen estas fuentes frente a las romanas, que poseen remates y diferentes anchuras de trazo.
- Utilización de formatos de lectura rápida y de contextualización: sumarios, enlaces a otras noticias relacionadas, etc.
- Incremento notable de los elementos multimedia. La popularización de fenómenos como Youtube hace que el lector se haya familiarizado con los vídeos breves de baja resolución. A menudo se emplean como complemento de los textos.
- Abundancia de formatos de participación para el lector, dentro del llamado periodismo ciudadano o participativo. Posibilidad de comentar o votar las noticias, cuestionarios, foros, creación de blogs, incorporación de fotos o vídeos, etc.
- Indefinición en el establecimiento de jerarquías informativas. Éstas quedan limitadas a las portadas o páginas principales de cada sección. Cada noticia se presenta de forma individual, por lo que, tras el primer «clic»,

todas tienen el mismo formato, con independencia de la importancia que les dé el medio.

Tareas
– Redactar una noticia inédita y publicarla en el apartado dedicado al periodismo ciudadano de un medio digital en el que dicha información pueda tener cabida.
– Crear un blog y actualizarlo diariamente durante una semana con temas relacionados con el Periodismo.

Bibliografía

Caminos, J. M; Marín, F.; Armentia, J. I. (2007). «Elementos definitorios del periodismo digital.» *Estudios del Mensaje Periodístico*. N.º 13, 317-336.

Casasús, J. M. (2005). «Nuevos conceptos teóricos para la investigación en periodismo digital.» *Las tecnologías periodísticas desde el ayer al mañana*. Sociedad Española de Periodística, Sevilla.

Codina, Ll. (1998). «H de Hypertext, o la teoría de los hipertextos revisitada.» *Cuadernos de Documentación Multimedia*. Disponible en: www.ucm.es/info/multidoc/multidoc/revista/cuad6-7/codina.htm (consultado el 09/02/2009).

Díaz Mancisidor, A. (1988). «La prensa ante la competencia de las nuevas tecnologías audiovisuales.» *La prensa ante el cambio de siglo*. Deusto, Barcelona.

Díaz Noci, J. (2008). «Definición teórica de las características del ciberperiodismo: elementos de la comunicación digital.» *Doxa comunicación*. N.º 6, 53-92.

Díez Jiménez, M. (2001). Tesis doctoral: *Difusió i ús social del videotext a Espanya. Anàlisi del procés de transformació d'una tecnologia en un servei d'informació i comunicació*. UAB, Barcelona.

Islas, O. (2008). «El prosumidor. El actor comunicativo de la sociedad de la ubicuidad.» *Palabra-Clave*, 11, (1), 29-39.

Larrondo, A. (2008). *Los géneros en la Redacción Ciberperiodística*. UPV-EHU, Leioa.

López García, G. (2005). *Modelos de comunicación en Internet*. Tirant lo Blanc, Valencia.

— (2008). *Los cibermedios valencianos. Cartografía, características y contenidos*. Servei de Publicacions de la Universitat de València, Valencia.

Martín Aguado, J. A.; Piñuela Perea, A.; González Díez, L. (1993). *Tecnología de la información impresa: desarrollos tecnológicos y perspectivas. Información gráfica y autoedición*. Fragua, Madrid.

Meso, K. (2006). *Introducción al ciberperiodismo. Breve acercamiento al estudio del periodismo en Internet*. UPV-EHU, Leioa.

Negroponte, N. (1995). *El Mundo Digital*. Ediciones B, Barcelona.

Newstadt, R. (1982). *The Birth of Electronic Publishing.* Knowledge Industry Publications, Nueva York.

Orihuela, José Luis (2002). «Internet, nuevos paradigmas de la comunicación.» *Chasqui. Revista Latinoamericana de Comunicación.* n.º 77. Disponible en http://chasqui.comunica.org/77/orihuela77.htm (consultado el 10/02/2009).

Parra Valcarce, D. y Álvarez Marcos, J. (2004). *Ciberperiodismo.* Síntesis, Madrid.

Pereira, X. (2006). «La preferencia gráfica del sistema (front-end).» López, X. (coord.). *Sistemas digitales de información.* Pearson Prentice Hall, Madrid.

Pedrosa, R. (2008). *Sobreviviendo a las Redes (o todo empezó con Julio Verne). Apuntes sobre el Futuro de los Periódicos.* Universidad de las Américas, México.

Ramírez Acevedo, M. (2005). *La relación del servicio de personalización de contenidos de las ediciones digitales de la prensa española y el Mi-Diario.* UPV-EHU, Leioa.

Salaverría, R. (2005). *Redacción periodística en Internet.* Eunsa, Pamplona.

Scolari, D. (2008). *Hipermediaciones. Elementos para una Teoría de la Comunicación Digital Interactiva.* Gedisa, Barcelona.

Wolf, M. (1987). *La investigación de la comunicación de masas.* Paidós, Barcelona.

Práctica 1

Con los datos de este suceso, basados en la noticia publicada por Francesc Pascual en *El País* y en el despacho elaborado por la agencia EFE, escribe una información de unas 30 líneas con todos sus elementos: título, subtítulo, entrada, cuello y cuerpo. Incluye también un ladillo.

TEXTO

Desde hace unas semanas, agentes del Grupo de Atracos de la Policía de Barcelona y de la Guardia Civil asistían impotentes a una serie de atracos protagonizados por una banda de cuatro personas extremadamente violenta y especialmente productiva: en un solo día, el pasado 28 de octubre, recorrieron media Cataluña, atracaron cuatro entidades bancarias e hirieron gravemente al director de una de ellas de un navajazo que se le paró justo en el pericardio.

Hoy, los cuatro atracadores han madrugado para dar comienzo a su jornada laboral a las 9,20 horas de la mañana con un atraco a la sucursal de La Caixa situada en el número 4 de la calle Ample de Canet de Mar (en Barcelona, a unos 40 km de la capital). Mientras uno de los atracadores les esperaba fuera al volante de un Opel Kadett rojo previamente robado, los otros tres, embozados y empuñando dos machetes y una pistola –que luego resultó ser una réplica–, han entrado en la entidad y se han llevado 3.000 euros. Con el dinero en su poder y cuando ya ganaban la calle, uno de ellos inopinadamente y de forma gratuita ha asestado una puñalada a uno de los empleados, que ha resultado herido leve. A este respecto, Antonio Contreras, máximo responsable de la Jefatura Superior de Policía de Barcelona ha dicho: «No se entiende un comportamiento tan violento, parece que apuñalan sólo por darle gusto a la mano».

Avisada la Guardia Civil, sobre las 9,30 de esta mañana un coche K (camuflado) del instituto armado ha localizado el Opel Kadett rojo de los atracadores y les ha seguido a distancia. Los atracadores, ajenos a este seguimiento, han continuado por la autopista A-19 hasta Barcelona, se han metido por la Ronda subterránea del Litoral y han vuelto a salir a la calle a la altura del Puerto Olímpico de la ciudad condal.

Mientras tanto, el K de la Guardia Civil ha ido informando a la Policía de la situación del Kadett rojo, lo que ha permitido a estos últimos montar rápidamente un dispositivo para interceptar a los atracadores. Junto a las históricas Atarazanas barcelonesas, frente a la nueva terminal de Transmediterránea (ya en el puerto), y bajo la atenta mirada de la cercana estatua de Colón, se dio la orden. En una rápida maniobra, el K de la Guardia Civil se ha atravesado delante del Kadett al tiempo que dos coches de la Policía Nacional han cerrado la calle por detrás para evitar una posible huida.

Al verse atrapados, los atracadores han embestido al coche de delante y han dado marcha atrás para hacerse un hueco. No lo han logrado; a tiros los agentes han pinchado las ruedas del Kadett, que ha terminado empotrándose contra dos coches aparcados. Con las armas en la mano, los policías han instado a los cuatro atracadores a que salieran del coche. Uno de los atracadores, en el forcejeo que se ha producido durante su detención, ha clavado un machete en el muslo de un policía, que ha resultado herido leve. Otro de los atracadores, I.M.J., de 26 años, quien viajaba al lado del conductor, ha sacado un Colt 45 de imitación y ha apuntado a un policía. Éste ha disparado y ha alcanzado al joven con dos impactos: uno en la muñeca y otro en el costado izquierdo, que ha salido por la espalda. El atracador ha fallecido cuando era trasladado a un centro sanitario.

Un vecino de la zona que ha contemplado el tiroteo desde la ventana de su domicilio ha dicho: «He oído mucho ruido, coches y policía. La verdad es que parecía que estaban rodando en Barcelona algún capítulo de una serie americana del tipo *Corrupción en Miami*».

Un jardinero que estaba trabajando en los jardines situados en las cercanías del puerto ha dicho: «Yo he oído dos disparos y me parecía que estuviese viendo una película de persecuciones policíacas con mucho movimiento. Todo ha ocurrido muy rápido, pero ha habido mucha acción».

Los atracadores detenidos son: J.C.R.M., de 26 años, A.P.L., de 26 años, y C.B.R., de 19. Todos ellos viven en Sant Cosme, un barrio marginal de El Prat (localidad situada a 15 km de Barcelona capital), calificado por la Policía como el supermercado de la droga en Cataluña. Antonio Contreras, máximo responsable de la Jefatura Superior de Policía de Barcelona, ha dicho: «Estos cuatro delincuentes formaban una banda peligrosa, que ha cometido numerosos robos en entidades bancarias y gasolineras. Esta peligrosa banda de delincuentes que acabamos de desarticular llegó a cometer cuatro robos en un mismo día, concretamente el pasado día 28 de octubre, cuando actuaron en las localidades barcelonesas de Castelldefels, L'Hospitalet, Sant Pere de Ribes y en la tarragonesa de Roquetes».

OBJETIVOS

- Destacar los fallecidos como el elemento fundamental de un suceso.
- Ubicar geográficamente las noticias.
- Emplear la estructura en pirámide invertida en lugar del relato cronológico.
- Atribuir las fuentes de las que procede una información.
- Comenzar a trabajar las citas directas.
- Utilizar el cuello para la inclusión de los antecedentes.
- Datar correctamente la noticia. Lo que para el periodista sucede hoy, para el lector sucedió ayer.

PROPUESTA DE SOLUCIÓN

La Policía mata a un joven atracador en Barcelona tras 40 kilómetros de persecución

El fallecido tenía 26 años y había asaltado previamente, junto a tres compañeros una sucursal de La Caixa en Canet de Mar

ENTRADA

Un atracador de 26 años falleció ayer en Barcelona tras recibir el disparo de un Policía. I.M.J., iniciales del joven, había asaltado previamente, junto a tres compañeros, una sucursal de La Caixa en Canet de Mar. Tras el robo, se produjo una persecución de casi 40 kilómetros entre esta última localidad y el puerto de la ciudad condal, donde se originó un tiroteo que acabó con la vida de uno de los miembros del grupo y la detención de los otros tres.

CUELLO

Según Antonio Contreras, responsable de la Jefatura Superior de Policía de Barcelona, se trataba de «una banda peligrosa, que ya había cometido numerosos robos en entidades bancarias y gasolineras». Contreras recuerda que dicha banda llegó a cometer cuatro robos el mismo día: «concretamente el pasado 28 de septiembre, cuando actuaron en las localidades barcelonesas de Castelldefels, L'Hospitalet, Sant Pere de Ribes y en la tarragonesa de Roquetes». Tanto el fallecido como los detenidos residían en el barrio de Sant Cosme de El Prat de Llobregat. Estos últimos responden a las iniciales C.R.M., de 26 años; C.B.E., de 19, y A.P.L. de 26.

RELATO DE LOS HECHOS

El atraco de ayer se produjo a las 9,20 de la mañana. A esa hora los cuatro jóvenes, armados con una pistola, que resultó ser de imitación, y dos armas blancas, asaltaron la sucursal bancaria de La Caixa, situada en el número 4 de la calle Ample de Canet de Mar (Barcelona). Tres de ellos, que iban encapuchados, entraron en la entidad y se llevaron 3.000 euros, tras herir con arma blanca a uno de los empleados. Mientras, el cuarto componente del grupo les esperaba en un Opel Kadett rojo robado, en el que huyeron.

Avisada la Guardia Civil, agentes de este cuerpo iniciaron la persecución de los atracadores en un coche camuflado durante los aproximadamente cuarenta kilómetros que separan Canet de Barcelona capital, donde efectivos de la Policía Nacional, alertados de los hechos, esperaban su llegada.

LADILLO
Tiroteo en el puerto

Al llegar a la altura del puerto, el coche K de la Guardia Civil se cruzó delante del de los atracadores, al tiempo que dos vehículos de la Policía Nacional cerraban la calle para evitar una posible huida. Los cuatro jóvenes colisionaron contra el coche de delante e intentaron escapar marcha atrás, pero los agentes tirotearon sus ruedas y se empotraron contra dos vehículos aparcados.

Al parecer, el atracador que ocupaba el asiento del copiloto, amenazó con la pistola de imitación a un agente, quien disparó contra él causándole la muerte. Durante el forcejeo previo a la detención de la banda un policía resultó herido leve cuando uno de los atracadores le clavó un machete en el muslo.

DECLARACIONES Y CITAS

Testigos presenciales compararon lo ocurrido con las series policiales norteamericanas. «Parecía que estaban rodando en Barcelona *Corrupción en Miami*», explicaba Jordi Ferrer, que observó la escena desde un edificio próximo. Andreu Asensi, un jardinero que trabajaba en la cercanía del puerto, aseguraba que los hechos «parecían una película de persecuciones policiales con mucho movimiento».

Práctica 2

Con los datos de este suceso, basados en la noticia publicada por Alfredo Casares en *Diario de Navarra*, escribe una información de 30 líneas con todos sus elementos. Intenta no dar al texto un carácter excesivamente local.

TEXTO

Lo que estaba pensado como un día de excursión para visitar a un familiar en Alfaro (La Rioja) se ha convertido en una pesadilla para una familia de Pamplona que en pocos minutos vivió una situación «de película de terror», en la que no faltaron las persecuciones, los tiroteos y los atropellos.

Los hechos han ocurrido hoy en Rincón de Soto (La Rioja), localidad conocida por sus famosas peras y por ser el lugar de nacimiento del delantero del Athletic de Bilbao, Fernando Llorente. A las 5,30 de la tarde, una familia de Pamplona (matrimonio, abuelos y dos niños de 5 y 7 años) circulaba con su vehículo por la Salida de Rincón de Soto. De pronto, un hombre que resultó ser de la república ex soviética de Georgia, lanzó contra el coche una piedra de grandes dimensiones. El conductor del vehículo, un pamplonés, médico de profesión, lo relataba así: «Paré poco más adelante y llamé con el móvil a la Guardia Civil». Entretanto, el agresor ha lanzado otra piedra contra un vecino de Castejón que viajaba en moto.

El médico pamplonés lo explicaba así: «Cuando di la vuelta y regresé, ya había allí dos guardias civiles que apuntaban con pistolas al que había tirado las piedras, quien estaba dentro del coche patrulla. No sé cómo se metió, pero arrancó y huyó. Los dos guardias civiles le dispararon muchos tiros a las ruedas, pero escapó».

El georgiano ha huido hacia el casco urbano de Rincón de Soto y allí ha tenido un accidente. Ha abandonado el coche patrulla y con un extintor del mismo ha golpeado a un hombre, D.B.F.M., y le ha robado su automóvil, un Fiat Tipo con matrícula de Navarra.

Con ese coche ha dado media vuelta y ha regresado al lugar donde se encontraban los guardias civiles a los que había robado el coche, la familia de pamploneses, el vecino de Castejón que iba en moto y un joven de Rincón de Soto que se detuvo al ver lo que ocurría.

El médico pamplonés lo explicaba así: «Estábamos allí en el arcén y vimos que venía un coche blanco. Cuando estaba a 30 metros cambió de carril, aceleró y se abalanzó sobre nosotros. Era el de la piedra. Nos resguardamos como pudimos, pero arrolló al chico de Rincón de Soto y lo lanzó 15 metros. Creo que le fracturó las dos piernas y la pelvis».

El georgiano ha regresado a Rincón de Soto y allí ha chocado con una furgoneta en que viajaban portugueses. Ha continuado la marcha y ha atropellado a una mujer vecina de Alfaro, que ha resultado muerta en el acto. En su huida ha colisionado con un coche de la Guardia Civil. Más tarde se ha salido de la calzada, ha huido a pie por un campo y ha sido detenido.

El médico pamplonés asistió a la mujer atropellada y sólo pudo constatar su fallecimiento: «Mi mujer, que también es médico, y yo atendimos al chico allí en la carretera. Tuvimos miedo de que volviera e intentara atropellarnos de nuevo, así que colocamos un coche delante del herido como parapeto, porque los demás nos podíamos esconder, pero el chico estaba en el suelo».

«Tuvimos miedo –continuó diciendo el vecino de Pamplona– porque ves que se te viene un coche encima, tienes a toda la familia allá y ves que atropellan al chico que está a tu lado hablando contigo.»

OBJETIVOS

– Trabajar los distintos enfoques que se pueden dar a una noticia, en función de que se quiera destacar el Qué (una persona muerta) y el Cómo (por un conductor que había robado un coche), en lugar del Dónde (la familia protagonista era de Pamplona).

- No sobrevalorar la nacionalidad del protagonista de unos hechos delictivos.
- Seguir trabajando el esquema de pirámide invertida.
- Valorar el elemento «rareza» dentro de un suceso.
- Saber seleccionar las citas directas que aporten más interés al relato.

PROPUESTA DE SOLUCIÓN
El conductor de un coche robado mata en su huida a una mujer en Rincón de Soto (La Rioja)

La víctima era de Alfaro y fue atropellada por un georgiano que también arrolló a un joven fracturándole ambas piernas y la pelvis

ENTRADA

Un hombre de nacionalidad georgiana provocó ayer la muerte de una mujer, vecina de Alfaro, en la localidad riojana de Rincón de Soto, tras atropellarla con un automóvil robado. El conductor, que previamente había sustraído también un vehículo de la Guardia Civil y había arrollado a un joven causándole la fractura de ambas piernas y la pelvis, fue finalmente detenido por miembros del Instituto Armado.

RELATO

Sobre las 5,30 de la tarde, el protagonista de estos hechos se encontraba en la salida de Rincón de Soto, lanzando piedras contra los vehículos que pasaban por allí. Una de las víctimas de las pedradas fue un médico de Pamplona que, junto con su familia, pasó por dicha carretera. Otro de los agredidos fue un vecino de Castejón que viajaba en moto. El conductor pamplonés pudo llamar por el móvil a la Guardia Civil para comunicarles lo que estaba sucediendo. Posteriormente, regresó al lugar del incidente.

A pesar de la llegada de los agentes, y de que éstos hicieron uso de sus pistolas, disparando contra las ruedas, el georgiano pudo sustraer el vehículo de las fuerzas de seguridad, en el que huyó en dirección al centro urbano de Rincón de Soto, donde tuvo un accidente. Armado con un extintor y tras golpear a su propietario, consiguió adueñarse de un Fiat Tipo con el que volvió al lugar donde se encontraban los agentes, llevándose por delante a un joven de la localidad al que lanzó a 15 metros de distancia, provocándole la fractura de ambas piernas y la pelvis. De vuelta a la población, el agresor atropelló a una mujer, que resultó muerta en el acto.

LADILLO
Colisión y detención

El fugitivo colisionó con otro vehículo de la Guardia Civil y, tras salirse de la calzada, inició una huida a pie a través del campo, aunque finalmente fue detenido.

El médico pamplonés que alertó a los agentes había acudido a Alfaro a visitar a un familiar, en compañía de su esposa, sus hijos de 5 y 7 años, y los abuelos de éstos, y pudo asistir a la mujer atropellada, pero sólo para constatar su fallecimiento. También auxilió al joven herido. «Mi mujer, que también es médico, y yo –explicó– atendimos al chico allí en la carretera. Tuvimos miedo de que volviera e intentara atropellarnos de nuevo, así que colocamos un coche delante del herido como parapeto, porque los demás nos podíamos esconder, pero el chico estaba en el suelo.»

El doctor navarro se lamentó del miedo que habían pasado: «ves que se te viene un coche encima, tienes a toda la familia allá y ves que atropellan al chico que está a tu lado hablando contigo».

Práctica 3

Con los datos de este suceso, basados en los textos publicados por los diarios *La Rioja, El Correo* y *El País*, elabora una información de 30 líneas con todos sus elementos.

TEXTO

Todo ha empezado a las nueve de esta mañana. A esa hora ha quedado registrada en la comisaría de la Policía Local de Logroño una llamada en la que se alertaba de una discusión encendida, que tenía visos de degenerar en reyerta, en el tercer piso del número 20 de la calle de San Antón, una de las más céntricas y comerciales de Logroño.

Un coche patrulla con dos agentes se ha desplazado al lugar. Rápidamente se han hecho cargo de la situación: en el tercer piso, un hombre de unos 30 años, de origen magrebí, según fuentes oficiales, discutía con su casera, quien al parecer le reclamaba el pago de una mensualidad, y estaba destrozando los muebles.

Magdalena Merino, propietaria del bar Ritz situado enfrente del piso donde ha ocurrido todo, lo ha visto así: «Yo vi que el hombre de vez en cuando se asomaba a la ventana blandiendo un cuchillo enorme de cocina y gritando en árabe».

Los dos policías llegados en el coche patrulla, que temían por la suerte de la casera, han empezado a subir por la escalera para convencer –y en su caso reducir– al magrebí. Pero éste se ha defendido lanzándoles, escaleras abajo, una bombona de butano. Los dos agentes han retrocedido, uno de ellos herido en el pie, y han reclamado refuerzos.

La calle de San Antón se ha ido llenando de agentes locales. El hombre, aún con la casera en el piso, seguía asomándose a la ventana con una segunda bombona que también amenazaba con arrojar a la calle, mientras continuaba gritando en árabe. Desde la calle San Antón, un agente trataba de hablar con él mediante un megáfono, le preguntaba qué quería y le conminaba a hablar en castellano: «Ahmed, ¿qué quieres decir?, habla en castellano».

Magdalena Merino lo ha visto así: «A través de la cristalera del bar vi cómo arrojaba otra bombona de butano por la ventana, con la intención de darle a algún policía. Yo me tiré debajo de la barra, porque pensé que iba explotar».

Minutos después, mientras un grupo de agentes distraía al hombre, que seguía asomado a la ventana, dos policías han subido de nuevo al piso. La casera les ha abierto la puerta. Rápidamente la han sacado de allí. En ese momento, el agresor, con un cuchillo de cocina en cada mano, se ha lanzado contra los policías. Uno de ellos, de un disparo en la pierna, le ha reducido. El inmigrante ha quedado tendido en el suelo, aparentemente sin sentido. Los dos policías se han acercado al cuerpo.

A partir de aquí, todo es confuso: el inmigrante se ha incorporado y ha comenzado a forcejear con los dos agentes. Los tres han rodado escaleras abajo y, en medio de la pelea, el magrebí ha logrado hacerse con la pistola de uno de los agentes. Los dos policías, al ver que el magrebí acababa de armarse, han huido, gritando a sus compañeros que les esperaban en la calle y a los curiosos que se arremolinaban fuera, que se apartaran y se pusieran a cubierto porque corrían peligro. Poco después Ahmed salía del portal con la pistola en la mano derecha y el cuchillo en la izquierda.

Magdalena Merino lo ha visto así: «Y yo me volví a tirar debajo de la barra, porque entonces se armó un tiroteo enorme».

Según la versión policial, el magrebí ha hecho caso omiso a la voz de alto e incluso ha realizado algunos disparos con la pistola, sin llegar a herir a nadie. Los agentes, tras hacer disparos de intimidación al aire, han herido hasta en nueve ocasiones –siempre en órganos no vitales– al inmigrante, que a pesar de todo ha conseguido cruzar la calle. Ha quedado tumbado entre dos coches aparcados en batería, según recuerda la dueña del bar Ritz. Pero, de nuevo, al ir a reducirle, el inmigrante, con el cuchillo que aún conservaba, ha herido, de escasa consideración, a tres agentes, que ni siquiera han tenido que ser hospitalizados.

Finalmente, el magrebí ha sido apresado y trasladado al Hospital San Millán, donde se recupera de sus diez heridas de bala, siendo su pronóstico reservado. Fue intervenido quirúrgicamente por el equipo de traumatólogos, ya que la mayor parte de sus heridas se concentran en las piernas.

En total, el número de policías heridos fue de 6 (3 de arma blanca y 3 de diversas contusiones), todos ellos de levedad, sin que ninguno tuviera que ser hospitalizado.

Magdalena, con el aliento ya recuperado, recuerda que poco antes de que haya empezado todo, tuvo al protagonista a dos palmos: «Se ha tomado un café con leche en mi bar. Parecía muy majo, ha estado aquí los últimos tres días. Venía, pedía café con leche, pagaba, se lo tomaba y se iba».

Declaraciones del concejal de Seguridad Ciudadana de Logroño, Rodolfo Rubio: «La Policía ha actuado con mucha rapidez, eficacia y, sobre todo, con mucha decisión, tratando en todo momento de proteger a los ciudadanos».

OBJETIVOS

- Valorar lo más importante de un suceso, cuando en éste no se producen muertos.
- Ser especialmente cuidadosos en las noticias que puedan dar pie a episodios de xenofobia.
- En el caso de los heridos, la gravedad es el principal factor informativo. Sería más destacable que el protagonista de los hechos recibiese diez disparos y fuese intervenido quirúrgicamente, que el que los policías recibieran heridas leves que no precisasen su ingreso hospitalario.
- Evitar caer en el sensacionalismo en sucesos con gran cantidad de elementos atípicos.

PROPUESTA DE SOLUCIÓN
Un hombre recibe diez balazos de la Policía Local en Logroño, tras atacar y robar una pistola a los agentes

El herido, de origen magrebí, había protagonizado, armado con un cuchillo, una fuerte discusión con su casera en el centro de la capital riojana

ENTRADA

Un hombre de 30 años recibió ayer en Logroño diez impactos de bala por disparos de la Policía Local, después de que, tras robar una pistola a uno de los agentes, sembrase el caos en el centro de la capital riojana. El herido, de origen magrebí, previamente había protagonizado, armado con un cuchillo, un altercado con su casera y arrojó una bombona de butano a los uniformados que acudieron a la llamada de los vecinos. Tres policías resultaron heridos leves por arma blanca durante la operación desarrollada para detener al alborotador.

CUELLO

Los hechos se iniciaron a las 9 de la mañana, momento en el que la comisaría de la Policía Local de Logroño recibía una llamada alertando de una fuerte discusión entre un inmigrante y su casera en el tercer piso del número 20 de la céntrica calle de San Antón. Dos agentes se trasladaron al lugar de los hechos y pudieron comprobar, según fuentes policiales, que el hombre estaba destrozando los muebles de la casa.

Relato

Según relataba Magadalena Merino, propietaria del bar Ritz, ubicado enfrente del inmueble citado, «el hombre de vez en cuando se asomaba a la ventana blandiendo un enorme cuchillo de cocina y gritando». Como los agentes temían por la integridad de la casera, comenzaron a subir las escaleras, a fin de convencer o reducir al protagonista del incidente.

Sin embargo, éste les lanzó una bombona de butano escaleras abajo, con la que hirió en el pie a uno de los policías. Rápidamente llegaron más municipales a la calle San Antón. Mientras unos entretenían al perturbador, otros dos conseguían acceder a la vivienda, después de que la casera les abriese la puerta. El hombre les recibía lanzándose contra ellos con un cuchillo de cocina en cada mano y recibía un disparo en la pierna por parte uno de los policías.

LADILLO
Detención tumultuosa

Cuando los agentes se acercaron al herido, éste se incorporó y comenzó a forcejear con ellos, por lo que los tres cayeron escaleras abajo. En el tumulto, el magrebí logró hacerse con la pistola de uno de los policías y salir a la calle, donde provocó el caos. Los policías efectuaron varios disparos, nueve de los cuales alcanzaron al agresor en órganos no vitales. Cuando los agentes detenían al individuo, que se encontraba tumbado entre dos coches, éste todavía fue capaz de atacarles con uno de los cuchillos de cocina que aún conservaba en su poder, provocándoles heridas de escasa consideración. El detenido fue trasladado a un hospital, donde se recupera de sus lesiones.

La dueña del Ritz, que minutos antes había servido un café al protagonista de los hechos, tuvo que buscar en dos ocasiones refugio debajo de la barra. Primero porque temía que la bombona explosionase, después cuando el hombre salió armado a la calle. «Yo me volví a tirar debajo de la barra –explicaba Magdalena Merino–, porque entonces se armó un tiroteo enorme.»

Práctica 4

Reportaje breve publicado por el diario *El País*

ARTÍCULO

Titular: Perros asesinos
Subtítulo: El Gobierno francés prepara una Ley contra animales agresivos
José Luis Barbería. París
Texto: El pasado 1 de diciembre de 2006, el pastor alemán de una familia de Cotes-d'Armor, en la Bretaña francesa, mató a mordiscos al bebé de la casa, que trataba de jugar con él.

Es el último de una estadística terrible que muestra que en los últimos ocho años una decena de bebés y niños de corta edad han perecido en Francia bajo los colmillos de los perros de ataque. El resto de las víctimas mortales, hasta completar un total de 16, son en su práctica totalidad ancianos y preadolescentes.

Después del largo rosario de víctimas de los últimos años, Francia, un país que reverencia a los animales, teme, sin embargo, demasiado a los perros de presa como para continuar asistiendo pasivamente al incremento potencial del peligro.

Sin ir más lejos, el 18 de diciembre, en plenos Campos Elíseos, en la capital francesa, dos policías dispararon sus armas contra un rottweiler para librarse de las furiosas dentelladas del animal, cegado por la cólera. Los policías, que trataban de investigar el ataque previo del rottweiler a un transeúnte, se encontraron ante sí con una verdadera fiera cuando su dueño, un chico de 14 años fugado de un hogar de menores, le quitó la mordaza y lo azuzó para que atacara a los agentes.

Para evitar que estos sucesos se repitan, el ministro de Agricultura, Louis Le Pensec, ha presentado hoy al Parlamento un proyecto de ley que exige la esterilización de todos los animales considerados agresivos y prohíbe su venta, donación e importación.

Según ha afirmado el ministro, el Gobierno francés es consciente de que se trata de una condena en toda regla, puesto que la aplicación de la ley traerá consigo inevitablemente la desaparición de estos animales de suelo francés en un plazo de unos diez años.

Le Pensec defiende su proyecto de Ley con el argumento de que los reiterados ataques de este tipo de perros deja a las claras que en ocasiones, aunque sean extraordinarias, la docilidad y el cariño dejan paso, de manera aparentemente incomprensible, a la locura y el instinto asesino de estos animales.

El ministro de Agricultura no ha hecho público todavía el listado de razas a extinguir, ya que está pendiente de elaboración. Sin embargo, Le Pensec ha afirmado que la propuesta incluye inicialmente como animales peligrosos los dogos argentinos, los bull-terriers, los rottweilers y los fordshires americanos. El objetivo primordial, ha explicado, es la eliminación progresiva de los más de 20.000 pitbulls existentes, que son los responsables de la mayor parte de los ataques.

Ante la posibilidad de que la prohibición dé lugar a un mercado clandestino, la nueva Ley contempla multas de hasta 7.000 euros y seis meses de prisión y las severas recomendaciones a las gendarmerías y a los alcaldes de que se sancionen con rigor las infracciones.

Según se denuncia desde el Ministerio de Agricultura, muchos de estos animales son adiestrados y utilizados por sus dueños con propósitos intimidatorios y como instrumento de poder y amenaza.

La medida ha sido generalmente bien acogida, si bien, como cabía suponer, las asociaciones de propietarios de perros de ataque han puesto el grito en el cielo.

Si genéricamente no hay ninguna raza peligrosa, «¿quién y con qué criterio establece que una clase de perros determinada representa un peligro?», se indignó ayer Serge Pautor, abogado del club de propietarios de pitbulls. Según este letrado, la ley traerá consigo el fraude y la clandestinidad.

«El mío jamás ha atacado a nadie que no le provocara», afirmó ayer con voz indignada este letrado ante las cámaras de la televisión mientras jugaba ostensiblemente con la armada dentadura de su animal.

OBJETIVOS

1. Diferenciar entre los elementos de titulación del reportaje y la información.
2. Iniciarse en la importancia que en algunas informaciones tiene el *tie-in* o cuello.
3. Diferenciar entre el lenguaje periodístico y la estructura externa del reportaje y de la información.
4. Aprender el diferente papel que juegan en el reportaje y en la información los materiales de contexto (antecedentes).
5. Comenzar a familiarizarse con la redacción de la técnica de la cita.

PROPUESTA DE SOLUCIÓN

a) *Para escribir el titular*: En el titular informativo es conveniente responder a dos preguntas esenciales: ¿quién?, ¿qué?

TITULAR

Gobierno francés presenta un proyecto de ley para esterilizar los perros peligrosos

b) *Para escribir el subtítulo:* Si conocemos un porqué es mejor introducirlo en el subtítulo: ¿Por qué crea presenta el Gobierno este proyecto de Ley?

SUBTÍTULO

Según el Ministerio de Agricultura, muchos de estos animales son adiestrados con fines intimidatorios

c) *Para escribir la entrada:* Para confeccionar una entrada clásica recogemos: el ¿quién? y el ¿qué? del titular. Escribimos el ¿por qué? del subtítulo. Colocamos el ¿cuándo? y el ¿dónde?

ENTRADA

El ministro de Agricultura francés, Louis Le Pensec, presentó ayer al Parlamento un proyecto de ley que exige la esterilización de todos los animales considerados agresivos y prohíbe su venta, donación e importación. Desde el Ministerio de Agricultura, y para justificar la medida adoptada, se argumenta que muchos de estos animales son adiestrados y utilizados por sus dueños con propósitos intimidatorios y como instrumento de poder y amenaza.

d) *Para escribir el cuello de la noticia:* Una vez escrito el primer párrafo redactaremos el cuello con un pequeño párrafo donde anticipamos la existencia de antecedentes.

CUELLO

En los últimos ocho años una decena de bebés y niños de corta edad han perecido en Francia bajo los colmillos de los perros de ataque. El resto de las víctimas mortales, hasta completar un total de 16, son en su práctica totalidad ancianos y preadolescentes.

e) *El cuerpo de la noticia:* Una vez elaborado el título, subtítulo, el primer párrafo y el cuello, vamos a relatar el suceso de acuerdo con una tensión decreciente. El cuerpo lo construimos con hechos y citas.

CUERPO

El ministro de Agricultura todavía no ha hecho público el listado de razas a extinguir, ya que está pendiente de elaboración, pero desde el Ministerio se afirma que «la aplicación de la ley traerá consigo inevitablemente la desaparición de estos animales de suelo francés en un plazo de unos diez años».

«El objetivo primordial», afirmó el ministro, «es la eliminación progresiva de los más de 20.000 pitbulls existentes, que son los responsables de la mayoría de los ataques». Sin embargo, en la lista inicial de animales peligrosos el Gobierno francés ha incluido también a los dogos argentinos, los bull-terriers, los rottweilers y los fordshires americanos.

«Muchos de estos animales son adiestrados y utilizados por sus dueños con propósitos intimidatorios y como instrumento de poder y amenaza», argumentan desde el Ministerio de Agricultura para justificar esta medida.

Ante la posibilidad de que la prohibición dé lugar a un mercado clandestino, el ministro de Agricultura ha anunciado medidas especiales contra el tráfico de perros prohibidos. «Así», anunció el ministro Le Pensec, «la Ley contempla también multas de hasta 50.000 francos y seis meses de prisión», al tiempo que recomienda a las gendarmerías y a los alcaldes «que se sancionen con rigor las infracciones».

Para Le Pensec, la terrible muerte sufrida por niños de corta edad y los desgarros físicos padecidos por las personas que han sobrevivido a los ataques, muestran que, aunque sea en ocasiones extraordinario, la docilidad y el cariño dan paso de manera aparentemente incomprensible a «la locura» y «el instinto asesino».

La medida adoptada, que había sido reclamada desde hace tiempo desde numerosas instancias políticas y sociales, ha sido en general bien acogida, aunque también ha sido criticada por las asociaciones de propietarios de perros de ataque. Así, Serge Pautor, abogado del club de propietarios de pitbulls, señaló ayer que si genéricamente no hay ninguna raza peligrosa «¿quién y con qué criterio establece que una clase de perro determinada representa un peligro?».

Para este letrado de la Asociación de pitbulls no existe ninguna duda de que esa nueva ley «traerá consigo el fraude y la clandestinidad».

El Club de Propietarios de Pitbulls intenta apagar el terror que despiertan esos animales mediante la difusión de escenas que muestran a esos perros, valorados hasta en tres millones de pesetas, lamiendo las manos y los rostros de sus amos. «El mío jamás ha atacado a nadie que no le provocara», afirmó ayer Serge Pautor.

f) *Relato de antecedentes (material contextual):* Los antecedentes no forman parte de la actualidad informativa, por eso los redactaremos al final del texto, después del ladillo.

LADILLO
Numerosas víctimas

ANTECEDENTES

El pasado 1 de enero, el pastor alemán de una familia de Cotes-d'Armor, en la Bretaña francesa, mató a mordiscos al bebé de la casa, que trataba de jugar con él.

Es el último de una estadística terrible que muestra que en los últimos ocho años una decena de bebés y niños de corta edad han perecido en Francia bajo los colmillos de los perros de ataque. El resto de las víctimas mortales, hasta completar un total de 16, son en su práctica totalidad ancianos y preadolescentes.

Después del largo rosario de víctimas de los últimos años, Francia, un país que reverencia a los animales, teme, sin embargo, demasiado a los perros de presa como para continuar asistiendo pasivamente al incremento potencial del peligro.

El pasado martes 8 de enero, en plenos Campos Elíseos, en la capital francesa, dos policías dispararon sus armas contra un rottweiler para librarse de las furiosas dentelladas del animal, cegado por la cólera. Los policías, que trataban de investigar el ataque previo del rottweiler a un transeúnte, se encontraron ante sí con una verdadera fiera cuando su dueño, un chico de 14 años fugado de un hogar de menores, le quitó la mordaza y lo azuzó para que atacara a los agentes.

Práctica 5

Reportaje breve publicado por el diario *El País*

ARTÍCULO

Titular: Una bacteria que come explosivos

Subtítulo: Científicos españoles modifican genéticamente una bacteria y la convierten en consumidora de TNT

Miguel González. Madrid

Texto: Hasta hace tres años, las Fuerzas Armadas empleaban un sistema tan simple como poco higiénico para vaciar sus polvorines de la munición caducada: verterla al mar. Entre 1993 y 1994 se «fondearon» en el Golfo de Cádiz y frente a las costas gallegas un total de 8.500 toneladas de explosivos militares.

En 1995 la Convención de Londres prohibió los vertidos de excedentes explosivos militares al mar y el Ejército español, como sus homólogos de todo el mundo, se vio en la necesidad de buscar formas menos nocivas para desprenderse de sus excedentes.

Aparte de la guerra, las maniobras militares y los vertidos al mar, sólo se utilizaba un método para destruir la munición. Consistía en desbaratar los proyectiles, reciclando los componentes aprovechables e incinerando los demás. Claro que el desbaratamiento de armamento resultaba caro y peligroso, mientras que la incineración ha sido frecuentemente protestada por los ecologistas. También se han estado desarrollando procedimientos de destrucción química (hidrólisis alcalina o hidrogenación catalítica), pero la trilita, el explosivo militar más abundante, se resiste a este sistema de destrucción.

Por eso, la fábrica de La Marañosa, de Madrid, perteneciente al Ministerio de Defensa, y el Centro Zaidín, de Granada, que forma parte del Consejo Superior de Investigaciones Científicas (CSIC), bajo la dirección del profesor Juan Luis Ramos, han concluido unas investigaciones para combatir la trilita (el trinitrotolueno o TNT).

Según ha explicado el profesor Juan Luis Ramos, en una rueda de prensa que tuvo lugar ayer en Madrid, después de tres años y medio de trabajo han conseguido sacar adelante un experimento revolucionario: conseguir una bacteria cuyos insólitos hábitos culinarios la convierten en una consumidora voraz de TNT.

Ramos ha anunciado que la fase industrial del nuevo proyecto, que se abordará el próximo año si hay presupuesto para ello, incluye la construcción de tres biorreactores, de 20.000 litros cada uno, capaces de procesar una tonelada de TNT cada tres días.

Para que sea efectiva la destrucción, la trilita debe estar disuelta en agua y en condiciones de ausencia de aire, ya que de lo contrario pueden generarse residuos tóxicos.

Los científicos aseguran que su método no sólo carece de impacto ecológico, sino que tiene aplicaciones positivas para el medio ambiente, al permitir la limpieza de suelos y aguas contaminados por trilita: por ejemplo en las proximidades de polvorines o antiguas fábricas de armas.

Por su parte, el teniente coronel Fernando Mourenza, jefe del Departamento de Defensa NBQ (nuclear, bacteriológico y químico) de la fábrica La Marañosa, afirma que no han creado ninguna bacteria, sino que «la *Pseudomona putida,* como todas, está en la naturaleza».

Lo que han hecho los investigadores, explicó Mourenza, es modificar su dieta, sometiéndola a un severo régimen de trilita como única fuente de nitrógeno. Posteriormente, para alcanzar los resultados buscados, los científicos, mediante la manipulación genética, introducen a la bacteria dos plásmidos: uno (el Tol) que rompe el anillo aromático del TNT y otro (el TR5), denominado suicida, que asegura su autodestrucción cuando ha consumido el explosivo.

Según Fernando Mourenza esta investigación es específicamente española y está protegida a través de patentes. «Muchos países trabajan en la misma línea pero España está en una posición de vanguardia.»

OBJETIVOS

1. Profundizar en las diferencias de titulación entre el reportaje y la información.
2. Observar cómo el material contextual (antecedentes) puede ir ubicado en cualquier sitio que el periodista considere oportuno. En este caso práctico, en la parte central del texto.
3. Trabajar el cuello de la información para ubicar identificaciones excesivamente largas, ya que si las colocáramos en la entrada provocaríamos un primer párrafo desmesurado.
4. Profundizar en la redacción de declaraciones (citas y su técnica), en este caso provenientes de dos protagonistas diferentes.

PROPUESTA DE SOLUCIÓN

a) *Para escribir el titular:* En el titular informativo es muy importante que se responda a las dos preguntas esenciales: ¿quién? y ¿qué?

TITULAR

Investigadores españoles desarrollan una bacteria modificada genéticamente para destruir explosivos

b) *Para escribir el subtítulo:* Si conocemos un porqué es mejor introducirlo en el subtítulo. ¿Por qué se investiga con esa nueva bacteria?

SUBTÍTULO

Hasta ahora las Fuerzas Armadas
se deshacían de los excedentes vertiéndolos al mar

c) *Para escribir la entrada:* Para confeccionar una entrada clásica recogemos: el ¿quién? y el ¿qué? del titular. Escribimos el ¿por qué? del subtítulo y colocamos el ¿cuándo? y el ¿dónde?

ENTRADA

Un equipo de científicos españoles, dirigido por el profesor Juan Luis Ramos, está a punto de concluir la fase de laboratorio de un experimento mediante el cual se ha modificado genéticamente una bacteria y se ha conseguido que se convierta así en una destructora de explosivos. La investigación, hecha pública ayer por Ramos en una rueda de prensa en Madrid, se ha iniciado porque hasta ahora las Fuerzas Armadas se deshacían de los explosivos mediante métodos contaminantes y de dudosos resultados.

d) *Para escribir el cuello de la noticia:* Una vez escrito el primer párrafo redactaremos el cuello con un pequeño párrafo. Como en el caso anterior hemos anticipado antecedentes, en éste describiremos las identificaciones que son muy largas y si las pusiéramos en la entrada sería un primer párrafo desmesurado.

CUELLO

En el experimento, junto con Juan Luis Ramos, han colaborado responsables de la fábrica de La Marañosa, de Madrid, perteneciente al Ministerio de Defensa, y el centro Zaidín, de Granada, que forma parte del Consejo Superior de Investigaciones Científicas (CSIC).

e) *El cuerpo de la noticia:* Una vez elaborado el título, subtítulo, el primer párrafo y el cuello, vamos a relatar el suceso de acuerdo con una tensión decreciente. El cuerpo lo construimos con hechos y citas.

CUERPO

Juan Luis Ramos explicó que se ha dado por terminada la fase experimental de un proyecto que «lleva ya más de tres años y medio en fase de prueba».

Ramos anunció también que «la fase industrial del nuevo proyecto se abordará, si hay presupuesto para ello, en 1999». Esta fase, según los responsables, incluye la construcción de tres biorreactores, de 20.000 litros cada uno, capaces de procesar una tonelada de TNT cada tres días.

«Para que sea efectiva la destrucción –afirma Juan Luis Ramos– la trilita debe estar disuelta en agua y en condiciones de ausencia de aire, ya que de lo contrario pueden generarse residuos tóxicos.»

Los científicos aseguraron que su método no sólo carece de impacto ecológico, sino que, además, «tiene aplicaciones positivas para el medio ambiente», ya que, según argumentaron, permite la limpieza de suelos y aguas contaminados por trilita.

Así, «este descubrimiento», recalcaron, «puede ser muy eficaz para la limpieza del ecosistema en lugares próximos a polvorines o en antiguas fábricas de armas».

Por su parte, el teniente coronel Fernando Mourenza, jefe del Departamento de Defensa NBQ (nuclear, bacteriológica y química) de la fábrica La Marañosa, afirmó ayer que no han creado ninguna nueva bacteria, sino que «la *Pseudomona putida*, como todas, está en la naturaleza».

Lo que han realizado los investigadores, afirmó Mourenza, es «modificar su dieta, sometiéndola a un severo régimen de trilita como única fuente de nitrógeno». Posteriormente, para alcanzar los resultados buscados, los científicos, mediante la manipulación genética, introducen a la bacteria dos plásmidos. «Uno que rompe el anillo aromático del TNT y otro que asegura su autodestrucción cuando ha consumido el explosivo», afirma el jefe del NBQ.

Según Fernando Mourenza esta investigación es específicamente española y está protegida a través de patentes. «Muchos países trabajan en la misma línea –dijo– pero España está en una posición de vanguardia.»

f) *Relato de antecedentes (material contextual):* Los antecedentes no forman parte de la actualidad informativa, por eso los redactaremos al final del texto, después del ladillo.

LADILLO
Importante avance
El desarrollo de esta bacteria constituye un avance importante para la destrucción ecológica de los explosivos. Hasta hace tres años, las Fuerzas Armadas españolas vaciaban la munición caducada de sus polvorines vertiéndola al mar. Entre 1993 y 1994 se «fondearon» en el Golfo de Cádiz y frente a las costas gallegas un total de 8.500 toneladas de explosivos militares.

Sin embargo, desde que en 1995 la convención de Londres prohibió verter al mar material explosivo defectuoso, el Gobierno español, al igual que los Ejecutivos de todo el mundo, empezaron a buscar formas menos nocivas para desprenderse de sus excedentes.

Hasta el momento, aparte de la guerra y las maniobras militares, sólo se utilizaba un método para destruir la munición. Este proceso consistía en reciclar los componentes aprovechables e incinerar los demás. Sin embargo, el desbaratamiento de armamento resulta peligroso y la incineración ha sido frecuentemente protestada por los ecologistas.

En los últimos años también se han estado desarrollando procedimientos de destrucción química (hidrólisis alcalina o hidrogenación catalítica), pero la trilita, el explosivo militar más abundante, se resiste a este sistema de destrucción.

Práctica 6

Reportaje breve publicado por el diario *El País*

ARTÍCULO

Titular: Música para después de una guerra

Subtítulo: Concierto en Washington de las Orquestas Nacionales de Irak y EE.UU.

J. M. Calvo. Washington

Texto: «Lo que queremos es que los estadounidenses vean con sus propios ojos un ejemplo de lo rica que es la herencia cultural iraquí, que escuchen una muestra de sus tradiciones musicales.» Patricia Harrison, secretaria de Estado adjunta para Asuntos Culturales del Departamento de Estado, hizo estas declaraciones ayer tras una pausa de cinco minutos en la agitada jornada que desembocó en el concierto que ofrecieron en Washington la Orquesta Nacional Sinfónica de Irak y la de EE.UU. para explicar el sentido de la iniciativa.

«Estas cosas también son importantes para Irak ahora. Les hace falta agua, pero también son necesarios el arte y la cultura, que son los alimentos del alma», argumentó Patricia Harrison.

Frente al río Potomac, en el Kennedy Center, «pudo escucharse música clásica y música iraquí antigua y contemporánea en un mismo concierto –explicó Harrison– bajo las batutas de Leonard Slatkin y de Mohamed Amin Ezzat». Según explicó la secretaria de Asuntos Culturales, la Orquesta Nacional Iraquí «es todo un símbolo de la lucha contra la adversidad, ya que consiguió reunir a 60 músicos –chiíes, suníes, kurdos y cristianos, todos hombres excepto tres mujeres– gracias a diversas ayudas del Departamento de Estado y del Kennedy Center».

Harrison insistió en la colaboración de grandes marcas comerciales que hizo posible el evento. «Marcas comerciales que han contribuido a la adquisición de los instrumentos de la Orquesta de Irak, que estaban en muy malas condiciones.»

«Para que se hagan una idea –dijo– tocaban con partituras copiadas a mano por ellos mismos, así que les hemos mandado toneladas de partituras.»

La Orquesta Nacional Iraquí se fundó en 1959. Tuvo un periodo de esplendor en los años siguientes con directores y músicos de otros países en sus filas y con conciertos en el exterior, aunque de 1966 a 1971 sus actividades quedaron suspendidas porque un miembro del Gobierno de Irak pensó que no era bueno que divulgaran música occidentalizante.

En el periodo de inactividad, los músicos se reunían para ensayar clandestinamente. Pasado el bache, el presupuesto de la orquesta comenzó a disminuir y la situación se agravó durante los ocho años de guerra entre Irak e Irán.

Todo se complicó más tras la primera guerra del Golfo. Los músicos tuvieron que buscarse otros empleos para poder vivir y el embargo de la ONU tuvo sus efectos en la vida de la Orquesta y en los instrumentos.

Aun así, Ezzat pudo dirigir, desde 1989, 140 conciertos, hasta que en 2002 se exilió a Suecia tras negarse a componer una partitura de una novela escrita por Sadam Husein.

Un acto como el de ayer noche no podía quedar al margen de las críticas. Así, Kathy Kelly, responsable de una organización antiguerra de Irak y dirigente pacifista, afirmó que «el concierto de ayer no es más que un intento de la Administración de Bush para ocultar los efectos de una guerra de ocupación de los EE.UU. sobre un país libre».

A pesar de las críticas, Kelly considera que hay que apoyar la presencia de la Orquesta de Irak en los Estados Unidos porque los problemas de la guerra los han creado los Gobiernos y los músicos de esos países no son culpables de la situación creada. Los músicos hablan un único idioma, el de las escalas musicales, al contrario de lo que ocurre entre los políticos que prefieren el sonido de las armas.

Kathy Kelly explicó que los músicos estaban en EE.UU. para conocer mejor la cultura norteamericana, relacionarse con norteamericanos y para mostrar su cultura, y que su presencia es positiva ya que algunos norteamericanos piensan aún que en Irak sólo hay petróleo, desierto y camellos.

Esta dirigente pacifista se reafirma en apoyar la presencia de la Orquesta, porque es un puente entre culturas y pueblos. «Me parece maravilloso que estén aquí, pero me parece muy mal la situación que el Gobierno de los Estados Unidos ha creado allí. El Gobierno ayuda a los músicos, es cierto, pero también lo es que mantiene sus tropas ocupando un país extranjero y ayuda a formar a sus policías y a sus soldados.»

OBJETIVOS

1. Aprender a través de un caso práctico el papel del periodista como intérprete de la realidad a través de la distinta jerarquización de los datos informativos, lo que nos conduce a textos totalmente diferentes, con objetivos distintos.

2. Demostrar a los alumnos la importancia que tiene el orden en el relato informativo. Este reportaje comienza destacando la posición oficial del Gobierno de EE.UU. con unos claros tintes propagandísticos. Lo que pedimos al alumno es que dé la vuelta a la información y comience a construirla con el punto discrepante y las críticas de los pacifistas.

3. Buscamos con este caso práctico que los estudiantes comprendan que no son necesarias las interpretaciones y las adjetivaciones fuertes para cambiar el sentido total a una información.

4. El resto de los objetivos son los propios de este tipo de reportajes con los que construimos informaciones: comparar los elementos de titula-

ción, destacar la importancia del cuello cuando existen materiales de antecedentes, diferenciar entre el lenguaje del reportaje y el de la información y practicar la cita y su técnica.

PROPUESTA DE SOLUCIÓN PARA LA VERSIÓN CRÍTICA

a) *Para escribir el titular:* En el titular informativo es conveniente responder a dos preguntas esenciales: ¿quién?, ¿qué?

TITULAR

Pacifistas critican el concierto de las Orquestas de Irak y EE.UU. en Washington

b) *Para escribir el subtítulo:* Si conocemos un porqué es mejor introducirlo en el subtítulo: ¿Por qué critican los pacifistas el concierto?

SUBTÍTULO

Consideran que ha sido un intento de ocultar «los efectos de una guerra de ocupación»

c) *Para escribir la entrada:* Para confeccionar una entrada clásica recogemos: el ¿quién? y el ¿qué? del titular. Escribimos el ¿por qué? del subtítulo. Colocamos el ¿cuándo? y el ¿dónde?

ENTRADA

Organizaciones antiguerra de Irak y pacifistas estadounidenses criticaron el concierto que las Orquestas Nacionales Sinfónicas de Irak y de EE.UU. ofrecieron ayer conjuntamente en el Kennedy Center de Washington. Así, Kathy Kelly, una estadounidense que dirige un grupo contra la guerra, afirmó que se trataba de «un intento de ocultar los efectos de una guerra de ocupación sobre un país libre».

d) *Para escribir el cuello de la noticia:* Una vez escrito el primer párrafo redactaremos el cuello con un pequeño párrafo. En este caso anticiparemos los antecedentes de la pequeña historia de la Orquesta de Irak.

CUELLO

La Orquesta Nacional Iraquí, fundada en 1959, tuvo que suspender sus actividades entre 1966 y 1971 acusada de divulgar música occidentalizante. Tras la guerra del Golfo tuvo dificultades para mantener sus instrumentos. A pesar de ello, su director ha conseguido dirigir entre 1989 y 2002 más de 140 conciertos.

e) *El cuerpo de la noticia:* Una vez elaborado el título, subtítulo, el primer párrafo y el cuello, vamos a relatar el suceso de acuerdo con una tensión decreciente. El cuerpo lo construimos con hechos y citas.

CUERPO

Aun así, Kelly considera que hay que apoyar la presencia de la Orquesta de Irak en Estados Unidos ya que, según dijo, los problemas son siempre entre Gobiernos, y no entre músicos. «Los músicos hablan un único idioma, el de las escalas musicales, al contrario de lo que ocurre entre los políticos», declaró.

«Creo –afirmó Kelly– que hay que apoyar la presencia de la Orquesta, porque es un puente entre culturas y pueblos.» Sin embargo, a pesar de ello, criticó la situación que el Gobierno de Estados Unidos ha creado con su intervención militar en Irak. Además, censuró a su Gobierno por participar en la actualidad en la formación de policías y soldados iraquíes.

Kathy Kelly destacó el concierto desde la perspectiva de la importancia del intercambio cultural entre estadounidenses e iraquíes. «Ya que –explicó– algunos norteamericanos piensan aún que en Irak sólo hay petróleo, desierto y camellos.»

La militante pacifista rechazó las críticas cerradas hacia el acto bajo el argumento de que «se trata simplemente de músicos, y no políticos». Asimismo interpretó que la recomposición de la Orquesta Iraquí no es más que un ejemplo del regreso a una vida normal en Bagdad. Kelly quiso explicar la trascendencia que para los músicos iraquíes tenía el concierto con una frase que le dijo un músico: «Uno de ellos me dijo el otro día que han tocado tantas veces en la oscuridad que están deseando ahora salir a la luz».

Por su parte, Patricia Harrison, secretaria de Estado adjunta para Asuntos Culturales del Departamento de Estado, quiso explicar ayer el sentido de esta iniciativa y afirmó que buscaba exclusivamente que los estadounidenses vieran con sus propios ojos un ejemplo de lo rica que es la herencia cultural iraquí. «Que escuchen una muestra de sus tradiciones musicales», argumentó.

La secretaria de Estado reconoció que en la actualidad en Irak carecen de cosas tan elementales como agua o electricidad, pero defendió conciertos como el de ayer porque, tal y como dijo, «también son necesarios el arte y la cultura, son los alimentos del alma».

Patricia Harrison destacó las grandes dificultades sufridas por la Orquesta Nacional Iraquí durante los últimos años y anunció que iban a intentar conservar la relación con los músicos mediante un sistema de becas que sirva para su promoción. «Ya que –explicó– los saqueos posteriores a la guerra dejaron arrasada la Escuela de Música y Ballet de Bagdad.»

f)   *Relato de antecedentes (material contextual):* Los antecedentes no forman parte de la actualidad informativa, por eso los redactaremos al final del texto, después del ladillo.

LADILLO
Más que dificultades

La Orquesta Nacional Iraquí se fundó en 1959. Tuvo un periodo de esplendor en los años siguientes con directores y músicos de otros países en sus filas y con conciertos en el exterior, aunque de 1966 a 1971 sus actividades quedaron suspendidas porque un miembro del Gobierno de Irak pensó que no era bueno que divulgaran música occidentalizante.

En el periodo de inactividad, los músicos se reunían para ensayar clandestinamente. Pasado el bache, el presupuesto de la Orquesta comenzó a disminuir y la situación se agravó durante los ocho años de guerra entre Irak e Irán.

Todo se complicó más tras la primera guerra del Golfo. Los músicos tuvieron que buscarse otros empleos para poder vivir y el embargo de la ONU tuvo sus efectos en la vida de la Orquesta y en los instrumentos.

Aun así, Ezzat pudo dirigir, desde 1989, 140 conciertos, hasta que en 2002 se exilió a Suecia tras negarse a componer una partitura de una novela escrita por Sadam Husein.

PROPUESTA DE SOLUCIÓN PARA LA VERSIÓN OFICIAL

Titular

Las Orquestas Nacionales de Irak y EE.UU. ofrecen un concierto en Washington

Subtítulo

Asociaciones pacifistas consideran que ha sido un intento de ocultar «los efectos de una guerra de ocupación»

Entrada

Las orquestas nacionales sinfónicas de Irak y de EE.UU. ofrecieron ayer en el Kennedy Center de Washington, frente al río Potomac, un concierto de música clásica y música iraquí antigua y contemporánea en un mismo acto, bajo las batutas de Leonard Slatkin y de Mohamed Amin Ezzat. El concierto ha sido criticado por algunas organizaciones pacifistas. Así, Kathy Kelly, una estadounidense que dirige un grupo antiguerra, afirmó que se trataba de «un intento de ocultar los efectos de una guerra de ocupación sobre un país libre».

Cuello

La Orquesta Nacional Iraquí, fundada en 1959, tuvo que suspender sus actividades entre 1966 y 1971 acusada de divulgar música occidentalizante. Tras la guerra del Golfo tuvo dificultades para mantener sus instrumentos. A pesar de ello, su director ha conseguido dirigir entre 1989 y 2002 más de 140 conciertos.

CUERPO:

Patricia Harrison, secretaria de Estado adjunta para Asuntos Culturales del Departamento de Estado, quiso explicar ayer el sentido de esta iniciativa y afirmó que buscaba exclusivamente que los estadounidenses vieran con sus propios ojos un ejemplo de lo rica que es la herencia cultural iraquí. «Que escuchen una muestra de sus tradiciones musicales», argumentó.

La secretaria de Estado reconoció que en la actualidad en Irak carecen de cosas tan elementales como agua o electricidad, pero defendió conciertos como el de ayer porque, tal y como dijo, «también son necesarios el arte y la cultura, son los alimentos del alma».

Patricia Harrison destacó las grandes dificultades sufridas por la Orquesta Nacional Iraquí durante los últimos años y anunció que iban a intentar conservar la relación con los músicos mediante un sistema de becas que sirva para su promoción. «Ya que –explicó– los saqueos posteriores a la guerra dejaron arrasada la Escuela de Música y Ballet de Bagdad.»

Un acto como el de anoche no podía quedar al margen de las críticas. Así, algunas organizaciones antiguerra de Irak lo han contemplado como «un intento de ocultar los efectos de una guerra de ocupación sobre un país libre», tal y como explicó ayer Kathy Kelly, una estadounidense que dirige un grupo antiguerra.

Aun así, Kelly considera que hay que apoyar la presencia de la Orquesta de Irak en Estados Unidos ya que, según dijo, los problemas son siempre entre Gobiernos, y no entre músicos. «Los músicos hablan un único idioma, el de las escalas musicales, al contrario de lo que ocurre entre los políticos.»

«Creo –declaró Kelly– que hay que apoyar la presencia de la Orquesta, porque es un puente entre culturas y pueblos.» Sin embargo, a pesar de ello, criticó la situación que el Gobierno de Estados Unidos ha creado con su intervención militar en Irak. Además, censuró a su Gobierno por participar en la actualidad en la formación de policías y soldados iraquíes.

Kathy Kelly destacó el concierto desde la perspectiva de la importancia del intercambio cultural entre estadounidenses e iraquíes. «Ya que –explicó– algunos norteamericanos piensan aún que en Irak sólo hay petróleo, desierto y camellos.»

La militante pacifista rechazó las críticas cerradas hacia el acto bajo el argumento de que se trata simplemente de músicos, y no políticos. Asimismo interpretó que la recomposición de la Orquesta Iraquí no es más que un ejemplo del regreso a una vida normal en Bagdad. Kelly quiso explicar la trascendencia que para los músicos iraquíes tenía el concierto con una frase que le dijo un músico: «Uno de ellos me dijo el otro día que han tocado tantas veces en la oscuridad que están deseando ahora salir a la luz».

LADILLO
Más que dificultades

La Orquesta Nacional Iraquí se fundó en 1959. Tuvo un periodo de esplendor en los años siguientes con directores y músicos de otros países en sus filas y con conciertos en el exterior, aunque de 1966 a 1971 sus actividades quedaron suspendidas porque un miembro del Gobierno de Irak pensó que no era bueno que divulgaran música occidentalizante.

En el periodo de inactividad, los músicos se reunían para ensayar clandestinamente. Pasado el bache, el presupuesto de la Orquesta comenzó a disminuir y la situación se agravó durante los ocho años de guerra entre Irak e Irán.

Todo se complicó más tras la primera guerra del Golfo. Los músicos tuvieron que buscarse otros empleos para poder vivir y el embargo de la ONU tuvo sus efectos en la vida de la Orquesta y en los instrumentos.

Aun así, Ezzat pudo dirigir, desde 1989, 140 conciertos, hasta que en 2002 se exilió a Suecia tras negarse a componer una partitura de una novela escrita por Sadam Husein.